新・証券投資論

日本証券アナリスト協会 編

理論篇

小林孝雄・芹田敏夫 著

日本経済新聞出版社

序　文

　本書の前身である『証券投資論』は1991年に初版（津村英文・若杉敬明・榊原茂樹・青山護著）、1993年に第2版（津村英文・榊原茂樹・青山護著）、1998年に第3版（榊原茂樹・青山護・浅野幸弘著）が刊行された。日本証券アナリスト協会の検定試験（いわゆる証券アナリスト試験）の「証券分析とポートフォリオ・マネジメント」科目の基本テキストとして企画・発行されたものであるが、当時は現代投資理論についての体系的な邦文テキストがなかったことから、証券アナリスト試験受験者のみならず多くの実務家・学生たちの座右の書となり、累計発行部数は10万部を超えた。わが国の金融界がデリバティブをはじめとする投資理論に立脚した金融商品・実務を円滑に取り込んでいく一助になったといっても過言ではないだろう。

　1978年から始まった証券アナリスト試験は1992年に大改訂され、その際に『証券投資論』初版が新講座の基本テキストとなった。2006年から2007年にかけて証券アナリスト試験の二度目の大改訂が行われたが、この時の目玉の1つが、受講者の利便を配慮し通信テキストのみを試験の対象とすることであった。この結果、『証券投資論』は基本テキストとしての役割を終え、推奨図書と位置づけられることとなった。二度目の大改訂も幸いにして、多くの受講者、金融界の関係者から高く評価されているが、新たな悩みも生じた。すでにレジェンダリー（伝説的）な定番教科書としての地位を確立していた『証券投資論』をどうするかという問題である。会員の意見を聞いたところ、職場ですぐ繙ける本が必要であり、ぜひアップデート版を作ってほしいという声が圧倒的だった。新たな著者により内容を一新し、『新・証券投資論』として世に問うこととした次第である。

　『新・証券投資論』は、第Ⅰ巻理論篇（小林孝雄・芹田敏夫著）、第Ⅱ巻実務篇（浅野幸弘・榊原茂樹監修、伊藤敬介・荻島誠治・諏訪部貴嗣著）の2巻で構成されている。第Ⅰ巻の執筆は学者に、第Ⅱ巻は学者を監修者に据えて執筆は実務家に依頼した。著者および監修者はいずれもそれぞれの分野で卓越した実績を持つのみならず、証券アナリスト教育・試験プログラムも熟知してい

る人たちである。考えられる最高の執筆者のポートフォリオを組めたと自負している。

各巻の概要を目次の大項目で示せば次のとおりである。

第Ⅰ巻　理論篇
　第1章　投資家の選好
　第2章　ポートフォリオ理論
　第3章　CAPM
　第4章　マルチファクター・モデルとAPT
　第5章　リスクニュートラル・プライシング
　第6章　グローバル投資
　第7章　デリバティブの評価理論
　第8章　市場の効率性

第Ⅱ巻　実務篇
　Ⅰ　バリュエーションとポートフォリオ構築
　第1章　債券投資分析
　第2章　株式投資分析
　第3章　国際証券投資
　第4章　デリバティブ投資分析
　Ⅱ　ポートフォリオ・マネジメント
　第5章　投資政策と投資プロセス
　第6章　アセット・アロケーション
　第7章　マネジャー・ストラクチャーとマネジャー評価
　第8章　オルタナティブ投資

　一見してわかるように、第Ⅰ巻と第Ⅱ巻は独立の書物といってもよく、読者のニーズによってどちらから読み始めてもよいだろう。ただし、真に体系的かつ実践的な知識を得るためにはⅠ、Ⅱ巻とも必須であることはいうまでもない。なお、内容は証券アナリスト試験通信テキストより少し難しいレベルまで含めるように設計した。証券アナリスト試験の参考書となるとともに、すでに証券

アナリスト資格を持つ人が実務の伴侶として長く利用できるようにイメージしたからである。もちろん、証券アナリスト資格が本書を読むための前提というわけではない。実務の座右の書であると同時に、大学の学部上級から大学院初級の教科書としても活用いただけるように配慮した。

　本書は「100年に一度の津波」といわれる金融危機の最中に出版される。何が津波をもたらしたかは今後様々な角度から分析されていくと考えられるが、マクロ経済的な問題だけでなく、投資実務・理論、また職業倫理の中にも至らぬ点があったことは事実だろう。そして、実務と理論の改善、さらに職業倫理の確立のためには基本に帰った学習の徹底が不可欠である。本書が、Back to the basicsのよすがとなり、津波の再発防止に貢献することを願ってやまない。

　2009年5月

日本証券アナリスト協会専務理事　萩原清人

はじめに

本書の背景

1978年から始まった証券アナリスト試験は1992年と2006～2007年に大改訂が行われた。特に2回目の大改訂では、日本証券アナリスト協会の知識体系（Body of Knowledge, BOK）が全面改訂され、新しいBOKに基づいた1次および2次の通信教育カリキュラムが再構築された。それにともない、2006年より新しい通信テキストが発行された。その中の「証券分析とポートフォリオ・マネジメント」科目は1次レベルが9回、2次レベルが11回の新通信テキスト配本からなる。その知識体系の最もコアとなる部分を理論篇と実務篇の2巻にまとめたのが『新・証券投資論』である。本書はその第Ⅰ巻の理論篇である。

証券投資理論は、証券アナリストをはじめとする金融の専門家だけでなく、より広範な人々にとって金融リテラシーとして必須の知識となりつつある。日本では家計の金融資産が2008年には1,500兆円を超えた。高齢化の進行にともなって年金運用の社会的重要性がますます高まる一方、1995年に公定歩合が1％を割って以来の超低金利政策が長期化するにつれて、個人投資家の資産運用への意識も高まってきた。同時に始まったIT技術の飛躍的な進歩により、証券市場での取引コストが劇的に低下し、取引に必要な膨大な情報が瞬時にリアルタイムで利用可能となり、投資可能な商品が多様化した。そのような投資環境下で正しい運用を行うためにも、証券投資理論の重要性が増している。

本書の目標と特徴

本書で扱う証券投資理論は、ポートフォリオ理論、CAPM、APT、オプション評価理論、リスクニュートラル・プライシングを中軸に据えた、証券の価格とリスク分析、ならびに資産運用の理論体系である。本書を学習するにあたって事前に内容を見通したい読者は、「はじめに」に続けて書いた理論体系の歴史的概略を読んでほしい。

本書の目標は2つある。第1は、証券投資理論の体系の核心をできるだけわ

かりやすく読者に伝えることである。そのために、トピックスを有機的に結びつけるとともに、内容をできるだけコンパクトにまとめるよう努めた。第2に、実際の資産運用に応用するうえで思考のベースになる理論的知識を提供することに重点を置いた。そのために、本書に登場する概念や定理を運用実務の問題意識と関連づけ、資産運用への応用に結びつけることに留意した。

本書は多様なバックグラウンドを持つ読者を想定している。もちろん、初心者、学生からはじまって、証券アナリストなど金融の専門家をめざす人々が本書のメイン・ターゲットであるが、CMA、CIIA、CFA などの公認証券アナリストや金融工学の専門家も読者対象と考えている。また、証券投資理論を基礎から身につけたい企業財務の実務家や金融政策当局者、知的好奇心の豊かな個人投資家にも、この本で証券投資理論に触れていただきたい。

各章の本論の部分は、これら各層のニーズに応えるように執筆した。証券投資理論の中心的な部分は経済学的な考察から構成されているので、理解するために高度の数学は必須ではない。そこで本書では、できるだけ単純なモデルで理論のエッセンスを伝えるようにした。また、不要な数式展開はできるだけ避けて、数値例や図を用いた幾何学的な説明で直感的な理解を図るように工夫した。特に、理工系の学生や金融工学の専門家には、本書を通じて経済学の思考方法を学び、理論モデルの数式展開を追うだけの表層的理解ではできない深いレベルで、証券投資理論の内容を理解してほしい。

証券実務の初心者からプロまでが一気に通読して、証券投資理論体系の深い理解に至れる、そうした本を実現することが執筆の狙いであるが、これを可能にするには、大多数の読者にとって既知の知識を本論で説明して文章を長くすることは極力避けたい。そこで、証券用語や数学・統計の基本知識に属することは、巻末に「用語解説」を入れて説明を加えた。特に、統計の基礎知識、回帰分析、仮説検定、ベクトルについては、直感的な理解が図れるよう解説に工夫を凝らした。本書の内容を理解するために、他の書物によって知識を補う必要をなくしたつもりである。また、本論では割愛するのがベターと判断した定理の証明や、理論モデルの数学的補足を章末の「数学付録」に入れたので、数学に強い読者はその部分も読んでほしい。

最後にこの場を借りて、本書出版の大きなきっかけを与えて下さった日本証

券アナリスト協会の萩原清人専務理事、金子誠一理事・教育第二企画部長、佐野三郎教育第三企画部長に厚くお礼を申し上げる。また、本の完成を辛抱強く待って下さった編集者の佐々木八朗氏にも心から謝意を表したい。

　本書の刊行によって証券投資理論に対する正しい理解が普及し、資産運用サービスの向上と金融システムの発展に資することができれば、著者たちにとってこれほどうれしいことはない。

2009年5月

小林 孝雄
芹田 敏夫

本書で扱うテーマの歴史的概略

　本書で扱う証券投資理論は、ミクロ経済学をベースにした「金融経済学」（Financial Economics）から投資実務の理論づけにかかわる部分を体系化したものである。金融経済学は、20世紀以降、主としてビジネススクールに籍を置く教授たちの手で開拓されてきた学問領域であるが、ビジネススクールのファイナンス・コースのコア科目は、証券投資論（インベストメント）と企業財務論（コーポレート・ファイナンス）からなる。

　証券投資論は、ポートフォリオ理論の登場（ハリー・マーコビッツ、1952年）によってその理論的体系化が始まった。ジェームズ・トービンが、ポートフォリオ理論を利用して貨幣の流動性需要の理論的導出に成功したのが1958年である。1964年にはウィリアム・シャープが、ポートフォリオ理論に立脚してリスクの市場価格が決定されるメカニズムを明らかにした（CAPM）。1950年代後半から1960年代前半の時期は、不確実性とリスクをいかにして経済分析の俎上に載せるかというテーマが、ポール・サミュエルソン、ケネス・アローやジェラール・ドブルーといった初期のノーベル経済学賞受賞者たちの先端的な関心事であった。「条件依存型請求権」（Contingent Claim）や「状態価格」（State Price）といった概念が登場したのは、ちょうどこの時期にあたる。また、ジョン・フォン・ノイマンとオスカー・モルゲンシュテルンがゲーム理論をはじめて世に問うたのは1944年であるが、そこに含まれていた効用理論というツールをジョン・プラットが掘り起こして人間のリスク回避行動の理論化を行ったのも、この時期に重なる（1964年）。

　しかし、何といっても、金融経済学と投資実務の橋渡しを行ったのは、マーコビッツとシャープである。とりわけ、シャープが創造したベータ、市場ポートフォリオ、インデックス運用などの概念は、大規模資金の運用を担う投資実務の哲学に大きな変革をもたらした。この2人の功績に対して、1990年度のノーベル経済学賞が授与された。

　このCAPMに遅れること約10年、今度は、ブラック＝ショールズの公式で有名なオプション評価理論が登場した（1973年）。それから35年以上が経

過し、今日では株式、債券、通貨、金利、企業倒産や信用リスク、商品から電力、天候に至るまで、広範なマーケットで、デリバティブの価格やリスク係数を算定するモデルが日常的に使われるようになった。ロバート・マートンとマイロン・ショールズがオプション評価理論でノーベル経済学賞を受賞したのは1997年である。

　ある学問分野で教科書を完全に書き換えてしまうほどの変化が起きることを「パラダイム転換」というが、ポートフォリオ理論とCAPM、ならびにオプション評価理論が証券投資論におけるパラダイム転換の主役であった。そして、それまではハウツーものの域を出なかった証券投資という分野は、現代ファイナンス理論という統一的な理論体系を得ることによって、社会科学の中でも最も知的水準の高い専門分野の1つに変身した。

　本書で扱う証券投資理論は、ポートフォリオ理論、CAPM、オプション評価理論を中心とした、証券価格とリスク分析、資産運用の理論体系である。CAPMの対抗馬として1976年に登場したステファン・ロスのAPTもこの理論体系において重要な位置を占める。APTは、リスクの価格理論の汎用性を一段引き上げると同時に、至極単純に見える裁定のロジック（ノー・フリーランチ原理）からいかに強力な価格理論が創造できるかを示すという役割も演じた。現代ファイナンス理論が持つ最も一般性の高い理論は、ノー・フリーランチ原理に基づくリスクニュートラル・プライシング理論である。この理論は、ブラック・ショールズのオプション・モデルの登場からおよそ20年という長い年月をかけて発見され、数学的に磨かれ、現在の完成を見るに至ったのであるが、1976年に発表されたAPTにその原型を見ることができる。

　価格理論の扱いについて、本書では、①「均衡理論」に基づくプライシングと、②「ノー・フリーランチ原理」に基づくプライシング、という2つのプライシング原理に分けて説明する。前者の代表がCAPMで、後者にはAPT、条件依存型請求権のプライシング、オプション評価理論が含まれる。オプション評価理論の登場を契機に大きく発展した多期間モデルや連続時間モデルも、この2つのアプローチに分けることができるが、マクロ経済との連動を内生化した金利期間構造モデル、企業生産・投資活動を取り込んだ信用リスク評価モデルや株価形成モデルなど、最近新しく理論展開が進む証券価格理論のフロンテ

ィアでは、この2つのアプローチが統合される方向にある。ただし、これらの内容を紹介するためには連続時間の確率過程論をはじめ、高度の数学を多用せざるをえないので、別の機会での執筆を期したい。また、最近注目が集まる行動ファイナンスの理論的扱いについても、そのごく一部分について第8章の数学付録で触れるにとどめた。

　2008年9月のいわゆるリーマン・ショック以後の金融危機と世界的不況の中で、デリバティブや証券化に代表される近年の金融技術革新と金融効率化にその責を負わせる議論を頻繁に耳にするようになった。たしかに、大幅な収益向上に慣れきった資本に本来の凶暴性を発揮させ、暴走を許してしまったことが、現下の金融崩壊の大きな原因であったことは否めない。事業リスクや不動産リスクを大量に抱え込んだ金融セクターが金融危機を繰り返す不安定な構造から金融システムを解き放つのが、証券化の知恵と経済機能である。にもかかわらず、証券化によって本来の金融仲介サービス機能を発揮すべき金融機関が、長年にわたって証券化商品を自らの投資収益追求の道具にしてしまったことは、歴史的な誤りであった。しかし、いかに素晴らしい技術や発明も、その使い方を誤れば大きな不幸をもたらすことは誰でもが知っていることである。

　この意味で、証券投資理論を真剣に学ぼうとする読者諸氏に、明るい話題を2つ提供しておきたい。

　「経済学者は株価バブルの時代を後講釈することしかできない」といわれる。しかし、そんなことはない。ファイナンスの理論をきちんと勉強した者にとって、プラザ合意がなされた1985年末の1万3,100円から1989年年末の3万8,900円まで駆け上がった日経平均株価を、「常軌を逸した株価の暴走」と見るのは至極自然であった。著者の1人は、この時期にいくつかの論文や新聞記事で警鐘を鳴らし、海外のシンポジウムなどでも日本株の異常を唱える講演を行った[1]。

　今回の金融危機を強く予言する論文が2007年9月に発表された[2]。論文の執筆者の1人は、アンドリュー・ローというMITスローンスクール・オブ・ビジネスの有名なファイナンスの教授である。彼はヘッジファンドの創立者としても名を馳せる人物である。彼の予言は、複雑に絡み合ったカウンターパーティー・リスクのネットワークが世界的な金融恐慌を引き起こすというものであ

り、また、論文ではいくつかの重要な解決策も提言された。ロー教授は、「世界終末時計」(Doomsday Clock)³になぞらえて、「そして、現在はミッドナイト9分前、11時51分である。マーケットは平静を装っている。が、時計は確実に時を刻んでいる」という警告でこの論文を結んだのである。

こうした例は、あげようと思えば数多くある。本書の中でも、「親子上場」がもたらしたNTTドコモなどの子会社株バブルや、大幅な株式分割を連発する発行企業とその株式に群がる個人投資家の異常行動に触れておいた。経済学、特にミクロ経済学は規範科学の側面、何が正しくて何が間違いかをはっきりさせる論理を強く持っている学問である。本書によって金融経済学に対する理解が深まり、資産運用実務をはじめ市場の慣行・ルール・制度や経済現象について自分の頭で物事を考え、正しい意見を述べ、世の中が大きく動くときに説得力のある論理で人々や組織をリードできる人材が1人でも多く輩出することを願っている。

---

[1] 「株式のファンダメンタル・バリュー」（西村清彦・三輪芳朗編『日本の株価・地価』第12章、東京大学出版会、1990年）、「経済教室：株価形成要因、資産より収益が本来の姿」（『日本経済新聞』1990年1月29日朝刊、寄稿は1989年12月下旬）が、このテーマに関する著者の1人（小林）の代表的な論文・記事である。また、同テーマに関する海外講演には、1987年4月に行われた日本経済新聞社／ニューヨーク大学日米経営経済研究センター共催『日米間経済投資シンポジウム』での講演などがある。このバブル期の最中に、日本証券経済研究所は、「地価が高いので株価も高くて当然」とする学者の代表と「日本株の高騰は異常」と主張する学者の代表を集めて、部外者をシャットアウトした秘密討論会を行った。

[2] Khandani, Amir and Andrew Lo [2007] What Happened To The Quants in August 2007? Working Paper, September.

[3] 核物理学者グループの提案によってシカゴ大学に設置された。核戦争による人類の滅亡を「世の終わり」（終末）になぞらえて、その終末（午前零時に設定）までの残り時間を象徴的に示す時計。

目　次

序　文　i

はじめに　iv

本書で扱うテーマの歴史的概略　vii

第 1 章　投資家の選好

1　リスクと効用関数 ……………………………………………………3
 1.1　確率くじ …………………………………………………………3
 1.2　期待値と分散 ……………………………………………………3
 1.3　効用関数 …………………………………………………………4
 1.4　効用関数の 2 つの性質 …………………………………………5

2　期待効用最大化原理 …………………………………………………6
 2.1　期待効用最大化原理の使い方 …………………………………6
 2.2　結果が確実なくじと結果が不確実なくじ ……………………7

3　効用関数とリスク回避 ………………………………………………7
 3.1　リスク回避型の効用関数 ………………………………………7
 3.2　リスク追求型の効用関数 ………………………………………9
 3.3　リスク中立型、混合型の効用関数 ……………………………9
 3.4　現代ポートフォリオ理論と効用関数 …………………………11
 3.5　行動ファイナンス ………………………………………………11

4　確実等価額とリスク・ディスカウント額 …………………………12
 4.1　確実等価額 ………………………………………………………12
 4.2　確率くじの売り値 ………………………………………………12

- 4．3　リスク・ディスカウント額 ………………………………… 13
- 4．4　確率くじ Y の場合 …………………………………………… 13
- 4．5　確率くじ X と Y のポートフォリオの場合 ………………… 14

5　効用関数の曲率とリスク回避度 …………………………………… 15
- 5．1　湾曲の小さい効用関数 ………………………………………… 15
- 5．2　効用関数の曲率とリスク回避度 ……………………………… 17
- 5．3　リスク・ディスカウント額の近似公式 ……………………… 17

6　効用の単位 ……………………………………………………………… 18
- 6．1　効用のゼロ点 …………………………………………………… 18
- 6．2　効用数値の伸縮 ………………………………………………… 19
- 6．3　限界効用の逓減 ………………………………………………… 19
- 6．4　リスク回避度、確実等価額、リスク・ディスカウント額の個人間比較 ……………………………………………………… 19

7　効用関数に用いられる関数 ………………………………………… 20

8　平均・分散アプローチと期待効用理論 …………………………… 21
- 8．1　2次効用関数と無差別曲線 …………………………………… 22
- 8．2　無差別曲線の一般的な形状 …………………………………… 23
- 8．3　平均・分散アプローチと期待効用理論 ……………………… 25

第2章　ポートフォリオ理論

1　投資のリターン ………………………………………………………… 33
- 1．1　リターンの意味 ………………………………………………… 33
- 1．2　投資比率とリターン …………………………………………… 33
- 1．3　ロングとショート ……………………………………………… 34

2　ポートフォリオの期待リターン …………………………………… 34
- 2．1　確率変数の和の期待値 ………………………………………… 35

2．2　ポートフォリオの期待リターン ・・・・・・・・・・・・・・・・・・・・・・・・・・・・・・ 35
3　ポートフォリオのリスク ・・ 37
　　3．1　確率変数の和の分散 ・・・・・・・・・・・・・・・・・・・・・・・・・・・・・・・・・・・・・・・ 37
　　3．2　ポートフォリオの分散 ・・・・・・・・・・・・・・・・・・・・・・・・・・・・・・・・・・・・ 38
　　3．3　ポートフォリオによるリスク分散効果 ・・・・・・・・・・・・・・・・・・・・ 38
　　3．4　リスク分散効果の源泉 ・・・・・・・・・・・・・・・・・・・・・・・・・・・・・・・・・・・ 39
　　3．5　リスク分散効果への相関係数のインパクト ・・・・・・・・・・・・・・ 40
4　2資産の最適化問題の解法 ・・・・・・・・・・・・・・・・・・・・・・・・・・・・・・・・・・・・・・ 41
　　4．1　2資産を対象とする資産配分問題 ・・・・・・・・・・・・・・・・・・・・・・・・ 41
　　4．2　2資産最適化問題の解法 ・・・・・・・・・・・・・・・・・・・・・・・・・・・・・・・・・ 42
　　4．3　最適資産配分ルールの解釈 ・・・・・・・・・・・・・・・・・・・・・・・・・・・・・・ 43
5　投資可能集合と効率的フロンティア ・・・・・・・・・・・・・・・・・・・・・・・・・・・・ 43
　　5．1　2資産ポートフォリオのリスクとリターン ・・・・・・・・・・・・・・ 43
　　5．2　資産の数を増やす ・・・・・・・・・・・・・・・・・・・・・・・・・・・・・・・・・・・・・・・ 45
　　5．3　安全資産を含めた投資可能集合 ・・・・・・・・・・・・・・・・・・・・・・・・・・ 47
6　2基金分離定理 ・・・ 50
　　6．1　トービンの分離定理 ・・・・・・・・・・・・・・・・・・・・・・・・・・・・・・・・・・・・ 50
　　6．2　トービンの分離定理の実践的意義 ・・・・・・・・・・・・・・・・・・・・・・・・ 52
　　6．3　借入金利と貸出金利の区別 ・・・・・・・・・・・・・・・・・・・・・・・・・・・・・・ 53

第3章　CAPM

1　CAPM第1定理 —— マーケット・ポートフォリオの効率性 ・・・・・・・・・・ 65
　　1．1　マーケット・ポートフォリオ ・・・・・・・・・・・・・・・・・・・・・・・・・・・・ 65
　　1．2　CAPMの中心命題（オリジナルCAPM） ・・・・・・・・・・・・・・・・・・ 65
　　1．3　資本市場線 ・・ 67
　　1．4　ゼロベータCAPM ・・・・・・・・・・・・・・・・・・・・・・・・・・・・・・・・・・・・・・ 68
　　1．5　CAPM命題の頑健性 ・・・・・・・・・・・・・・・・・・・・・・・・・・・・・・・・・・・ 70

2 ベータ　70

- 2.1 ポートフォリオのベータと個別証券のベータ　71
- 2.2 ベータの幾何学的意味　72
- 2.3 ベータの符号と大きさ　73
- 2.4 トータル・リスク、市場関連リスク、非市場リスク　73

3 CAPM 第2定理 —— リスクの価格理論　77

- 3.1 リスクプレミアム　77
- 3.2 CAPM 第2定理（表現その1）　77
- 3.3 ポートフォリオのリスクプレミアム　79
- 3.4 CAPM 第2定理（表現その2）　79
- 3.5 証券市場線　80
- 3.6 ベータが期待リターンを決定する理由　81

4 ベータの推定　82

- 4.1 回帰分析によるベータの推定　82
- 4.2 ベータの推定例　83
- 4.3 ベータの推定上の注意点　85

5 CAPM の利用　86

- 5.1 インデックス運用　86
- 5.2 ファンドのパフォーマンス評価　87
- 5.3 アクティブ運用　88
- 5.4 コーポレート・ファイナンス　89

6 CAPM の実証　90

- 6.1 CAPM の検証可能な命題　90
- 6.2 CAPM アノマリー　90
- 6.3 CAPM の検証方法　91
- 6.4 日本株式についての実証結果　92
- 6.5 CAPM の実証における問題　99

第 4 章　マルチファクター・モデルと APT

1　マルチファクター・モデル ……………………………………………… 107
　1．1　マーケット・モデル ……………………………………………… 107
　1．2　コモンファクター ………………………………………………… 109
　1．3　マルチファクター・モデル ……………………………………… 109
　1．4　代表的なマルチファクター・モデル …………………………… 110
　1．5　マルチファクター・モデルの様々な応用 ……………………… 111
2　APT …………………………………………………………………………… 112
　2．1　市場均衡理論と無裁定理論 ……………………………………… 112
　2．2　APT の前提 ……………………………………………………… 113
　2．3　健康サプリの価格 ………………………………………………… 114
　2．4　APT の主定理 …………………………………………………… 115
　2．5　ファクター・ポートフォリオ …………………………………… 116
　2．6　APT の主定理における近似的表現の意味 …………………… 117
3　APT のインプリメンテーション ……………………………………… 118
　3．1　マクロファクター・モデル ……………………………………… 118
　3．2　ファーマ＝フレンチの 3 ファクター・モデル ………………… 120
　3．3　その他の有力なモデル …………………………………………… 122

第 5 章　リスクニュートラル・プライシング

1　計算例 ── 状態価格と金融資産価格 ………………………………… 131
　1．1　状態価格 …………………………………………………………… 131
　1．2　コール・オプションの価格 ……………………………………… 132
　1．3　プット・オプションの価格 ……………………………………… 133
　1．4　オプション価値と権利行使価格の関係 ………………………… 134

1．5　先物の価格 ･･･ 135
　1．6　先物のキャリー公式 ･･････････････････････････････････ 137
2　状態価格の存在定理 ･･･････････････････････････････････････ 137
　2．1　一般的なモデル ･････････････････････････････････････ 137
　2．2　状態価格の存在とノー・フリーランチの関係 ･････････････ 139
3　リスクプレミアムとリスク調整割引公式 ･････････････････････ 140
　3．1　証券価格と割引率 ･･･････････････････････････････････ 140
　3．2　リスク調整割引公式 ･････････････････････････････････ 143
4　リスク中立割引公式 ･･･････････････････････････････････････ 143
　4．1　金融商品価格決定の一般理論 ･････････････････････････ 143
　4．2　リスク中立確率 ･････････････････････････････････････ 144
　4．3　リスク中立確率の存在定理 ･･･････････････････････････ 144
　4．4　リスク中立割引公式（リスクニュートラル・プライシング）････ 145
　4．5　リスクニュートラル・プライシングによる金融資産価格の再評価 ･･ 146
　4．6　リスクニュートラル・プライシングの応用 ･････････････････ 147

第6章　グローバル投資

1　為替リスクの影響 ･･･ 155
　1．1　為替リスクとは ･････････････････････････････････････ 155
　1．2　数値例 ･･･ 155
　1．3　一般的な場合 ･･･････････････････････････････････････ 156
　1．4　ヘッジ付きリターン ･･････････････････････････････････ 157
2　国際分散投資の利益 ･･････････････････････････････････････ 159
　2．1　国際分散投資の利益 ･････････････････････････････････ 159
　2．2　資産タイプ多様化の影響 ･････････････････････････････ 160
　2．3　国際的な資産リターン間の相関係数の決定要因 ･･･････････ 160
　2．4　国際分散投資の新たな手法 ･･･････････････････････････ 162

3 為替レートの決定 ……… 162
- 3.1 長期理論 —— 購買力平価説 ……… 162
- 3.2 実質為替リスク・名目為替リスク ……… 164
- 3.3 短期理論 —— カバーなしの金利平価 ……… 165
- 3.4 カバーなしの金利平価の実証 —— フォワード・プレミアム・パズル ……… 167
- 3.5 為替のリスクプレミアム ……… 168

4 国際CAPM ……… 169
- 4.1 国際CAPMの概要 ……… 169
- 4.2 国際CAPMの前提 ……… 170
- 4.3 各国投資家のポートフォリオの自国通貨建てリターン ……… 171
- 4.4 世界マーケット・ポートフォリオ ……… 172
- 4.5 為替リスクプレミアムの決定 ……… 174
- 4.6 国内CAPMとの比較 ……… 175
- 4.7 国際CAPMの実証 ……… 175
- 4.8 国際CAPMの拡張 —— グローバル・マルチファクター・モデル ……… 176
- 4.9 ホームバイアス ……… 176
- 4.10 ホームバイアスを説明する仮説 ……… 177

第7章 デリバティブの評価理論

1 オプションの評価 —— 二項モデルによる説明 ……… 186
- 1.1 株価のツリー ……… 186
- 1.2 オプションのツリー ……… 186
- 1.3 リスク中立確率を求める ……… 187
- 1.4 オプション価格を求める ……… 188
- 1.5 オプション価格の意味 ……… 189

2 オプションの複製 ……… 190
- 2.1 分岐点 (1,1) でのオプションの複製 ……… 191
- 2.2 分岐点 (1,0) でのオプションの価値 ……… 192

2．3　分岐点 (0,0) でのオプションの価値 ･････････････････････････193
　2．4　2年を通してのオプションの動的複製 ･････････････････････193
　2．5　2年を通してのオプションの静的複製 ･････････････････････195
3　プット・オプションの評価･･196
　3．1　満期日におけるプット・オプションの価値 ･････････････････196
　3．2　リスク中立化法によるプット・オプションの評価 ･････････････197
　3．3　動的複製によるプット・オプションの評価 ･････････････････198
4　フォワード契約の評価とフォワード価格 ･･････････････････････････199
　4．1　フォワード契約 ･･199
　4．2　リスク中立化法によるフォワード・ロングの評価 ･･･････････201
　4．3　フォワード契約の複製 ････････････････････････････････････202
　4．4　フォワード契約を静的に複製できる理由 ･･････････････････203
　4．5　確率モデル変更の影響 ･･･････････････････････････････････204
　4．6　確率モデル変更後のフォワード契約の複製 ･･････････････206
　4．7　オプション契約では静的複製が不可能な理由 ･････････････207
　4．8　リスク中立化法による検討 ･･･････････････････････････････209
　4．9　フォワード契約の時価評価額 ･････････････････････････････210
　4．10　市場フォワード価格 ････････････････････････････････････211
5　リスク中立確率による解法と複製ポートフォリオによる解法
　　の関係･･･212
　5．1　リスク中立化法 ･･212
　5．2　複製による解法 ･･213
6　ブラック・ショールズの公式 ･･･････････････････････････････････214
　6．1　ブラック・ショールズ公式 ･･･････････････････････････････215
　6．2　プット・コール・パリティ ･･･････････････････････････････218
　6．3　オプション価値と株価の関係 ･････････････････････････････219
7　オプションのギリシャ文字 (Greeks)、インプライド・ボラティリティ　221
　7．1　オプションの感応度分析 ･････････････････････････････････221
　7．2　インプライド・ボラティリティ ･･･････････････････････････226

8　二項モデルによるアメリカン・オプションの評価･････････227
　8．1　リスク中立化法の適用 ･･････････････････････････227
　8．2　満期前権利行使のタイミング ････････････････････228

第8章　市場の効率性

1　市場の効率性の定義････････････････････････････････235
　1．1　効率的市場仮説とは ････････････････････････････235
　1．2　価格効率性と資源配分の効率性 ･･････････････････235
2　ウィーク型、セミストロング型、ストロング型の効率性･･････236
　2．1　市場の情報効率性 ･･････････････････････････････236
　2．2　情報効率性の3つのタイプ ･････････････････････237
3　市場の効率性と期待リターン･････････････････････････237
　3．1　要求リターン ･･････････････････････････････････237
　3．2　効率的市場の命題 ･･････････････････････････････238
　3．3　要求リターンを決めるもの ･･････････････････････238
　3．4　ストロング型効率性とインサイダー取引 ･･････････239
　3．5　証券の市場価格の意味 ･･････････････････････････239
4　ウィーク型の効率的市場仮説と証券価格の時系列特性･･････240
　4．1　マルチンゲール性 ･･････････････････････････････240
　4．2　価格変化の予測不可能性 ････････････････････････241
　4．3　効率的市場命題の注意点 ････････････････････････242
　4．4　情報効率性の数学的表現 ････････････････････････242
　4．5　効率性の数学的表現の意味 ･･････････････････････243
　4．6　市場の効率性では解釈できない時系列特性 ････････244
5　セミストロング型の効率的市場仮説･･･････････････････244
　5．1　セミストロング型の効率的市場仮説の実証研究 ････244
　5．2　実証研究についての2つの注意点 ･･････････････････245

6 情報と株価に関する他の研究 ························ 246
6.1 株価変動の大きさとニュース発生頻度の関係 ·········· 246
6.2 配当変動との比較における過度の株価変動 ············ 246
6.3 投資家の集団心理や熱狂が株価に与える影響 ·········· 247

7 広義の価格効率性 ································ 247
7.1 ノー・フリーランチの理論から導かれる関係式に関する研究 ···· 247
7.2 ノー・フリーランチとはならない近似的な裁定関係に関する研究 248
7.3 限定的アービトラージ ····························· 248

8 CAPMアノマリー ································ 249
8.1 CAPMアノマリーのタイプ ························ 249
8.2 CAPMアノマリーの解釈 ·························· 250

9 まとめ ·· 250

用語解説 ·· 263
参考文献 ·· 305
索　引 ·· 311

装幀　安彦勝博

第 1 章

投資家の選好

この章の目的

　株式や債券などを投資対象とする証券投資や事業プロジェクトへの投資を議論するとき、その投資がどの程度のリスクを持ち、またその投資からどんな大きさのリターンが得られるかが問題となる。投資によってもたらされる結果は不確実であるために、投資理論では、リスクに直面した投資家がとるべき行動を分析する道具が必要となる。この章では、不確実性下における意思決定の分析フレームワークを与える効用関数と期待効用理論について説明する。具体的には、期待効用最大化原理、投資家のリスクに対する態度（リスク選好）と効用関数の形状との関連性、リスク回避の尺度であるリスク回避度、平均・分散アプローチの基礎となる効用関数、などを解説する。

1 リスクと効用関数

1.1 確率くじ

将来の不確実性は、確率分布や確率変数など、統計学の概念を用いてモデル化することができる。

次の株式投資を例に考えてみよう。将来、株価が確率1/2で100円、確率1/2で50円になるとする[1]。この将来の株価を、確率変数Xで表す。同様に、別の株式の株価Yが確率1/2で120円、確率1/2で40円になるとする。株価が上昇するときには$X < Y$、下落するときには$X > Y$となる。両方の今日の株価は同じとする。なお、XやYをくじ引きになぞらえて**確率くじ**と呼ぶ。この2つのくじを図に表すと、図1-1の通りである。

図1-1 確率くじ

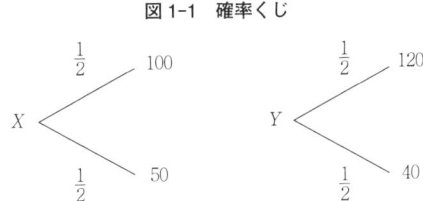

1.2 期待値と分散

株価の散らばり（分散、あるいは標準偏差）が大きいYのほうが、**リスク**が大きい。一方で、Yのほうが将来の価格の平均（期待値）も高い。実際にそれぞれの**期待値**と**標準偏差**[解説]を計算してみると、

$$E(X) = \frac{1}{2} \times 100 + \frac{1}{2} \times 50 = 75$$

$$E(Y) = \frac{1}{2} \times 120 + \frac{1}{2} \times 40 = 80$$

$$\sigma(X) = \sqrt{\frac{1}{2} \times (100-75)^2 + \frac{1}{2} \times (50-75)^2} = 25$$

---

[1] 現実感を持って本章を読み進めたいときには、金額を万円単位に読み換えてほしい。

$$\sigma(Y) = \sqrt{\frac{1}{2} \times (120-80)^2 + \frac{1}{2} \times (40-80)^2} = 40$$

となる[2]。ここで$E(X)$はXの期待値、$\sigma(X)$はXの標準偏差である。この計算によれば、Yのほうが期待値が大きく、標準偏差も大きい。これを、YがXよりハイリスク・ハイリターンであるという。

1.3 効用関数

では、投資家はどちらの株式を購入するであろうか。答えは投資家によって異なるはずである。それは、個々の投資家のリスク選好に違いがあるためである。積極果敢にリスクをとりにいくことを好む投資家もいれば、できるだけリスクを避けたい投資家もいる。そうしたリスク選好の違いを表現するために、**効用関数**という概念を用いる。

経済学では、財を消費したときに得られる満足度を効用と呼び、x単位の財の消費から得られる効用を、効用関数を使って$u(x)$と表す。ただし、証券投資を扱う場合には、xは衣食住など個別の財の数量ではなく、消費や富の大き

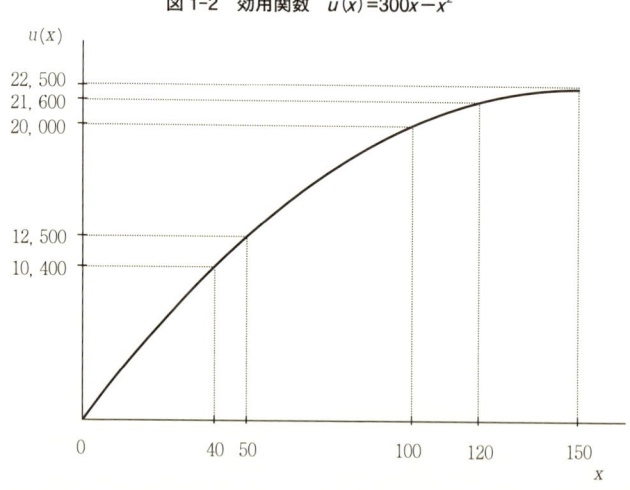

図1-2　効用関数　$u(x) = 300x - x^2$

---

[2] 分散は、平均からの偏差の2乗の期待値であり、標準偏差は分散の平方根である（用語解説［1］を見よ）。いまの場合、Xの偏差$(X - E(X))$は± 25なので、標準偏差が25となるのは計算せずともわかる。同様に、Yの偏差$(Y - E(Y))$は± 40なので、標準偏差は40となる。

さを指す。つまり先の例でいえば、将来の株価が50円のときは$u(50)$、100円のときは$u(100)$の効用が得られると考える。

話を具体的に進めるために、効用関数が2次関数

$$u(x) = 300x - x^2 \tag{1.1}$$

で与えられると仮定してみよう。この効用関数を用いて考えると、将来、株価が0になるときの効用は$u(0) = 0$であるが、株価が50円になれば$u(50) = 12,500$の効用、株価が100円になれば$u(100) = 20,000$の効用、株価が150円になれば$u(150) = 22,500$の効用が得られることになる。図1-2にこの効用関数の形状と、主なxの値について効用の数値を示す。

1.4 効用関数の2つの性質

効用関数は次の2つの性質を満たすはずである。

性質1（効用の単調性）消費や富の量が大きいほど、効用は大きい。
性質2（限界効用の逓減）消費や富の量が大きくなるほど、追加的に得られる1円当たりの消費や富がもたらす効用の増分は小さくなる。

数学用語を用いると、性質1は関数$u(x)$がxの増加関数であること、性質2は関数$u(x)$が**凹関数**^{解説}であることを意味している。

$u(x)$がxの増加関数であるとは、より多くの富を保有するほど満足度が大きくなることを意味する。この点に関して、(1.1)式のような2次関数を用いるときには、関数が右下がりになる領域を除外して考える必要がある。(1.1)式の関数の形状は放物線で、$x=150$から右側では曲線が右下がりになってしまう。したがって、この関数を用いる場合には、xの範囲を$x \leq 150$に限定しなければならない。

性質2を理解するには、学生が福引きで1万円の賞金を当てたときと、大金持ちが1万円の賞金を当てたときの喜びを比べてみればよい。学生時代の1万円は大金であり大きな喜びをもたらすであろうが、大金持ちにとっては1万円の賞金はさほど大きな喜びにはならないに違いない。また、空腹のときのリンゴ1個は大きな喜びになるが、2個目のリンゴのもたらす喜びは1個目のリンゴのときほどは大きくなくなる。経済学ではこれを「限界効用の逓減」と呼ぶ。

図1-2の効用関数の場合、$u(50)-u(0)=12{,}500$、$u(100)-u(50)=7{,}500$、$u(150)-u(100)=2{,}500$である。つまり、同じ50円ずつの資産の増加でも、資産が0円から50円に増えるときには効用が12,500単位増加するのに対して、資産50円からスタートするときには効用は7,500単位しか増えず、資産100円からスタートするときには効用は2,500単位しか増えない。効用関数を凹関数と仮定すれば、右へ行くほど効用を表す曲線の傾き（1階の微分、ないしは1階の微係数）が減少するので、このように限界効用が逓減することになる。

2 期待効用最大化原理

フォン・ノイマンとモルゲンシュテルンは、合理的な投資家は複数の投資案件からの選択にあたって最大の期待効用をもたらす投資案件を選ぶものであることを、いくつかの簡単な前提条件から導き出した。人間は効用の期待値を最大にすべく行動するという主張なので、これをフォン・ノイマン＝モルゲンシュテルンの**期待効用最大化原理**と呼ぶ[3]。

2.1 期待効用最大化原理の使い方

図1-1の例に戻って、この原理の使い方を説明しよう。確率くじXのもたらす効用の期待値を計算すると、

$$E[u(X)] = \frac{1}{2} \times u(100) + \frac{1}{2} \times u(50)$$
$$= \frac{1}{2} \times 20{,}000 + \frac{1}{2} \times 12{,}500 = 16{,}250 \quad (1.2)$$

となる。同様に確率くじYがもたらす効用の期待値を計算すると、

$$E[u(Y)] = \frac{1}{2} \times u(120) + \frac{1}{2} \times u(40)$$
$$= \frac{1}{2} \times 21{,}600 + \frac{1}{2} \times 10{,}400 = 16{,}000 \quad (1.3)$$

となる。つまりこの投資家にとって、2番目の株式を保有することによって得られる期待効用よりも、1番目の株式を保有することによって得られる期待効用のほうが大きいことがわかった。この場合、この投資家は1番目の株式を選

---
[3] Von Neumann-Morgenstern [1944]

択すべきということになる。

2.2 結果が確実なくじと結果が不確実なくじ

確率くじ X の賞金額の期待値は $E(X) = 75$ であった。この期待値に等しい金額が、確率1で確実に得られるくじの期待効用を計算しよう。このくじを X_Z と呼ぶことにする。くじ X_Z は75円の金額が確実に得られるので、本当はくじではないが、これも広義の確率くじと見なして効用の期待値を計算する。(1.1) 式より

$$u(75) = 300 \times 75 - 75^2 = 16{,}875$$

であるから、くじ X_Z がもたらす期待効用は

$$E[u(X_Z)] = 1 \times u(75) = 16{,}875 \qquad (1.4)$$

である。$E[u(X)] = 16{,}250$ であったので、確率くじ X と、X の賞金の期待値が確実にもらえるくじ X_Z を比べると、X_Z の期待効用のほうが大きくなる。したがって、(1.1) 式の効用関数を持つ投資家は、X と X_Z の間では X_Z を選択すべきということになる。

確率くじ Y についても、賞金の期待値 $E(Y) = 80$ に等しい金額の賞金が確実にもらえるくじ Y_Z の期待効用は

$$E[u(Y_Z)] = 1 \times u(80) = 17{,}600 \qquad (1.5)$$

と計算される。一方、確率くじ Y の期待効用は $E[u(Y)] = 16{,}000$ なので、Y と Y_Z を比べると、やはり Y_Z の期待効用のほうが大きくなる。

3 効用関数とリスク回避

3.1 リスク回避型の効用関数

一般に、(1.1) 式のような効用関数を仮定して、ある確率くじと、その賞金の期待値が確率1で確実にもらえるくじを比較すると、前者の期待効用のほうが必ず小さくなる。このことは、投資家が（リターンが同じであれば）リスクを嫌がる性向を持つことを意味する。こうした結果になるのは、(1.1) 式の効用関数が性質2、すなわち「限界効用の逓減」を満たすためである。以下にその理由を説明する。

図1-3を見てみよう。確率くじXは、確率1/2で100円、確率1/2で50円の賞金がもらえるくじであった。$X=100$のときの効用の大きさはA点、$X=50$のときの効用の大きさはB点の高さで表されるので、効用の期待値$E[u(X)]=0.5 \times u(100) + 0.5 \times u(50)$の大きさは、A点とB点を結ぶ線分の中点Cの高さで与えられる。他方、確率くじXの賞金の期待値が確実にもらえるくじX_Zの効用は図のD点の高さで与えられる。図でD点がC点よりも上に来ているが、その理由は効用関数が凹関数であるからにほかならない。

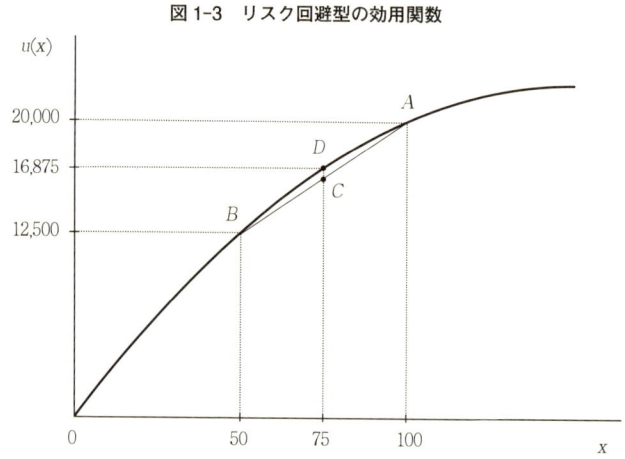

図1-3 リスク回避型の効用関数

以上を一般化すると、次のようになる。

効用関数が性質2（限界効用の逓減、凹関数）を満たすかぎり、どのような確率くじXを考えても、
$$E[u(X)] \leq u(E[X]) \tag{1.6}$$
が成り立つ[4]。

左辺は確率くじXから得られる期待効用、右辺は賞金の期待値$E(X)$を確実にもらえるときの効用で、前者が後者よりも必ず小さく（または等しく）なる。

---
[4] この不等式は**ジェンセンの不等式**と呼ばれる。証明は用語解説［2］を見よ。

このため、図1-3のような限界効用逓減型の効用関数を持つ投資家を**リスク回避型**という。

3.2 リスク追求型の効用関数

性質2とは逆に、効用関数が凸関数の場合を図1-4に示した。この効用関数の下で、さきほどの確率くじXとX_Zを比べると、Xの期待効用のほうが大きくなる。つまり、賞金の期待値$E(X)$を確実にもらえるときの効用$u(E[X])$よりも、確率くじXから得られる期待効用$E[u(X)]$のほうが必ず大きくなる[5]。

期待値で考えれば必ず損することがわかり切っている宝くじを人々がなぜ買うのかを説明するには、凸型の効用関数を考える必要がある。効用関数が凸関数で与えられれば、限界効用は逓増する。つまり、お金が入ってくるほどますます貪欲にお金を求めるようになる。図1-4のような限界効用逓増型の効用関数を持つ投資家を**リスク追求型**あるいは**ギャンブラー型**という。

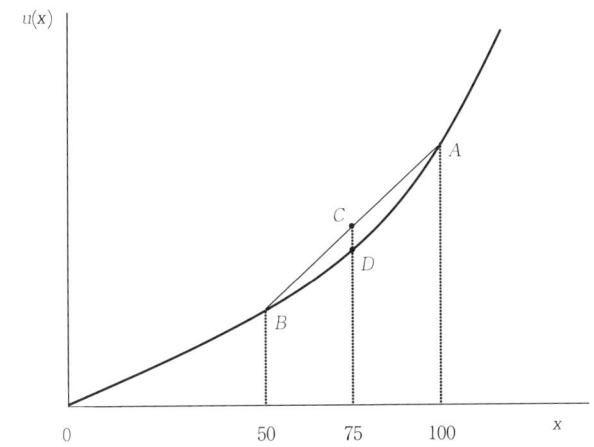

図1-4 リスク追求型の効用関数

3.3 リスク中立型、混合型の効用関数

図1-5のように効用関数が右上がりの直線で表される投資家を**リスク中立型**

---

[5] 関数uが凸関数のときは、ジェンセンの不等式の方向が逆になる。

という。リスク中立型の投資家にとっては賞金額の期待値の大きさがすべてで、投資結果のバラツキは、投資案件を評価するうえでプラス要因にもマイナス要因にもならない。

また、図1-6のように、富が小さいときはギャンブラー型（凸型）、富が大きくなるとリスク回避型（凹型）となるような効用関数（混合型と呼ばれる）を考えることもできる。

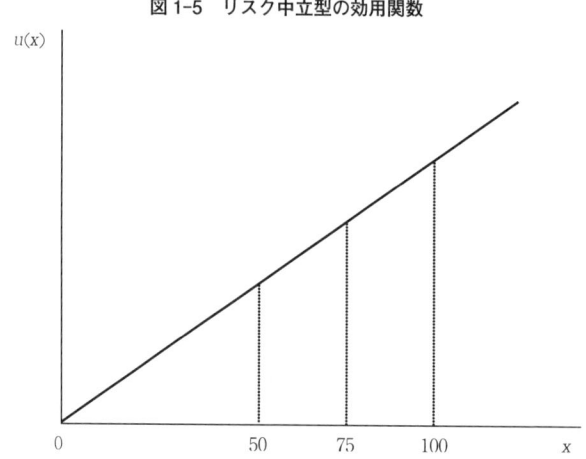

図1-5　リスク中立型の効用関数

図1-6　混合型の効用関数

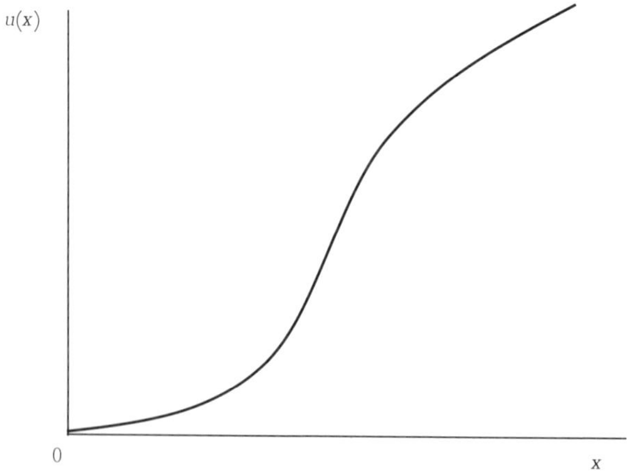

3.4 現代ポートフォリオ理論と効用関数

世間の多くの人々が宝くじに一攫千金の夢を託すのは事実であり、また、リスクの追求を自己目的にして人生を生きる人がいないでもない。しかしながら、たいていの場合、人生の重大な意思決定を行うときは、何かの目的（リターン）を達成するためにリスクをとる。金融市場でも、リスクの高い金融商品をマーケットで販売しようとすれば、そのリスクを負担することの代償（リスクプレミアム）を買い手から求められる。つまり、マーケットで「ハイリスク・ハイリターン」の原則が成立していることを説明するには、投資家が平均的にはリスク回避型の効用関数（凹関数）を持っていると考える必要がある。以上の理由で、宝くじやギャンブルの経済学ではなく、投資や金融市場の経済学を説く現代ポートフォリオ理論では、効用関数は凹関数で、限界効用は逓減すると仮定することになる。

3.5 行動ファイナンス

効用関数が凹関数かどうかを問う以前の問題として、現代ポートフォリオ理論では、効用関数の存在を前提に期待効用最大化原理を用いて企業や個人の行動を分析する。2節の冒頭で述べたように、フォン・ノイマンとモルゲンシュテルンは、人間の行動が一定の合理性[6]を満たしていることを前提にすると、効用関数が存在すること、および人間行動を期待効用最大化原理によって説明できることを、理論的に証明した。

しかし、実際の人間は、フォン・ノイマンとモルゲンシュテルンが前提にした合理性の仮定に反する行動をとることもある。人間行動の合理性については、経済学や心理学の分野で古くから様々な研究が行われている。ファイナンスの分野でこの側面をクローズアップして期待効用理論の再検討を行うのが、行動ファイナンスである。実際、行動ファイナンスの研究は近年大変盛んに行われている。残念ながら、期待効用理論に置き換わるほどの一般性のある理論はまだそこから生まれてきていないが、行動ファイナンスの研究に、投資家の自己反省も含めて、多くの示唆を見いだすことは可能である。

---

[6] 一定の合理性の内容、および期待効用関数の存在証明についての詳細は、上級のテキスト、例えば池田［2000］などを参照のこと。

そうした研究の解説は行動ファイナンスの書籍に譲って、本書では、フォン・ノイマンとモルゲンシュテルンの期待効用最大化原理とリスク回避型の効用関数を用いて、現代ポートフォリオ理論とそれに基づく投資理論を解説していく。

4 確実等価額とリスク・ディスカウント額

4.1 確実等価額

図1-1の例に戻ろう。確率くじXの期待効用は16,250効用単位、Xの賞金額の期待値を確実にもらえるくじX_Zの効用は16,875効用単位であった。つまり、確率くじXよりも賞金額が確定したX_Zのほうが投資家に高い期待効用をもたらした。それでは、いくらの賞金額を確実に保証すれば、確率くじXの期待効用と等しくなるのであろうか。

この答えを見つけるには、
$$E[u(X)] = 16,250 = u(\hat{X})$$
を満たす$\hat{X}$を求めればよい。効用関数が（1.1）式で与えられているので、答えは
$$u(\hat{X}) = 300\hat{X} - \hat{X}^2 = 16,250$$
の根を求めて、$\hat{X} \approx 70.94$となる。

一般に、確率くじXが与えられたとき、
$$u(\hat{X}) = E[u(X)] \tag{1.7}$$
を満たす$\hat{X}$を確率くじXの**確実等価額**（certainty equivalent）と呼ぶ。

4.2 確率くじの売り値

図1-1の確率くじXの確実等価額が70.94円であることを次のように説明することもできる。(1.1) 式の効用関数を持つ投資家が確率くじXを持っているとしよう。確率くじXを所有することによって、投資家は16,250単位の期待効用を得ている。もし、誰かがこの投資家から確率くじXの譲渡を受けた

いと思えば、16,250効用単位以上の効用を投資家にもたらす金額を対価として支払う必要がある。その金額がいくらになるかを計算すれば70.94円となる。このように、確実等価額$\hat{X}$は確率くじXの売り値（selling price）と解釈することができる。

4.3　リスク・ディスカウント額

> 確率くじXの賞金の期待値$E(X)$と確実等価額$\hat{X}$の差を**リスク・ディスカウント額**と呼ぶ：
> $$\text{リスク・ディスカウント額} \equiv E(X) - \hat{X} \tag{1.8}$$

　いまの場合、リスク・ディスカウント額は$75 - 70.94 = 4.06$円である。確率くじXの売り値は賞金額の期待値$E(X)$よりも安い。この差額は、確率くじのリスクに見合う分だけ投資家が売り値を値引きしていると考えることができる[7]。

4.4　確率くじYの場合

　同様に、図1-1の確率くじYについて、確実等価額とリスク・ディスカウント額を計算してみよう。確率くじYの期待効用は、(1.3)式で計算したように16,000効用単位であった。これと同じ効用を得るには、
$$E[u(Y)] = 16{,}000 = u(\hat{Y})$$
を満たす$\hat{Y}$に相当する賞金が必要である。(1.1)式の効用関数を用いると、
$$u(\hat{Y}) = 300\hat{Y} - \hat{Y}^2 = 16{,}000$$
となるので、答えは$\hat{Y} \approx 69.38$（円）となる。また、リスク・ディスカウント額は$80 - 69.38 = 10.62$（円）である。

---

[7] このように、金融商品のリスクは金融商品の価格にディスカウント（割り引き）をもたらす。一方で、価格と投資収益率は反比例の関係にあるから、投資収益率（リターン）で考えればリスクは投資収益率にプレミアム（上乗せ）をもたらす。(1.8)式で定義された変数をリスクプレミアムと呼ぶこともあるが、本書では混同を避けるために、価格の差で定義される(1.8)式はリスク・ディスカウント額と呼ぶことにする。

4.5 確率くじ X と Y のポートフォリオの場合

1節で計算したように、確率くじ Y は確率くじ X と比べてハイリスク・ハイリターンであった。実際、Y の標準偏差が大きいため、Y のリスク・ディスカウント額（10.62円）が X のリスク・ディスカウント額（4.06円）を大きく上回った。賞金額の期待値で比べると Y のほうが X よりも5円大きいのであるが、リスク・ディスカウント額の格差が強く影響して Y の期待効用が X を下回る結果になった。

次の計算例は、確率くじ X と Y をポートフォリオで持つ場合である。

計算例1.1 図1-1の確率くじ X、Y の結果が1つのコインの表裏で決まるとする。つまり、コインが表になれば $X=100/Y=120$ で、コインが裏になれば $X=50/Y=40$ である。いま、確率くじ X、Y に1/2単位ずつ投資するとする。投資家の効用関数が（1.1）式で与えられるものとして、この投資から得られる期待効用、この投資の確実等価額、およびリスク・ディスカウント額を求めてみよう。

両方の確率くじに1/2単位ずつ投資すると、

確率1/2で $\quad \dfrac{1}{2} \times 100 + \dfrac{1}{2} \times 120 = 110$ （円）、

確率1/2で $\quad \dfrac{1}{2} \times 50 + \dfrac{1}{2} \times 40 = 45$ （円）

の賞金が得られることになる。したがって、期待効用は

$$\frac{1}{2}u(110) + \frac{1}{2}u(45) = \frac{1}{2} \times 20,900 + \frac{1}{2} \times 11,475 = 16,187.5$$

となる。確実等価額は、

$$u(Z) = 300Z - Z^2 = 16,187.5$$

を解いて、$Z \approx 70.55$ 円となる。また、賞金額の期待値は

$$\frac{1}{2} \times 110 + \frac{1}{2} \times 45 = 77.5 \text{ （円）}$$

であるので、リスク・ディスカウント額は

$77.5 - 70.55 = 6.95$ （円）

となる。

　この例では、2つの確率くじに1/2単位ずつ投資するという形でリスクを分散した結果、確率くじYに1単位投資するよりもリスク・ディスカウント額が大きく低下した。

5　効用関数の曲率とリスク回避度

　リスク・ディスカウント額は、効用関数の湾曲が大きいと大きな数値になる。次に、これを例で確認しよう。

5.1　湾曲の小さい効用関数

　(1.1) 式の代わりに、効用関数

$$v(x) = 500x - x^2 \tag{1.9}$$

を考えてみる。この効用関数を図1-7に示すが、図1-2の効用関数に比べてずっと直線に近い。直線に近ければ、リスク中立的な投資家の効用関数に近いことになるので、リスクを負担するコスト、すなわちリスク・ディスカウント額が小さくなるはずである。この効用関数を持つ投資家を想定すれば、確率くじXとYの順位が逆転して、ハイリスク・ハイリターンの確率くじYのほうがローリスク・ローリターンの確率くじXよりもよりよい選択肢になるかもしれない。これを調べてみよう。

　効用関数 (1.9) 式を用いて、確率くじXとYの期待効用を計算すると、

$$\begin{aligned} E[v(X)] &= \frac{1}{2} \times v(100) + \frac{1}{2} \times v(50) \\ &= \frac{1}{2} \times 40{,}000 + \frac{1}{2} \times 22{,}500 = 31{,}250 \end{aligned}$$

$$\begin{aligned} E[v(Y)] &= \frac{1}{2} \times v(120) + \frac{1}{2} \times v(40) \\ &= \frac{1}{2} \times 45{,}600 + \frac{1}{2} \times 18{,}400 = 32{,}000 \end{aligned}$$

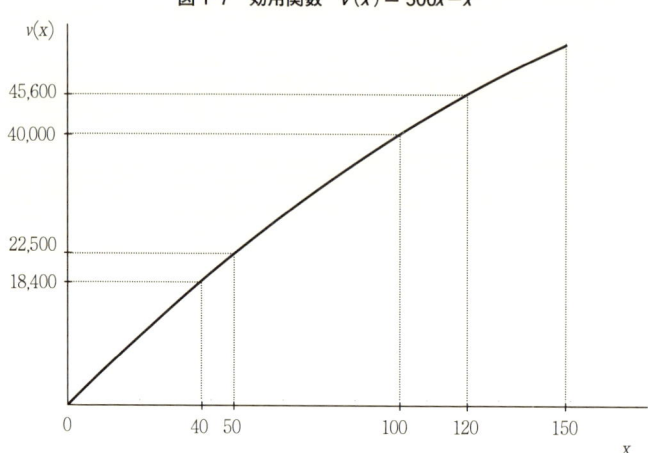

図1-7 効用関数 $v(x) = 500x - x^2$

となる。予想した通り、(1.1) 式で表される効用関数を持つ投資家とは反対に、(1.9) 式で表される効用関数を持つ投資家は、確率くじ X よりも確率くじ Y を好むことがわかった。

　この効用関数を仮定して、確実等価額とリスク・ディスカウント額も計算してみよう。確率くじ X の確実等価額は、

$$v(\hat{X}) = 500 \times \hat{X} - \hat{X}^2 = 31{,}250$$

を解いて $\hat{X} \approx 73.22$（円）、確率くじ Y の確実等価額は

$$v(\hat{Y}) = 500 \times \hat{Y} - \hat{Y}^2 = 32{,}000$$

を解いて $\hat{Y} \approx 75.36$（円）となる。これより、リスク・ディスカウント額は、

　確率くじ X について

$$E(X) - \hat{X} = 75 - 73.22 = 1.78$$

　確率くじ Y について

$$E(Y) - \hat{Y} = 80 - 75.36 = 4.64$$

と計算される。効用関数 (1.1) 式の下で計算されたリスク・ディスカウント額は、確率くじ X について4.06円、確率くじ Y について10.62円であったので、リスク・ディスカウント額はどちらの確率くじについても大きく低下したことがわかる。

5.2 効用関数の曲率とリスク回避度

以上で、効用関数の湾曲の大きさが投資案件の選択に重要な役割を演じることがわかった。関数の湾曲の大きさを**曲率**^{解説)}という。一般に関数$u(x)$のxにおける曲率は$|u''(x)/u'(x)|$の大きさで表される。

効用関数$u(x)$のxにおける曲率

$$A_u(x) \equiv -\frac{u''(x)}{u'(x)} \tag{1.10}$$

を、資産額xにおける投資家uの**リスク回避度**と呼ぶ。

効用関数$u(x)$はリスク回避型、つまり$u''(x) < 0$と仮定しているので、(1.10) 式では$u''(x)/u'(x)$の符号を逆転させるようにマイナス符号を加えて定義を与えている。これによってリスク回避度は正の数値になる。

効用関数が (1.1) 式の場合は、

$$A_u(x) = -\frac{u''(x)}{u'(x)} = -\frac{-2}{300-2x} = \frac{1}{150-x}$$

効用関数が (1.9) 式の場合は、

$$A_v(x) = -\frac{v''(x)}{v'(x)} = -\frac{-2}{500-2x} = \frac{1}{250-x}$$

となる。$0 \leq x < 150$ の範囲では、明らかに$A_u(x) > A_v(x)$である。すなわち、(1.1) 式の効用関数を持つ投資家のほうが、(1.9) 式の効用関数を持つ投資家よりもリスク回避的である[8]。

なお、リスク回避度の逆数$1/A_u(x)$は**リスク許容度**と呼ばれる。

5.3 リスク・ディスカウント額の近似公式

以上の考察で、リスク・ディスカウント額は、確率くじの賞金額の標準偏差が大きいほど、また投資家のリスク回避度が高いほど、大きくなることを確認

---

[8] 少し上級の知識になるが、(1.10) 式で定義されるリスク回避度を、**絶対的リスク回避度**と呼ぶ。これに対して、

$$R_u(x) \equiv -x u''(x)/u'(x)$$

で定義されるリスク回避度を、**相対的リスク回避度**と呼ぶ。

した。この関係を与える便利な公式を以下に述べる。

> 効用関数$u(x)$のリスク回避度関数を$A_u(x)$、確率くじXの期待値をμ_X、分散をσ_X^2とすると、Xに対するリスク・ディスカウント額は近似的に以下の式で与えられる（証明は章末付録を参照）。
> $$E(X)-\hat{X}\approx\frac{1}{2}A_u(\mu_X)\sigma_X^2 \qquad (1.11)$$

(1.11) 式によれば、リスク・ディスカウント額は賞金額の分散σ_X^2と投資家のリスク回避度$A_u(\mu_X)$の掛け算の半分にほぼ等しい。なお、賞金額の分散σ_X^2が小さいほどこの近似は正確になる。

6　効用の単位

ものの長さの単位であるメートルの基準は、メートル原器や光速度によって決められている。質量の単位であるキログラムは水の質量を基準にしている。また、温度の単位である摂氏にも、水の凝固点と沸点に基づく基準がある。では、効用の単位とその基準は何であろうか。

6.1　効用のゼロ点

実は、フォン・ノイマンとモルゲンシュテルンが定義した効用には、絶対的な基準点がない。つまり、効用ゼロの点を定める基準がない。したがって、効用の数値の大小で個人間の効用の大きさを比較しても意味がない。

例えば確率くじXは、(1.1) 式の効用関数を持つ投資家に$E[u(X)]=16{,}250$の期待効用をもたらし、(1.9) 式の効用関数を持つ投資家には$E[v(X)]=31{,}250$の期待効用をもたらした。しかし、確率くじXは後者の投資家に対して前者の投資家の2倍の期待効用をもたらすという主張は意味を持たない。

別のいい方をすると、効用の単位はゼロ点を自由に動かすことができる。(1.1) 式の効用関数uを前提にしてこれを説明すると、
$$v(x)=u(x)+a \qquad (1.12)$$
によって効用の単位をaだけ上下にずらしてもさしつかえない。

第 1 章 投資家の選好

6.2 効用数値の伸縮

効用の数値を伸び縮みさせることも自由である。つまり、

$$w(x) = bv(x) \quad (ただし, b>0) \tag{1.13}$$

によって効用の1単位を b 倍に伸縮させることもできる。このとき、u と w の関係は

$$w = bu + ab \tag{1.14}$$

となっている。これを、数学の用語では「効用は正の1次変換に関して不変である」と表現する。

これは、温度の単位を摂氏から華氏に変換することと考えればよい。摂氏の0度は華氏の32度に、摂氏の100度は華氏の212度に相当するが、u を摂氏で表示した温度、w を華氏で表示した温度とすると、両者の関係は、

$$w = 1.8 \times u + 32 \tag{1.15}$$

で表される。

6.3 限界効用の逓減

効用の数値を個人間で比較することには意味がないが、特定の個人について、1個目のリンゴがもたらす効用の大きさと2個目のリンゴがもたらす効用の大きさの比較には意味がある。つまり、効用関数 $u(x)$ で限界効用が逓減するときは、(1.14) 式で変換された効用関数 $w(x)$ でも限界効用は逓減する。

6.4 リスク回避度、確実等価額、リスク・ディスカウント額の個人間比較

投資家のリスク回避度は効用関数の曲率を示す (1.10) 式で測ることができた。効用関数 $u(x)$ と $w(x)$ の間に (1.14) 式の関係があるときは、

$$w'(x) = b \times u'(x), \quad w''(x) = b \times u''(x) \tag{1.16}$$

となるので、

$$A_w(x) = A_u(x) \tag{1.17}$$

が成立する。すなわち、リスク回避度は (1.14) 式による効用単位の変換には左右されないことがわかる。また、確率くじ X と、効用関数 $u(x)$ の下での確実等価額 $\hat{X}$ の間には、

$$E[u(X)] = u(\hat{X}) \tag{1.18}$$

が成立するが、このとき（1.14）式を介して

$$E[w(X)] = w(\hat{X}) \tag{1.19}$$

が成立するので、確実等価額やリスク・ディスカウント額も（1.14）式による効用単位の変換には左右されない。

　効用の数値そのもので個人の効用を比較することは意味を持たないが、効用関数から導かれるリスク回避度、確実等価額、ならびにリスク・ディスカウント額の大きさが、個人間のリスク選好を比較するための客観的な指標となる。フォン・ノイマンとモルゲンシュテルンの効用関数と効用数値は、このように、長さや質量などの物理的な単位とは少し異なる性質を持っていることに注意してほしい。

7　効用関数に用いられる関数

　効用関数は、原理的には、性質1（単調性）を満たすかぎりどのような形状でもかまわない。その具体的な形状を投資家に質問を繰り返すことによって定めるための手法も考案されているが、こうした実験的な手法が実際にそのままの形で用いられることは少ない。多くの場合、特定の関数を仮定して、関数に含まれるパラメータを投資家に合わせて決めるという方法がとられる。

　ファイナンス理論でよく用いられる効用関数には、次のようなものがある。

・2次関数　　$u(x) = ax - x^2$, $x \leq \dfrac{a}{2}$ 　　　　　　　　　　　(1.20)

・指数関数　　$u(x) = 1 - \exp(-cx)$, $c > 0$ 　　　　　　　　　(1.21)

・べき乗関数　　$u(x) = \dfrac{1}{1-\gamma} x^{1-\gamma}$, $\gamma > 0, \gamma \neq 1$ 　　　　　(1.22)

・対数関数　　$u(x) = \ln(x)$ 　　　　　　　　　　　　　　　　(1.23)

　2次関数の場合は、前に述べたように、x の範囲を $x \leq a/2$ に限定して、曲線

が右下がりになる範囲を除外する。

それぞれの関数について、リスク回避度関数 $A_u(x) = -u''(x)/u'(x)$ を計算すると、以下の通りになる。

- 2次関数　$A_u(x) = \dfrac{1}{a/2 - x}$ (1.24)
- 指数関数　$A_u(x) = c$ (1.25)
- べき乗関数　$A_u(x) = \dfrac{\gamma}{x}$ (1.26)
- 対数関数　$A_u(x) = \dfrac{1}{x}$ (1.27)

指数関数の場合は、パラメータ c がリスク回避度を表すことになり、その値は資産額 x の水準に依存しない。したがって、リスク回避型の投資家をモデル化する場合は $c > 0$ と仮定すればよい。べき乗関数の場合はパラメータ γ がリスク回避度を表す[9]。また、べき乗関数と対数関数のリスク回避度関数の比較からわかるように、べき乗関数で $\gamma = 1$ の場合が対数関数に相当する。

これらの効用関数は、(1.14) 式の範囲で効用単位を変換しても同じ投資家のリスク選好を表すことになる。すなわち、$u(x)$ に正の定数を掛けたり、任意の正の定数を足したり引いたりしても、効用関数の性質は変わらない。

8　平均・分散アプローチと期待効用理論

フォン・ノイマンとモルゲンシュテルンの期待効用理論は、かなり多様な投資家行動を包含する。一方、ハリー・マーコビッツに始まるポートフォリオ理論では、平均・分散アプローチという、より単純な投資家行動の仮定をベースに理論が作られている。第2章と第3章では、この平均・分散アプローチと現代ポートフォリオ理論の中核の1つである CAPM について学習することにな

---

[9] 脚注8で相対的リスク回避度の定義を説明したが、べき乗効用関数の相対的リスク回避度は資産額 x の水準によらず、一定値 γ になる。また、対数効用関数の相対的リスク回避度は1である。

8.1 2次効用関数と無差別曲線

効用関数が(1.20)式の2次関数であるとしよう。今日の資産額をW_0で表し、これを運用した結果将来の時点1で実現する資産額をW_1で表すことにする。この間の資産の増価率をRで表すと、

$$W_1 = RW_0$$

となる[10]。W_0は確定した値であるが、Rの値は今日は不確定で、時点1になって確定する。したがって、RとW_1は今日から見れば確率変数である。

投資家の期待効用は$E[u(W_1)]$であるが、(1.20)式を代入して、これを計算すると、

$$E[u(W_1)] = E[aW_1 - W_1^2] = aW_0 E(R) - W_0^2 E(R^2) \tag{1.28}$$

となる。ここで、$E(R) = \mu$, $\sigma(R) = \sigma$と表すことにすると、

$$E(R^2) = \sigma^2 + \mu^2 \tag{1.29}$$

が成り立つので[11]、

$$\begin{aligned} E[u(W_1)] &= aW_0\mu - W_0^2(\sigma^2 + \mu^2) \\ &= -\left(W_0\mu - \frac{a}{2}\right)^2 - W_0^2\sigma^2 + \frac{a^2}{4} \end{aligned} \tag{1.30}$$

となる。

(1.30)式は、期待効用が投資の期待リターンμと標準偏差σにどのように依存するかを示している。この式に含まれるaとW_0は、投資家の効用関数のパラメータと初期資産額であるから、与えられた定数である。(1.30)式から導かれる(μ, σ)と期待効用の関係を図1-8に示す。

図の曲線群は、(1.30)式の期待効用を一定にするμとσの組み合わせを表している。個々の曲線を**無差別曲線**と呼ぶ。A点とB点は同じ無差別曲線上

---

[10] 通常は、$W_1 = W_0(1+r)$と書く場合のrをリターン（収益率）と呼ぶことが多いが、ここでは本章での数式展開を簡単にするために、$1+r$を増価率Rとした。次章以降では通常の記号法に戻る。

[11] 分散について、$Var(X) = E(X^2) - [E(X)]^2$が成り立つ。証明は用語解説［1］を見よ。

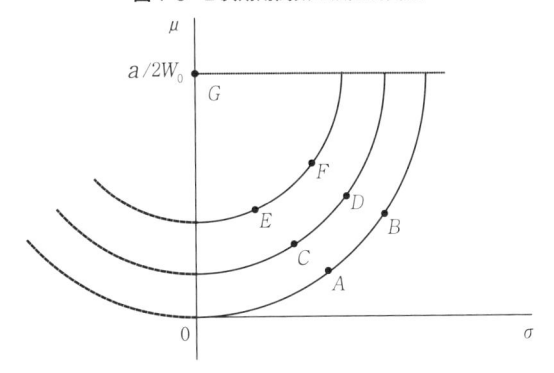

図1-8 2次効用関数の無差別曲線

に位置するので、期待効用の値が等しい。つまり、投資家はA点とB点の与える(μ, σ)の組み合わせに関して無差別である。同じことが、C点とD点の間、E点とF点の間でもいえる。

図の点線が示すように、これらの無差別曲線は同心円の一部分となっている。$W_1 \leq a/2$の制約より$R \leq a/2W_0$となるので、曲線が有効なのは$\mu \leq a/2W_0$の範囲に限定される。また、$\sigma \geq 0$なので、図の第1象限の部分だけが関係する。

(1.30) 式より、円の中心点Gが期待効用最大の点になっている。そして、中心から離れた位置にある無差別曲線ほど期待効用の水準は低くなる。図のA〜F点の間では、E点とF点の期待効用が最も大きく、C点とD点がその次、A点とB点の期待効用が最小となる。期待効用の水準は、図を下から上に移動するほど増大する。これは、σを一定にすれば、μが大きいほど投資家の期待効用が増大することを意味している。また、図で左から右へ移動するほど、期待効用の水準が低下する。これは、μを一定にすれば、σが大きくなるほど投資家の期待効用が低下することを意味する。(1.20) 式の2次効用関数は凹関数であり、リスク回避型の投資家の効用を表すので、σが大きくなるほど投資家の期待効用が低下するのは当然の結果である。

8.2 無差別曲線の一般的な形状

一般の効用関数の場合でも、(μ, σ)平面上の無差別曲線は図1-8と同じような形状となる。図1-9に一般的な無差別曲線を示した。P点とQ点は同一の無

差別曲線上にあるが、P点よりもQ点のほうが標準偏差（リスク）が大きい。つまり、P点からQ点に移動すると、リスクが増加する。このとき、Q点の期待効用をP点と同じ水準に保つためには、このリスクの差を相殺するようにQ点の期待リターンをP点よりも大きくしなければならない。このことから、リスク回避型の投資家の無差別曲線は右上がりでなければならないことがわかる。

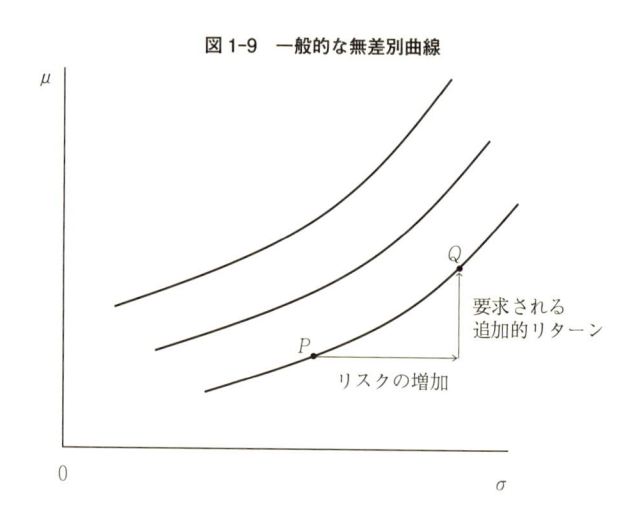

図1-9 一般的な無差別曲線

いま説明したように、無差別曲線の傾きは、リスクの増加に対する対価として投資家がどれだけリターンを追加的に要求するかを示している。この傾斜が急な無差別曲線を持つ投資家ほど、リスク回避度が高い投資家ということができる。図1-10は、図1-9よりもリスク回避度の高い投資家の無差別曲線群である。

また、無差別曲線は通常、下から見て凸の曲線と仮定される。これは、リスク1単位を追加的に負担する対価が、リスクが大きくなるほどより増大すると考えられるからである。2次の効用関数の場合については、この性質が成り立つことを数学的に確認したわけであるが、通常の効用関数でもこの性質は必ず仮定される。

図 1-10　リスク回避度の高い投資家

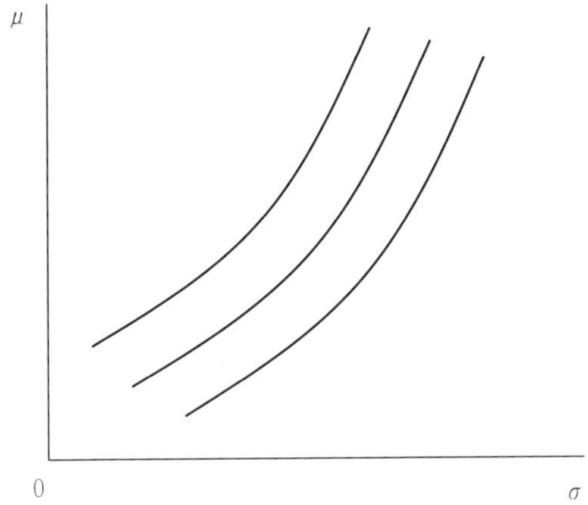

8.3　平均・分散アプローチと期待効用理論

2次の効用関数以外の場合にも、平均・分散アプローチと期待効用理論は整合的といえるであろうか。将来の資産額の確率分布を正規分布と仮定できる場合には、答えはイエスである。これは、確率分布が正規分布ならば、効用関数がどんな関数であっても、期待効用をリターンの平均と分散だけで表すことができるからである。しかし、逆にいえば、正規分布以外の確率分布を仮定する場合には、期待効用は平均、分散だけでなく、より**高次のモーメント**[解説)]にも依存するようになる。リターンの分布が左右対称でない場合には**歪度**[解説)]が、分布の裾が極端に厚い場合には**尖度**[解説)]が期待効用に影響するようになる。こうした影響をきちんと分析するためには、平均・分散アプローチではなく期待効用理論を使う必要があるが、これは本書の範囲を超えるテーマである。

第 1 章のキーワード

確率くじ　　リスク　　効用関数　　期待効用最大化原理
限界効用の逓減　　リスク回避型　　リスク追求型　　リスク中立型
凹関数　　凸関数　　行動ファイナンス　　確実等価額
リスク・ディスカウント額　　効用関数の曲率　　リスク回避度
効用関数によく用いられる関数（2次関数、指数関数、べき乗関数、対数関数）
平均・分散アプローチ　　無差別曲線

第 1 章の要約

- 財を消費したときに得られる満足度を効用と呼び、x 単位の財の消費から得られる効用を、**効用関数**を使って$u(x)$と表す。本書では、x は衣食住など個別の財の数量ではなく、富の大きさを指す。
- 投資家の行動が一定の合理性を満たしていると仮定すると、投資家は**期待効用最大化原理**に基づいて行動すると考えることができる。
- 現代ポートフォリオ理論では、効用関数は**凹関数**で、**限界効用は逓減する**と仮定する。
- 一般に、確率くじXが与えられたとき、
$$u(\hat{X}) = E[u(X)]$$
を満たす$\hat{X}$を、確率くじXの**確実等価額**（certainty equivalent）と呼ぶ。
- 確率くじXの賞金の期待値$E(X)$と確実等価額$\hat{X}$の差を**リスク・ディスカウント額**と呼ぶ：
$$\text{リスク・ディスカウント額} = E(X) - \hat{X}$$
- 効用関数$u(x)$のxにおける**曲率**
$$A_u(x) \equiv -\frac{u''(x)}{u'(x)}$$
を、資産額xにおける投資家uの**リスク回避度**と呼ぶ。
- リスク・ディスカウント額は、
$$\mu_X - \hat{X} \approx \frac{1}{2} A_u(\mu_X) \sigma_X^2$$
で近似的に与えられる。確率くじの賞金額の標準偏差が大きいほど、また投資家のリスク回避度が高いほど、リスク・ディスカウント額は大きくなる。
- 効用尺度の原点は自由に移動できる。また、効用のスケールを比例的に伸縮してもかまわない（効用は**正 1 次変換に関して不変**である）。
- ファイナンス理論でよく用いられる効用関数には、次のようなものがある。

- 2次関数　$u(x) = ax - x^2,\ x \leq \dfrac{a}{2}$

- 指数関数　$u(x) = 1 - \exp(-cx),\ c > 0$

- べき乗関数　$u(x) = \dfrac{1}{1-\gamma} x^{1-\gamma},\ \gamma > 0, \gamma \neq 1$

- 対数関数　$u(x) = \ln(x)$

* 2次の効用関数、または将来の資産収益率の確率分布を正規分布と仮定できる場合には、期待効用理論から平均・分散アプローチにおける**無差別曲線**を導くことができる。
* 無差別曲線は右上がりで、下から見て凸である。また傾斜が急なほど投資家のリスク回避度が高い。

第 1 章の数学付録

リスク・ディスカウント額の近似公式（1.11）の証明

確率くじ X と確実等価額 $\hat{X}$ の関係は、

$$u(\hat{X}) = E[u(X)] \qquad (1.31)$$

であった。いま、確率くじ X の賞金額の期待値を μ_X、分散を σ_X^2 で表す。**テイラー展開の公式**[解説] を用いて、(1.31) 式の右辺 $u(X)$ を μ_X の回りで次のように近似する：

$$u(X) \approx u(\mu_X) + u'(\mu_X)(X - \mu_X) + \frac{1}{2} u''(\mu_X)(X - \mu_X)^2$$

両辺の期待値をとると、

$$E[u(X)] \approx E\left[u(\mu_X) + u'(\mu_X)(X - \mu_X) + \frac{1}{2} u''(\mu_X)(X - \mu_X)^2 \right]$$

$$\approx u(\mu_X) + u'(\mu_X) E(X - \mu_X) + \frac{1}{2} u''(\mu_X) E[(X - \mu_X)^2]$$

となるが、$E(X - \mu_X) = E(X) - \mu_X = \mu_X - \mu_X = 0$、$E[(X - \mu_X)^2] = \sigma_X^2$ なので、上式は

$$E[u(X)] \approx u(\mu_X) + \frac{1}{2} u''(\mu_X) \sigma_X^2 \qquad (1.32)$$

となる。一方、(1.31) 式の左辺 $u(\hat{X})$ を μ_X の回りで次のように近似する：

$$u(\hat{X}) \approx u(\mu_X) + u'(\mu_X)(\hat{X} - \mu_X) \qquad (1.33)$$

(1.32) 式と (1.33) 式を (1.31) 式に代入すると、

$$u'(\mu_X)(\hat{X} - \mu_X) \approx \frac{1}{2} u''(\mu_X) \sigma_X^2 \qquad (1.34)$$

となり、これより

$$\hat{X} \approx \mu_X + \frac{1}{2}\frac{u''(\mu_X)}{u'(\mu_X)}\sigma_X^{\,2} \tag{1.35}$$

が導かれる。これを (1.10) 式のリスク回避度を用いて表現すると、

$$\hat{X} \approx \mu_X - \frac{1}{2}A_u(\mu_X)\sigma_X^{\,2} \tag{1.36}$$

となる。この式からリスク・ディスカウント額の近似式

$$\mu_X - \hat{X} \approx \frac{1}{2}A_u(\mu_X)\sigma_X^{\,2} \tag{1.37}$$

を得る。

(証明終わり)

第2章
ポートフォリオ理論

この章の目的

「全部の卵を1つのかごに入れるな」。投資の世界では、この格言を「リスクの分散」ないしは「分散投資」と呼ぶ。ハリー・マーコビッツは、この考え方をポートフォリオ理論に結実させた。今日、ポートフォリオ理論は、株式や債券の大規模なポートフォリオを構築するうえで、実務のバックボーンとして定着している。また、分散投資は経済全体の観点でも重要である。リスクを経済の一部分に集中させず、多数の投資家の間で広く浅く分担し合うことによって、社会全体のリスク負担能力が上がる。金融技術の発達を通して現代社会が学びとったこの英智も、個別投資家のレベルでは分散投資の考え方から出発している。

この章では、平均・分散アプローチにおけるリスクのとらえ方、ポートフォリオのリスク分散効果、リスク・リターンのトレードオフ、効率的ポートフォリオ、最適ポートフォリオの決定、2基金分離定理など、ポートフォリオ理論の骨格をなす考え方について学ぶ。

1 投資のリターン

1.1 リターンの意味

金額X_0の投資をして金額X_1を回収するとき、

$$R \equiv \frac{X_1}{X_0} - 1 \tag{2.1}$$

を、投資の**収益率**ないしは投資の**リターン**と呼ぶ。100円を投資して120円を回収すればリターンは20%、90円しか回収できなければリターンはマイナス10%である。

「金額X_1を回収する」という場合、会計学では資産の売却が前提となるが、ファイナンスでは、資産売却の有無にかかわらず、X_1は時点0から時点1までに受け取る現金収入と時点1での資産時価の合計を指す。したがって、リターンは、利子・配当などの**インカムゲイン**と資産価格の上昇（または下落）から得られる**キャピタルゲイン**（または**キャピタルロス**）との合計になる。

1.2 投資比率とリターン

資金を資産1と資産2に分けて運用するケースを想定する。資産$i(i=1,2)$への投資金額を$X_{i,0}$とし回収金額を$X_{i,1}$とすれば、資産iのリターンは$R_i = X_{i,1}/X_{i,0} - 1$である。資産全体で考えると、$X_0 \equiv X_{1,0} + X_{2,0}$の投資に対して$X_1 \equiv X_{1,1} + X_{2,1}$が回収されることになる。

したがって、資金の回収金額の投資金額に対する比率は、

$$\frac{X_1}{X_0} = \frac{X_{1,1}}{X_0} + \frac{X_{2,1}}{X_0} = \frac{X_{1,0}}{X_0}\frac{X_{1,1}}{X_{1,0}} + \frac{X_{2,0}}{X_0}\frac{X_{2,1}}{X_{2,0}} \tag{2.2}$$

となる。そこで、$w_i \equiv X_{i,0}/X_0$を資産iへの**投資比率**（または**投資ウェイト**）と呼ぶことにすると、$w_1 + w_2 = 1$となるので、資金の回収金額の投資金額に対する比率は、

$$\frac{X_1}{X_0} = w_1(1+R_1) + w_2(1+R_2) = 1 + w_1 R_1 + w_2 R_2 \tag{2.3}$$

となる。

ここで、複数の資産に投資をしたときの資産構成のことを**ポートフォリオ**と呼ぶ。つまり、ポートフォリオは、何を投資対象資産にするかと、各資産にどれだけ投資するかによって決まる。(2.3) 式の両辺から1を引くと、資産1と資産2からなるポートフォリオ P のリターンは、

$$R_P = w_1 R_1 + w_2 R_2 \tag{2.4}$$

で与えられることがわかる。

1.3 ロングとショート

投資比率 w_i は、資産に対して買いポジション（**ロング・ポジション**）をとる場合は正の値になるが、資産を「空売り」する（**ショート・ポジション**をとる）場合には負の値になる。例えば、資金10億円を持つ投資家が、資産1に8億円、資産2に2億円投資する場合は、$w_1 = 0.8, w_2 = 0.2$ である。これに対して、資産2を2億円相当分「空売り」して、空売りで入手する資金と自己資金の合計12億円を資産1に投資する場合は、$w_1 = 1.2, w_2 = -0.2$ となる。

株式や債券などの現物資産に投資する場合には投資比率の合計は1となるが、先渡しや先物のロング・ポジションやショート・ポジションが加わる場合には、その部分を除いた投資比率の合計が1となる。例えば、資金10億円を運用する投資家が、株式に6億円、債券に4億円投資して、3億円分の株価指数先物ショート・ポジションをとる場合を考えよう。このとき、$w_1 = 0.6, w_2 = 0.4, w_3 = -0.3$ となる。先渡しや先物の売買は、将来における取引の約定をするだけで、現時点で実際に資金を投下するわけではないので、投資比率の合計勘定には入らない。なお、話の混乱を避けるために、以下では株式、債券、短期金融資産などの現物資産だけを念頭に置くことにする。

2 ポートフォリオの期待リターン

投資対象を1つに絞らずに、資産を複数の資産や証券に分けてバスケットで保有せよ。これがポートフォリオ理論の出発点であり、どのようなバスケットを作るかというバスケットのデザイン方法を教えるのが、ポートフォリオ理論である。

ここで用語法についてであるが、ファイナンスでは、株式、債券、短期金融資産、不動産など資産クラスを指すときは「資産」、資産クラスの中の個別銘柄を指すときは「証券」という用語を使うことが多い。したがって、アセット・アロケーション（資産配分）をテーマにするときのポートフォリオの中味は「資産」であり、株式だけ、あるいは債券だけからなるポートフォリオをテーマにするときは、ポートフォリオの中味は「証券」（あるいは「銘柄」）である。本書では両方の場面を扱うが、しばらくは「資産」という用語を用いることにする。

2.1 確率変数の和の期待値

さて、将来への投資の場面では、(2.4) 式の R_1, R_2, R_p はすべて確率変数になる。いいかえれば、これらの変数はすべて確率分布の形で認識されることになる。そして確率分布の最も重要なパラメータが分布の平均である。確率変数の分布の平均のことを確率変数の期待値と呼ぶ。

では、ポートフォリオのリターンの期待値（期待リターン）と個別資産のリターンの期待値（期待リターン）の間には、どんな関係があるのだろうか。これには、確率変数の和や1次結合に関する期待値の公式が必要になる。これを確認しておこう。

2つの確率変数 X と Y があるとき、その和 $X+Y$ も新たな確率変数になる。そして、$X+Y$ の期待値は、

$$\text{和の期待値} \qquad E(X+Y) = E(X) + E(Y) \qquad (2.5)$$

で与えられる。つまり、確率変数の和の期待値はそれぞれの確率変数の期待値の和に等しい。

変数の和 $X+Y$ を一般化したものが1次結合 $aX+bY$ である。この1次結合については、次の公式が成り立つ[解説]。

$$1\text{次結合の期待値} \qquad E(aX+bY) = aE(X) + bE(Y) \qquad (2.6)$$

2.2 ポートフォリオの期待リターン

(2.4) 式で示したように、ポートフォリオのリターンは、各資産のリターンの1次結合として表される。したがって、2個の資産からなるポートフォリ

オの場合、ポートフォリオの期待リターンは、
$$E(R_P) = w_1 E(R_1) + w_2 E(R_2) \tag{2.7}$$
で与えられる。すなわち、ポートフォリオの期待リターンは個別資産の期待リターンの加重平均に等しい。

以下では、$E(R_1) \equiv \mu_1, E(R_2) \equiv \mu_2, E(R_P) \equiv \mu_P$
と書いて、(2.7) 式を
$$\mu_P = w_1 \mu_1 + w_2 \mu_2 \tag{2.8}$$
と表す。

計算例2.1 資産1の期待リターンを12%、資産2の期待リターンを6%とする。これら2つの資産に投資比率$(w_1, w_2) = (0.4, 0.6)$で投資するポートフォリオの期待リターンを計算するには、(2.8) 式に$\mu_1 = 12\%$, $\mu_2 = 6\%$, $w_1 = 0.4$, $w_2 = 0.6$を代入すればよい。結果は
$$\mu_P = 0.4 \times 0.12 + 0.6 \times 0.06 = 0.084 \ (= 8.4\%)$$
となる。

また、投資比率とポートフォリオの期待リターンの関係を調べてみる。投資比率w_1と期待リターンの関係を関数$\mu_P(w_1)$で表すと、$w_2 = 1 - w_1$であるから、
$$\mu_P(w_1) = 0.12 w_1 + 0.06(1 - w_1)$$

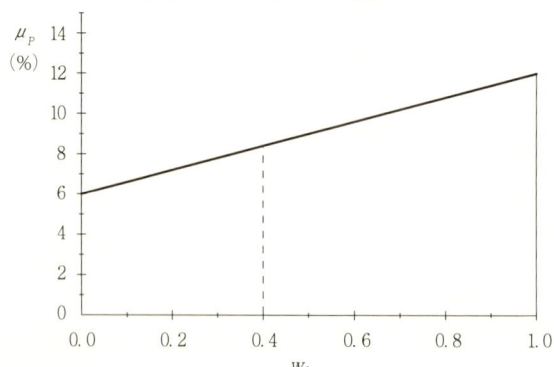

図2-1 ポートフォリオの期待リターン

となる。この関係を図示すると、図2-1のように、投資比率と期待リターンは直線関係にあることがわかる。なお、どちらかの資産を空売りする場合には、直線の延長線上を見ればよい。

3 ポートフォリオのリスク

ポートフォリオ理論では、投資リスクをリターンの確率分布の広がりの大きさでとらえる。正確には、投資リターンの分布の標準偏差を投資の**トータル・リスク**と定義する。標準偏差が大きいほど、将来実現するリターンの大きさが読みにくくなる。これが「トータル・リスクが大きい」ということの意味である。逆に標準偏差が小さくなれば、リターンの予測値を絞り込むことができる。リターンの予測がより確実になるわけである。

ポートフォリオ理論では、トータル・リスク以外にも**ベータ・リスク**や**ファクター・リスク**といったリスクの尺度がある。これらの副次的なリスク概念については第3章、第4章で説明するが、投資リスクの基本的な尺度はトータル・リスクである。

3.1 確率変数の和の分散

再び、資産1, 2への投資比率をそれぞれw_1, w_2とするポートフォリオを考える。このポートフォリオのリターンは、個別資産のリターンの1次結合(2.4)式で与えられた。そこで、ポートフォリオのトータル・リスクを求めるには、確率変数の1次結合の分散の公式が必要になる。

確率変数XとYがあるとき、その和$X+Y$の分散は

和の分散　　$Var(X+Y) = Var(X) + Var(Y) + 2Cov(X,Y)$　　(2.9)

で与えられる。つまり、確率変数の和の分散は、それぞれの確率変数の分散の和に、**共分散**[解説)の2倍を加えたものになる。

確率変数の1次結合については、次の関係が成り立つ[解説)。

1次結合の分散　　$Var(aX+bY) =$
$$= a^2 Var(X) + b^2 Var(Y) + 2ab Cov(X,Y)$$　　(2.10)

3.2 ポートフォリオの分散

公式 (2.10) より、(2.4) 式で与えられたポートフォリオの分散は、
$$Var(R_P) = w_1^2 Var(R_1) + w_2^2 Var(R_2) + 2w_1 w_2 Cov(R_1, R_2) \tag{2.11}$$
で与えられる。そして、ポートフォリオのトータル・リスクは分散の平方根（標準偏差）である。

いま、(2.11) 式を少し見やすくしよう。R_1, R_2 の標準偏差をそれぞれ、σ_1, σ_2 で表す。同様に、R_P の標準偏差を σ_P で表す。また、R_1 と R_2 の共分散を σ_{12}、**相関係数**[解説] を ρ（ローと読む）で表す。なお、相関係数と共分散の関係は

$$\rho = \frac{\sigma_{12}}{\sigma_1 \sigma_2} \tag{2.12}$$

である。これらの記号を使って (2.11) 式を表現し直すと、

$$\begin{aligned}\sigma_P^2 &= w_1^2 \sigma_1^2 + w_2^2 \sigma_2^2 + 2 w_1 w_2 \sigma_{12} \\ &= w_1^2 \sigma_1^2 + w_2^2 \sigma_2^2 + 2 w_1 w_2 \rho \sigma_1 \sigma_2\end{aligned} \tag{2.13}$$

となる。

計算例2.2 資産1のリターンの標準偏差を18%、資産2のリターンの標準偏差を12%とする。また、2つの資産のリターンに相関はないものとする。これら2つの資産に投資比率 $(w_1, w_2) = (0.4, 0.6)$ で投資するポートフォリオの標準偏差を計算するには、(2.13) 式に $\sigma_1 = 18\%$, $\sigma_2 = 12\%$, $\rho = 0, w_1 = 0.4, w_2 = 0.6$ を代入すればよい。結果は、

$$\sigma_P^2 = 0.4^2 \times 0.18^2 + 0.6^2 \times 0.12^2 = 0.010368$$

となるので、$\sigma_P = \sqrt{0.010368} \approx 0.102$ $(= 10.2\%)$ である。

投資比率 w_1 とポートフォリオの標準偏差の関係を関数 $\sigma_P(w_1)$ で表すと、

$$\sigma_P^2(w_1) = 0.18^2 w_1^2 + 0.12^2 (1 - w_1)^2$$

となる。この関係を図示すると、図2-2のようになる。

3.3 ポートフォリオによるリスク分散効果

図2-2は、ポートフォリオのリスク分散効果について非常に重要な事実を示している。全部の資金を資産1に投資した場合のリスクは $\sigma_1 = 18\%$、資産2に投資した場合のリスクは $\sigma_2 = 12\%$ である。よって、全部の資金を資産1に入れ

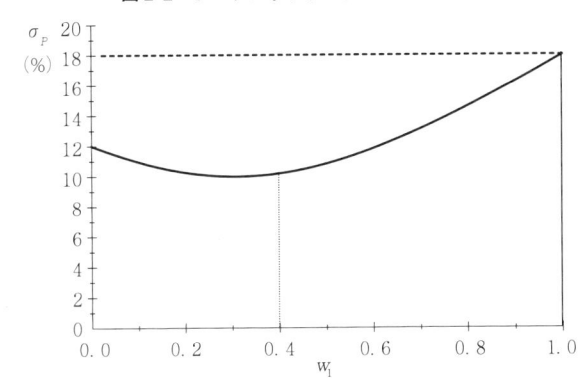

図2-2 ポートフォリオのトータル・リスク

るより、資産2に入れるほうがリスクは小さい。しかし、全部の資金をリスクの小さい資産2に入れるより、もっとリスクを小さくする方法がある。例えば、資金の4割を資産1に、6割を資産2に投資して資金を2つのかごに分けると、リスクを10.2%にまで縮めることができる。これこそが分散投資の力である。

3.4 リスク分散効果の源泉

なぜこのような現象が起きるのか、数式で確認してみよう。(2.13) 式を、

$$\sigma_P^2 = (w_1\sigma_1 + w_2\sigma_2)^2 - 2(1-\rho)w_1w_2\sigma_1\sigma_2 \tag{2.14}$$

と変形する。投資比率w_1とw_2が非負であるならば、(2.14) 式の右辺の最終項$2(1-\rho)w_1w_2\sigma_1\sigma_2$は負の値をとることがない。なぜなら、相関係数$\rho$は必ず$-1$と1の間の値で、標準偏差$\sigma_1,\sigma_2$は必ず非負だからである。これより、

$$\sigma_P^2 \leq (w_1\sigma_1 + w_2\sigma_2)^2 \tag{2.15}$$

となる。両辺の平方根をとれば、

$$\sigma_P \leq w_1\sigma_1 + w_2\sigma_2 \tag{2.16}$$

が成立する。

この不等式は、ポートフォリオのトータル・リスクが個別資産のトータル・リスクの加重平均に等しい、ないしは加重平均を下回ることを示している。しかも、相関係数が1でないかぎり、(2.16) 式は等号ではなく不等号になる。

これがポートフォリオによるリスク分散効果である。さらに図2-2に見るよ

うに、$\sigma_P(w_1)$ はU字型の曲線となっている。したがって、リスクの小さなほうの資産2に100％投資するよりも、w_1 の値を0.2〜0.4近辺の値にするほうが、ポートフォリオの標準偏差をよりいっそう小さくすることができる。

3.5 リスク分散効果への相関係数のインパクト

リスク分散効果によってポートフォリオのトータル・リスクがどれほど小さくなるかは、2資産間の相関係数 ρ の大きさに依存する。図2-2では $\rho = 0$ と仮定した。一般的な相関の場合にどうなるかを図2-3に示す。

2つの資産が負の完全相関をするとき、すなわち $\rho = -1$ のときには、(2.13)式は、

$$\sigma_P^2 = w_1^2\sigma_1^2 + w_2^2\sigma_2^2 - 2w_1w_2\sigma_1\sigma_2 = (w_1\sigma_1 - w_2\sigma_2)^2 \tag{2.17}$$

となる。この場合、両辺の平方根をとると、

$$\sigma_P = |w_1\sigma_1 - w_2\sigma_2| \tag{2.18}$$

が得られる。この関係は図2-3のV字型の折れ線で表される。図が示すように、この場合にはリスク分散効果が最大限に発揮される。特に、$w_1 = 0.4$ のポートフォリオを作れば、ポートフォリオのトータル・リスクはゼロになる。

2つの資産の相関が不完全であれば、一方の資産の動きと他方の資産の動きは相殺し合う。そのために、資金を2つの資産に分ければ、リスクの平均化以上にリスクが削減される。この効果が最大限発揮されるのが負の完全相関の場合であり、このときは投資比率をうまく選べば、リスクをゼロにすることさえできるのである。

2つの資産が正の完全相関をするとき、すなわち $\rho = 1$ のときは、(2.13)式は、

$$\sigma_P^2 = w_1^2\sigma_1^2 + w_2^2\sigma_2^2 + 2w_1w_2\sigma_1\sigma_2 = (w_1\sigma_1 + w_2\sigma_2)^2 \tag{2.19}$$

となり、両辺の平方根をとると、

$$\sigma_P = w_1\sigma_1 + w_2\sigma_2 \tag{2.20}$$

となる。この場合は、ポートフォリオのトータル・リスクは個別資産のトータル・リスクの加重平均に等しくなる。つまり、この場合、一方の資産価格が下落するときには他方の資産価格も必ず下落してしまうので、両方の資産に分散投資してもリスクの平均化が起こるだけで、リスクが小さくなることはない。正の完全相関のときは、資金を分散してもリスクは削減されないのである。

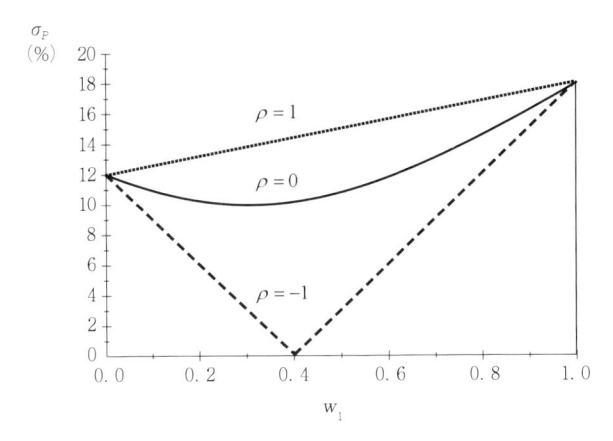

図2-3 相関係数とトータル・リスク

4　2資産の最適化問題の解法

2資産の最適化問題の解き方を、ここで学んでおこう。

4.1　2資産を対象とする資産配分問題

株式と安全資産を対象とする資産配分問題（2資産アセット・アロケーション問題）を考える。株式のリターンをR_s、安全資産のリターン（リスクフリー・レート）をr_f、運用資産全体のリターンをR_pとする。また、投資家の目的関数は、

$$E(R_P) - \frac{\gamma}{2} Var(R_P), \quad \text{ただし } \gamma > 0 \tag{2.21}$$

で与えられるとする[1]。ここで、γは投資家のリスク回避度を表すパラメータである。この仮定の下で、株式への最適な投資比率を求めてみよう。

株式への投資比率をw_s、安全資産への投資比率をw_fとするとき、R_pは

---

[1] この目的関数は、リスク調整後の期待リターンを与えるものであるが、一定の仮定の下で、期待効用最大化原理に基づく投資家の目的関数に合致する。その仮定とは、効用関数がべき乗あるいは対数効用関数で、かつ将来の資産価値の分布が対数正規分布に従う場合であることが知られている。目的関数中のパラメータγは第1章の脚注8で述べた相対的リスク回避度に相当する。このあたりに興味があれば、ファイナンスの上級テキストを参考にしてほしい。

$$R_P = w_S R_S + w_f r_f \tag{2.22}$$

で与えられる。したがって、R_Pの期待値と分散は、

$$E(R_P) = w_S E(R_S) + w_f r_f \tag{2.23}$$

$$Var(R_P) = w_S^2 Var(R_S) \tag{2.24}$$

となる。これらは (2.7) および (2.11) の公式を適用すれば導出できる。その際、リスクフリー・レートは確定した値なので、r_fを定数として扱う。(2.23) 式と (2.24) 式を (2.21) 式に代入すると、目的関数は、

$$E(R_S) w_S + r_f w_f - \frac{\gamma}{2} Var(R_S) w_S^2 \tag{2.25}$$

となる。投資比率の和は1でなければならないので、(w_S, w_f)は制約条件式、

$$w_S + w_f = 1 \tag{2.26}$$

を満たさなければならない。したがって、(2.26) 式の制約の下で (2.25) 式を最大にする(w_S, w_f)を求めるのが、いまの問題ということになる。

4.2　2資産最適化問題の解法

では、この最適化問題を解いてみよう。(2.26) 式より$w_f = 1 - w_S$となるので、これを (2.25) 式に代入して目的関数をw_Sだけで表す。これを行うと、(2.25) 式は、

$$\begin{aligned}
& E(R_S) w_S + r_f (1 - w_S) - \frac{\gamma}{2} Var(R_S) w_S^2 \\
& = (E(R_S) - r_f) w_S - \frac{\gamma}{2} Var(R_S) w_S^2 + r_f \equiv f(w_S)
\end{aligned} \tag{2.27}$$

となる。この$f(w_S)$を最大にするw_Sの値を求めればよいのであるが、これは2次関数の最大化問題である。$f'(w_S) = 0$を満たすw_Sが最適解を与えるが、この方程式は、

$$f'(w_S) = (E(R_S) - r_f) - \gamma Var(R_S) w_S = 0 \tag{2.28}$$

となり、答えは、

$$w_S = \frac{1}{\gamma} \cdot \frac{E(R_S) - r_f}{Var(R_S)} \tag{2.29}$$

である。前にならって$E(R_S) = \mu_S$, $Var(R_S) = \sigma_S^2$と表すと、(2.29) 式は

第2章 ポートフォリオ理論　　43

$$w_S = \frac{1}{\gamma} \cdot \frac{\mu_S - r_f}{\sigma_S^2} \tag{2.30}$$

と表される。

4.3 最適資産配分ルールの解釈

この結果は次のように解釈できる。(2.30) 式右辺の $\mu_S - r_f$ は、リスク資産の期待リターンとリスクフリー・レートの差（**リスクプレミアム**と呼ばれる）である。また、γ は投資家のリスク回避度を表すパラメータである。(2.30) 式によれば、リスク資産に対する最適な投資比率は、リスク資産の分散1単位当たりのリスクプレミアムに比例する。すなわち、リスク資産のリスクプレミアムが高いほど、またリスク資産の分散が小さいほど、リスク資産に対する投資比率を上げるべきである。一方で、リスクプレミアムと分散を一定にすれば、投資家のリスク回避度が小さいほど、リスク資産に対する投資比率を上げるべきである。

章末付録では、3資産およびn資産の場合の最適資産配分問題の解法ならびに結果の解釈について解説する。

5 投資可能集合と効率的フロンティア

5.1 2資産ポートフォリオのリスクとリターン

2個の資産の期待リターンと分散が計算例2.1および2.2のように与えられ、両資産の間に相関がないとき、この2資産からできるポートフォリオの期待リターンと標準偏差の関係を図示すると図2-4のようになる。

図で「資産2」と書いた点は、資産2のリスク（標準偏差）とリターン（期待リターン）を示す点である。これは自己資金の全額を資産2に投資する場合に相当するので、投資比率は $w_1 = 0$, $w_2 = 1$ である。この点から出発して、資産1への投資比率を $w_1 = 0.2$ に上げると図の A 点が、$w_1 = 0.4$ に上げると B 点が、$w_1 = 0.8$ に上げると C 点が実現する。$w_1 = 1.0$ にすれば資産1に全額投資することになる。このように、資産1に対する投資比率を0から1に上げていけば、ポートフォリオの期待リターンが上昇する。

図 2-4 ポートフォリオのリスクとリターン

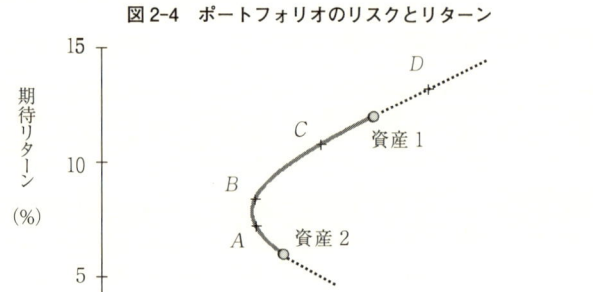

さらに、w_1の値を1以上にすることもできる。そのためには資産2を空売りすればよい。例えば、投資比率$w_1 = 1.2$とするには、自己資金の2割に相当する金額の資産2を空売りして、全資金を資産1に投資すればよい。これがポートフォリオDである。このように、低リスク・低リターンの資産2を空売り

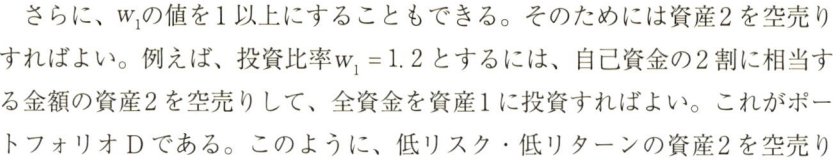

図 2-5 相関係数の影響

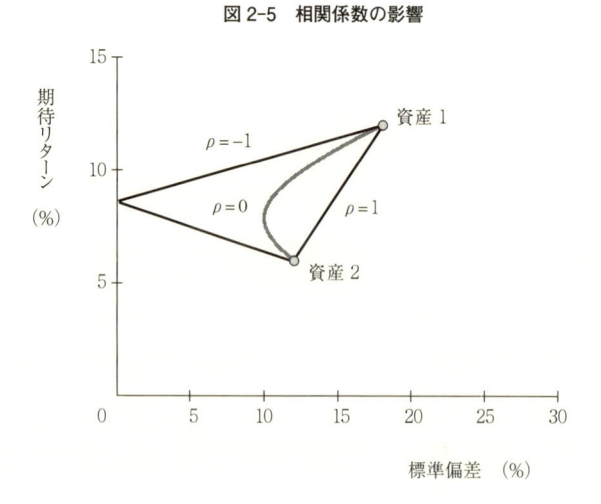

して、高リスク・高リターンの資産1への投資比率を1以上にすれば、資産1よりもさらにハイリスク・ハイリターンのポートフォリオを作ることができる。図では、資産の空売りをともなうポートフォリオの部分を点線で示している。

図2-4の曲線は双曲線であることが知られている[2]。この双曲線は、資産1と資産2の相関が低いほど左側に大きく切れ込み、相関係数が−1のときには標準偏差ゼロを示す縦軸に届く。この様子を図2-5に示す。図2-3で示したリスク分散効果は、図2-5ではこのように表現される。

5.2 資産の数を増やす

ポートフォリオに組み込む資産の数を増やしていけば、ポートフォリオ全体のリスクとリターンの実現可能な組み合わせが広がっていく。つまり、分散投資の効果をさらに享受できるようになる。この様子を図2-6に示す。

資産1と資産2から作られるポートフォリオPに、新たに資産3を加えて、Pと資産3からなるポートフォリオを作る。このとき、図のP点と資産3を結ぶ曲線部分が投資可能領域に加わる。この操作は、資産1と資産2からなる別のポートフォリオQについても行うことができる。この操作を繰り返してい

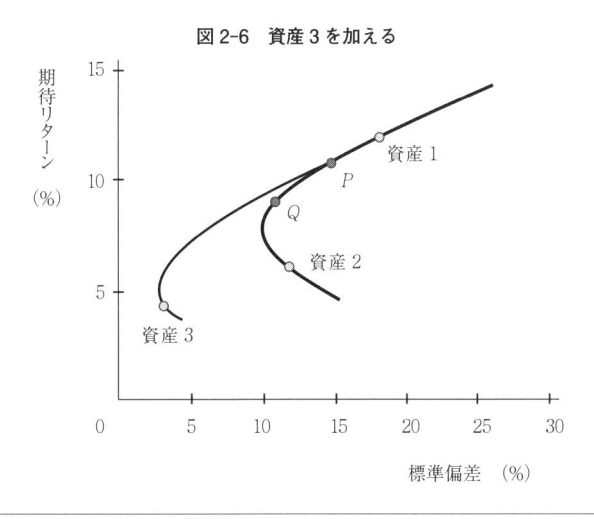

図2-6　資産3を加える

---

[2] (2.8)式と(2.13)式のそれぞれに$w_2 = 1 - w_1$を代入したうえで、w_1を消去すると、μ_pとσ_pの関係式が導かれる。この関係式は双曲線となることが確認できる。

けば、資産1、2、3からなるポートフォリオの投資可能領域を求めることができる。その結果を図2-7に示す。なお、この図では資産の空売りはできないものとしている。

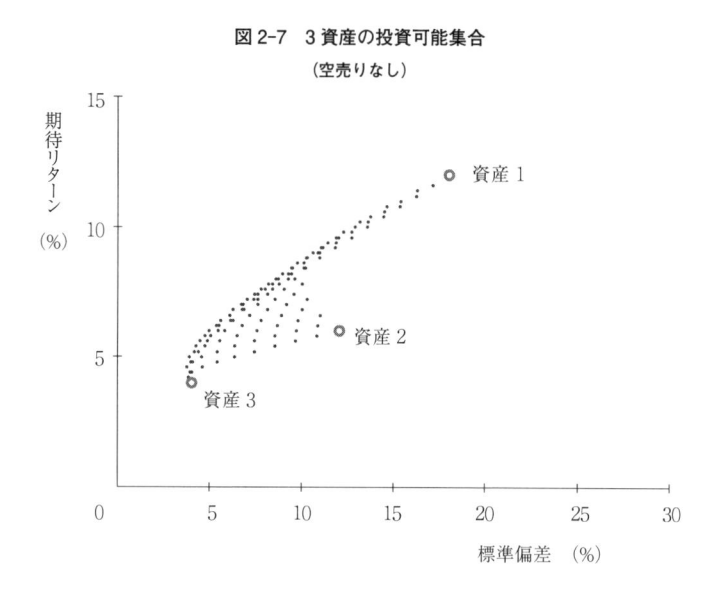

図2-7 3資産の投資可能集合
(空売りなし)

縦軸：期待リターン（%）
横軸：標準偏差（%）

このように投資可能な資産を増やしていけば、実現可能な期待リターンと標準偏差の組み合わせが北西方向に広がっていく。資産数がn個の一般的な投資可能領域の形を図2-8に示す。資産の数が2個の場合、投資可能領域は曲線で与えられるが、資産の数が3個以上になれば、投資可能領域は集合の形になる。この集合を**投資可能集合**と呼ぶ。

資産の数の多寡にかかわらず、投資可能集合の左側の境界線は双曲線になることが知られている。この双曲線の上半分（図の太線部分）は、同じ標準偏差（リスク）を持つポートフォリオの中で期待リターンが最大のポートフォリオをなぞったものである。これらのポートフォリオは、リスクとリターンを効率的に組み合わせたポートフォリオであるので、**効率的ポートフォリオ**と呼ぶ。また、図の太線部分を**効率的フロンティア**と呼ぶ。

なお、双曲線の下半分、つまり図の点線部分に属するポートフォリオは、効

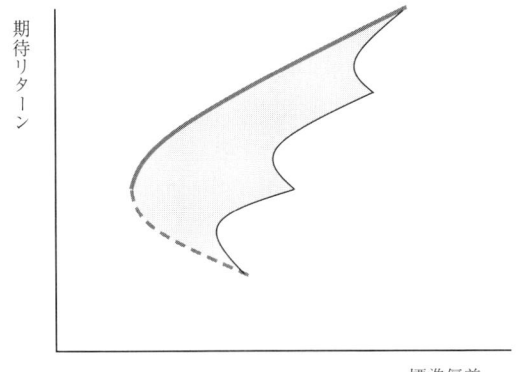

図 2-8 投資可能集合と効率的フロンティア（資産数が n 個の場合）

率的ポートフォリオではない。同じ標準偏差で期待リターンのもっと大きなポートフォリオが、上部にいくらでも存在するからである。したがって、効率的フロンティアは投資可能集合の北西方向の周縁部に限られる。

5.3 安全資産を含めた投資可能集合

安全資産も投資対象に加える場合、投資可能集合はまったく違った形状になる。次にこの点を説明しよう。

まず、安全資産と 1 個のリスク資産からなるポートフォリオの期待リターンと標準偏差を考える。安全資産のリターン（リスクフリー・レート）を定数 r_f で表す。リスク資産のリターンを確率変数 R で表し、その期待値を μ、標準偏差を σ で表す。いま、リスク資産への投資比率を w とすると、ポートフォリオのリターンは、

$$R_P = wR + (1-w)r_f \tag{2.31}$$

で与えられる。このとき、(2.23) 式、(2.24) 式で行った計算によって、ポートフォリオの期待リターン $\mu_P = E(R_P)$ と分散 $Var(R_P)$ は、

$$\mu_P = w\mu + (1-w)r_f = (\mu - r_f)w + r_f \tag{2.32}$$

$$Var(R_P) = w^2\sigma^2 \tag{2.33}$$

となる。後者の平方根をとると、ポートフォリオの標準偏差は、

$$\sigma_P = w\sigma \tag{2.34}$$

となる。

ポートフォリオの期待リターンはwの1次関数、ポートフォリオの標準偏差もwの1次関数であるから、μ_Pとσ_Pは直線的な関係で結ばれる。これを図示したのが図2-9の直線である。安全資産はリスクがゼロの資産であるから、y軸上にプロットされる。そして、安全資産とリスク資産からなるポートフォリオの期待リターンと標準偏差は、両資産を表す点を結ぶ直線で表される。リスク資産から右に伸びる直線の延長部分を破線で示したが、これはリスクフリー・レートr_fで資金を借り入れて（安全資産を空売りして）、レバレッジによってよりハイリスク・ハイリターンの投資を行う場合に相当する。また、点r_fから右下に伸びる破線は、リスク資産を空売りして、全資金を安全資産に投資する場合に相当する。

図2-9 安全資産を加える

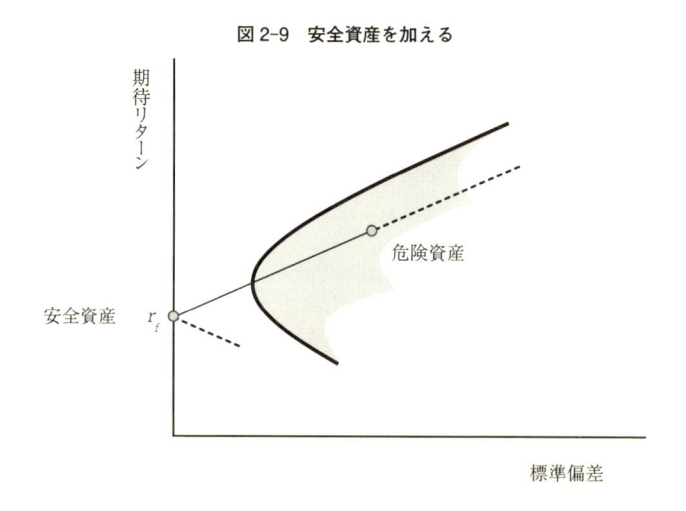

図2-10は、2個のリスク資産に安全資産を加えた場合の投資可能集合を示している。2個のリスク資産からできる投資可能領域は図2-4の双曲線で表されたが、安全資産への投資を加えると、安全資産と双曲線上の各点を結ぶ直線上の点（図の点で表した部分）がすべて投資可能になる。

図2-10では、資産の空売りと資金の借り入れはできないものと仮定した。一方、資産の空売りと資金の借り入れが可能な場合には、投資可能集合は図2

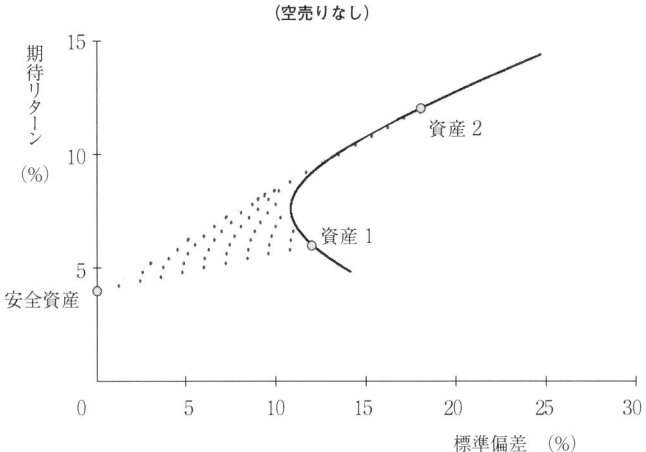

図 2-10　安全資産を含めた投資可能集合
(空売りなし)

-11 のようになる。この図で、個別のリスク資産は○印で示しているが、リスク資産の数は任意としている。

図2-11 の投資可能集合の北西側の境界線（効率的フロンティア）は、y 軸上の安全資産を示す点から双曲線に引いた接線である。リスク資産だけから構

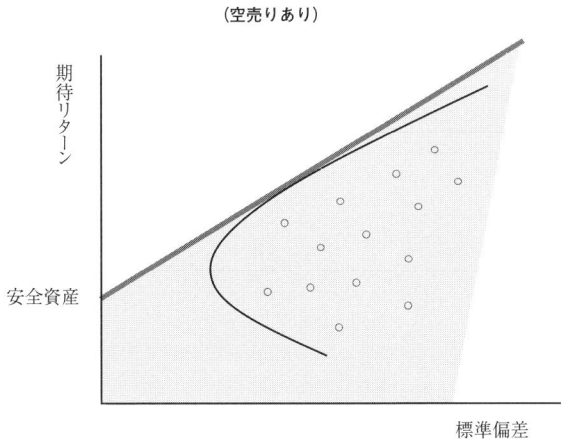

図 2-11　安全資産を含めた投資可能集合と効率的フロンティア
(空売りあり)

築される投資可能集合は、図2-8に示したように、双曲線の内側であった。これに安全資産への投資も含めると、投資可能集合が、図で塗りつぶした領域へと一気に拡大する。

6　2基金分離定理

6.1　トービンの分離定理

　安全資産と多数のリスク資産に投資する場合の**最適ポートフォリオ**の決定方法を、図2-12に示す。この場合、投資可能集合は網を施した領域に、効率的フロンティアは右上がりの太い直線になる。安全資産を示すy軸上の点からリスク資産だけに投資する場合の投資可能集合の周縁部（双曲線）に接線を引き、その接点に相当するポートフォリオをポートフォリオTと呼ぶことにする。

　一方、図の曲線群ℓ、ℓ'、ℓ''は、1人の投資家の無差別曲線を表している。それぞれの曲線上のポートフォリオは、投資家に同じ期待効用をもたらす。つまり、各曲線は効用の等高線と考えればよい。そして、ℓよりもℓ'、ℓ'よりもℓ''のほうが、高い効用水準を表す。投資家の目的関数が（2.21）式で与えられる場合には、曲線は放物線になる[3]。しかし、第1章8節で述べたように、無差別曲線は必ずしも放物線である必要はなく、右上がりで、下から見て凸の曲線と仮定される。

　無差別曲線と効率的フロンティアの接点をP点と呼ぼう。このP点は無差別曲線ℓ'上に位置する。図のP点、Q点、Q'点を比べると、Q点とQ'点は無差別曲線ℓ上に位置するので、ポートフォリオQとポートフォリオQ'がもたらす効用は、ポートフォリオPがもたらす効用よりも低い。一方、P点よりも高い効用を示す無差別曲線はℓ'よりも上側に位置する（例えばℓ''）が、これらは投資可能集合と交わらない。つまり、Pよりも高い効用をもたらすポートフォリオは投資可能集合の中に存在しない。したがって、投資可能集合に属する

---

[3] $E(R_p) \equiv \mu$、$Var(R_p) \equiv \sigma^2$と表すと、目的関数（2.21）式は$\mu - \frac{\gamma}{2}\sigma^2$となるので、無差別曲線の方程式は$\mu - \frac{\gamma}{2}\sigma^2 = k$（ただし、$k$は定数）となる。これを$\mu = \frac{\gamma}{2}\sigma^2 + k$と書くと、この曲線は主軸が$y$軸に一致する放物線となることがわかる。

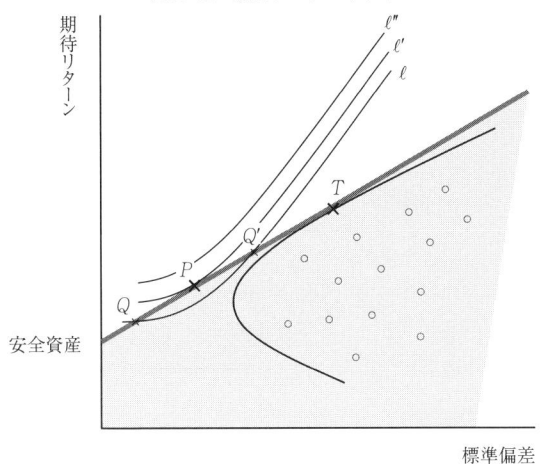

図2-12　最適ポートフォリオ

ポートフォリオの中で、最も高い効用をもたらすのはP点のポートフォリオであることがわかる。

図2-13には、3人の投資家の無差別曲線ℓ_1、ℓ_2、ℓ_3と、それぞれの投資家にとっての最適ポートフォリオP_1、P_2、P_3を示す。ℓ_1はリスク回避度の高い投

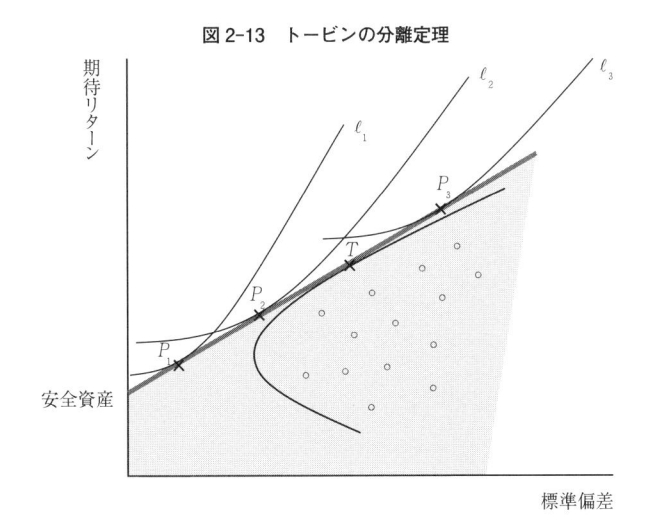

図2-13　トービンの分離定理

資家、ℓ_3 はリスク回避度の低い（リスク許容度の高い）投資家、ℓ_2 は中間の投資家の無差別曲線である。

この図から、どの投資家の最適ポートフォリオも、接点ポートフォリオ T と安全資産の組み合わせで実現できることがわかる。つまり、リスク資産のポートフォリオをどう作るかは投資家に依存しない。リスク資産の組み合わせ方には、すべての投資家に共通する最適な方法があるというわけである。それが接点ポートフォリオ T である。個々の投資家は、自分のリスク回避度に合わせて、この接点ポートフォリオと安全資産の間の投資比率を決めればよいということになる。この性質を**トービンの分離定理**と呼ぶ。

トービンの分離定理

安全資産がある場合、効率的フロンティア上の任意のポートフォリオ（効率的ポートフォリオ）は、安全資産と接点ポートフォリオを適切な投資比率で組み合わせることによって実現できる。

6.2 トービンの分離定理の実践的意義

トービンの分離定理は、資産運用の実務にきわめて大きな示唆を与える。株式への投資だけを考えても、取引可能な株式は国内で約3,000銘柄、米国の場合には約8,000銘柄存在する。これらを組み合わせて、リスク選好の異なる個々の投資家ごとに最適なポートフォリオを構築するには、膨大なデータと大変な計算量を必要とする。

しかし、トービンの分離定理によれば、T 点に相当する接点ポートフォリオさえ見つければ、あとは投資家の目的関数（無差別曲線）に応じて、この接点ポートフォリオと安全資産の投資比率を決めれば事足りることになる。いいかえれば、接点ポートフォリオを計算して提供する運用会社が1つあれば、すべての投資家は、その会社が提供するポートフォリオの購入を前提にして、あとは安全資産との投資比率を適切に選択するだけで、最適なポートフォリオ運用を実現できる。

6.3 借入金利と貸出金利の区別

ところで、無差別曲線が図2-13のℓ_3で与えられる投資家が最適ポートフォリオP_3を実現するには、安全資産のレートで資金を借り入れることが必要になる。しかし、現実に資金を借り入れるには、安全資産のレートよりも高い金利を払わなければならない。つまり、一般の投資家にとって、借入利子率は貸出（運用）利子率よりも高い。

この現実的な条件を考慮すると、投資可能集合と効率的フロンティアは図2-14のようになる。このとき、接点ポートフォリオはT_1とT_2の2種類存在する。貸出利子率（r_ℓ）から双曲線に引いた接線の接点がT_1、借入利子率（r_b）から双曲線に引いた接線の接点がT_2である。投資可能集合は図で塗りつぶした部分となり、この領域の周縁部、すなわち直線、双曲線、直線を結んだ太線が効率的フロンティアとなる。

この場合の投資家と最適ポートフォリオの関係を調べてみよう。まず、無差別曲線がℓ_1で与えられる投資家の最適ポートフォリオは、r_ℓとT_1を結ぶ線分

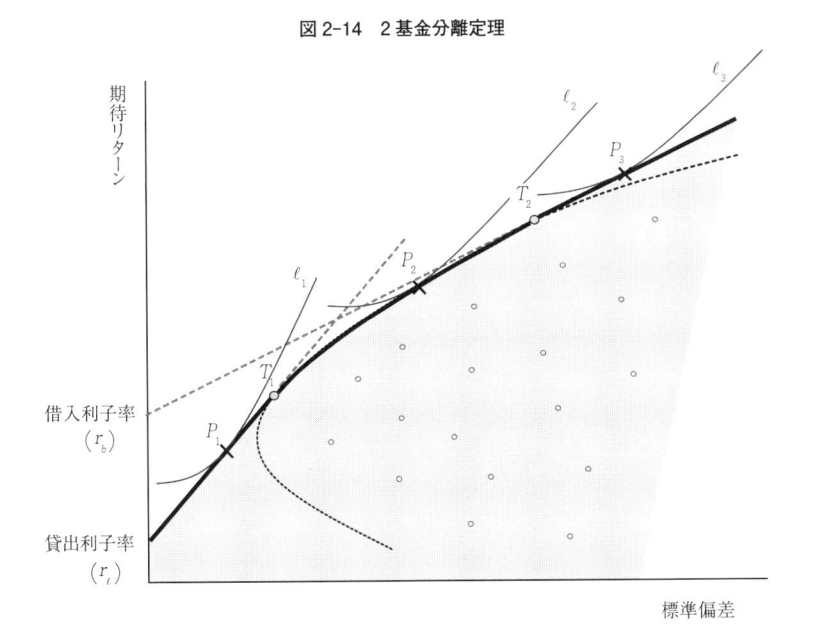

図2-14　2基金分離定理

上に来る（図の P_1）。次に、無差別曲線が ℓ_2 の投資家は T_1 よりも高リスク・高リターンのポートフォリオを望むことになるが、線分 $r_\ell T_1$ の延長線上のポートフォリオは実現不可能である。なぜなら、延長線上のポートフォリオを実現するには r_ℓ で資金を借り入れることが前提となるが、資金を借り入れるためには r_b というもっと高い金利を支払う必要があるからである。したがって、中程度のリスク回避度の投資家は資金の貸し出しも借り入れも行わず、T_1 と T_2 を結ぶ双曲線部分から最適なポートフォリオ（図の P_2）を選ぶことになる。最後に、無差別曲線が ℓ_3 の投資家にとって最適なポートフォリオは、借入資金によってレバレッジをかけて接点ポートフォリオ T_2 に投資することで実現される（図の P_3）。レバレッジをかけない場合は、双曲線上の点線部のポートフォリオに投資することになるが、レバレッジをかけることによって（同じリスクで）より高い期待リターンを獲得できるからである。

トービンの分離定理はこうした状況に拡張できる。この場合、分離定理は次のように表現される[4]。

---

2 基金分離定理

2種類の効率的ポートフォリオに正の投資比率で投資するポートフォリオは、必ず効率的ポートフォリオである。また逆に、任意の効率的ポートフォリオは、任意の2種類の効率的ポートフォリオを適切な投資比率で組み合わせることによって実現できる。

この定理によれば、図2-14のポートフォリオ P_2 は、2個の接点ポートフォリオ T_1、T_2 を組み合わせて作ることができる。実際、2個の接点ポートフォリオ T_1、T_2 を提供する運用会社があれば、運用会社から提供される2つのポートフォリオと安全資産での運用、ならびに資金借入を適切に組み合わせることで、あらゆる投資家のニーズに応えることができることになる。なお、トービンの分離定理は、この2基金分離定理に特殊ケースとして含まれる。

このように、トービンの分離定理や2基金分離定理は最適なポートフォリオの構築に大きな示唆を与える。この示唆をもう一段強化するのが、次章で解説する CAPM である。

---

[4] この定理の証明は本書の範囲を超えるので割愛する。

第2章のキーワード

リターン　　投資比率（投資ウェイト）　　ポートフォリオ
買い（ロング・ポジション）　　空売り（ショート・ポジション）
ポートフォリオの期待リターン　　ポートフォリオの分散
資産間の共分散と相関係数　　リスクプレミアム　　投資可能集合
効率的ポートフォリオ　　効率的フロンティア　　最適ポートフォリオ
トービンの分離定理　　2基金分離定理

第2章の要約

- 金額 X_0 の投資をして、金額 X_1 を回収するときに得られる**収益率**を
  $$R \equiv \frac{X_1}{X_0} - 1$$
  で定義して、投資の**リターン**と呼ぶ。
- ポートフォリオの期待リターンは個別資産の期待リターンの加重平均に等しい。2資産からなるポートフォリオの場合、この公式は
  $$E(R_P) = w_1 E(R_1) + w_2 E(R_2)$$
  あるいは
  $$\mu_P = w_1 \mu_1 + w_2 \mu_2$$
  で与えられる。
- 投資の**トータル・リスク**とは、投資リターンの分布の標準偏差を指す。
- 2資産からなるポートフォリオの分散は
  $$Var(R_P) = w_1^2 Var(R_1) + w_2^2 Var(R_2) + 2w_1 w_2 Cov(R_1, R_2)$$
  あるいは
  $$\begin{aligned}\sigma_P^2 &= w_1^2 \sigma_1^2 + w_2^2 \sigma_2^2 + 2w_1 w_2 \sigma_{12} \\ &= w_1^2 \sigma_1^2 + w_2^2 \sigma_2^2 + 2w_1 w_2 \rho \sigma_1 \sigma_2\end{aligned}$$
  で与えられる。
- 全部の資金を1種類の資産のかごに入れるよりも、複数のかごに分けることによって、リスクを小さくすることができる。これが分散投資の力である。このリスク削減効果は、資産間の相関係数が1でないかぎり効力を発揮する。
- 分散投資によってポートフォリオのトータル・リスクがどれほど小さくなるかは、資産間の相関係数 ρ の大きさに依存する。資産間の相関が小さいほどリスク削減効果が強くなる。
- 安全資産とリスク資産を対象とする資産配分問題において、リスク資産が持つ分散1単位当たりのリスクプレミアムが高いほど、また投資家のリスク回避度が小さいほど、リスク資産に対する投資比率を上げるべきである。

- 実現可能な期待リターンと標準偏差の組み合わせを**投資可能集合**と呼ぶ。
- 投資可能集合のうち、同じ標準偏差（リスク）を持つポートフォリオの中で期待リターンが最大のポートフォリオを**効率的ポートフォリオ**と呼ぶ。効率的ポートフォリオは、投資可能集合の北西方向の周縁部に存在するが、この周縁部を**効率的フロンティア**と呼ぶ。
- 安全資産と1個のリスク資産から作られる投資可能集合は、両資産を表す点を結ぶ直線で与えられる。
- 安全資産があるとき、効率的フロンティアは、リスク資産だけから構築される効率的フロンティアに接する直線となる。
- 安全資産があるとき、効率的フロンティア上の任意のポートフォリオ（効率的ポートフォリオ）は、安全資産と接点ポートフォリオを適切な投資比率で組み合わせることによって実現できる。これを**トービンの分離定理**と呼ぶ。
- 2個の効率的ポートフォリオに正の投資比率で投資するポートフォリオは、必ず効率的ポートフォリオとなる。また逆に、任意の効率的ポートフォリオは、任意の2個の効率的ポートフォリオを適切な投資比率で組み合わせることによって実現できる。これを**2基金分離定理**と呼ぶ。2基金分離定理はトービンの分離定理を拡張したもので、借入金利が貸出金利より高い場合にも成立する。

第2章の数学付録

A. 3資産への最適資産配分問題の解法

この数学付録では、安全資産および2個のリスク資産を対象とする最適資産配分問題の解法を示す。

■3資産を対象とする資産配分問題の定式化

3つの資産を、株式、債券、ならびに安全資産とする。株式、債券、安全資産のリターンをそれぞれR_S, R_B, r_fで表し、運用資産全体のリターンをR_Pで表す。投資家の目的関数は（2.21）式で与えられる。このとき、3つの資産への最適な投資比率を求める。

株式、債券、安全資産への投資比率をそれぞれw_S, w_B, w_fとするとき、R_Pは

$$R_P = w_S R_S + w_B R_B + w_f r_f \tag{2.35}$$

で与えられる。これに$w_f = 1 - w_S - w_B$を代入すると

$$R_P = w_S(R_S - r_f) + w_B(R_B - r_f) + r_f \tag{2.36}$$

となる。R_Pの期待値と分散は、

$$E(R_P) = w_S(E(R_S) - r_f) + w_B(E(R_B) - r_f) + r_f \tag{2.37}$$

$$Var(R_P) = w_S^2 Var(R_S) + w_B^2 Var(R_B) + 2w_S w_B Cov(R_S, R_B) \tag{2.38}$$

となる。

ここで、表記を見やすくするために、$\mu_S \equiv E(R_S)$, $\mu_B \equiv E(R_B)$, $\sigma_S^2 \equiv Var(R_S)$, $\sigma_B^2 \equiv Var(R_B)$, $\sigma_{SB} \equiv Cov(R_S, R_B)$とする。株式と債券の相関係数を$\rho$で表すと、$\sigma_{SB} = \rho \sigma_S \sigma_B$である。これらの記号を使うと、（2.37）式は

$$E(R_P) = w_S(\mu_S - r_f) + w_B(\mu_B - r_f) + r_f \tag{2.39}$$

（2.38）式は

$$Var(R_P) = w_S^2 \sigma_S^2 + w_B^2 \sigma_B^2 + 2w_S w_B \rho \sigma_S \sigma_B \tag{2.40}$$

となる。これを（2.21）式に代入すると、目的関数は、

$$f(w_S, w_B) = w_S(\mu_S - r_f) + w_B(\mu_B - r_f) + r_f \\ - \frac{\gamma}{2}(w_S^2 \sigma_S^2 + w_B^2 \sigma_B^2 + 2w_S w_B \rho \sigma_S \sigma_B) \quad (2.41)$$

となる。この (2.41) 式を最大にする (w_S, w_B) を求めれば、それが株式と債券に対する最適な投資比率になる。また、安全資産への投資比率は $w_f = 1 - w_S - w_B$ から求められる。

■3資産最適化問題の解法

(w_S, w_B) が満たすべき制約条件はないので、この最適化問題の解を求めるには、$f(w_S, w_B)$ の w_S と w_B に関する偏微分^{解説)}をゼロとおいて、連立方程式を解けばよい。

その1階条件は

$$\frac{\partial f(w_S, w_B)}{\partial w_S} = (\mu_S - r_f) - \gamma(\sigma_S^2 w_S + \rho \sigma_S \sigma_B w_B) = 0 \quad (2.42)$$

$$\frac{\partial f(w_S, w_B)}{\partial w_B} = (\mu_B - r_f) - \gamma(\sigma_B^2 w_B + \rho \sigma_S \sigma_B w_S) = 0 \quad (2.43)$$

となる、(w_S, w_B) を連立させてこの1次方程式を解くと、答えは

$$w_S = \frac{1}{\gamma} \cdot \frac{\sigma_B^2(\mu_S - r_f) - \rho \sigma_S \sigma_B (\mu_B - r_f)}{\sigma_S^2 \sigma_B^2 (1 - \rho^2)} \quad (2.44)$$

$$w_B = \frac{1}{\gamma} \cdot \frac{\sigma_S^2(\mu_B - r_f) - \rho \sigma_S \sigma_B (\mu_S - r_f)}{\sigma_S^2 \sigma_B^2 (1 - \rho^2)} \quad (2.45)$$

となる。

■最適資産配分ルールの解釈

この結果を解釈してみよう。(2.44) 式と (2.45) 式を見ると、株式と債券に対する最適な投資比率は、いずれもパラメータ γ に反比例する。γ は投資家のリスク回避度を表すパラメータであった。2つのリスク資産に対する投資比率をリスク回避度に逆比例させよ、というのが、この最適解の教えるところである。つまり、リスク回避度の高い投資家は、株式と債券に対する投資比率を下げて、その分、安全資産への投資比率を上げよ、というわけである。

では、株式と債券の相対的な比率はどうか。これを調べるために (2.44) 式と (2.45) 式の比をとって整理すると、

$$\frac{w_S}{w_B} = \frac{\dfrac{(\mu_S - r_f)}{\sigma_S^2} - \rho \dfrac{\sigma_B}{\sigma_S} \dfrac{(\mu_B - r_f)}{\sigma_B^2}}{\dfrac{(\mu_B - r_f)}{\sigma_B^2} - \rho \dfrac{\sigma_S}{\sigma_B} \dfrac{(\mu_S - r_f)}{\sigma_S^2}} \tag{2.46}$$

となる。特に、相関係数がゼロの場合には、

$$\frac{w_S}{w_B} = \frac{(\mu_S - r_f)/\sigma_S^2}{(\mu_B - r_f)/\sigma_B^2} \tag{2.47}$$

である。

(2.47) 式右辺の分子は株式の分散1単位当たりのリスクプレミアム、分母は債券の分散1単位当たりのリスクプレミアムである。したがって、相関係数がゼロのときは、株式と債券の相対比率は、両資産の分散1単位当たりのリスクプレミアムに比例させればよいことになる。また、(2.46) 式は、相関係数がゼロでない場合、(2.47) 式に相関係数の大きさに応じた修正を施すべきことを示している。

(2.46) 式の右辺も (2.47) 式の右辺も γ を含まない。つまり、株式と債券の相対比率は、投資家のリスク回避度からは独立である。(2.46) 式と (2.47) 式が示すのは、「リスク資産のポートフォリオをどう作るかは投資家のリスク回避度に依存しない」という命題である。これがトービンの分離定理である。

B. n 資産への最適資産配分問題の定式化

n 個のリスク資産と安全資産を対象にする場合についても、同じように最適化問題を考えて、その最適解を求めることができる。ポートフォリオの超過リターン $R'_P (\equiv R_P - r_f)$ は、以下のように与えられる:

$$R'_p = \sum_{i=1}^{n} w_i (R_i - r_f) \tag{2.48}$$

この R'_P の期待値と分散は、以下のように表すことができる:

$$E(R'_p) = \sum_{i=1}^{n} w_i (E(R_i) - r_f) \tag{2.49}$$

$$\begin{aligned}Var(R'_p) &= \sum_{i=1}^{n}\sum_{j=1}^{n}w_i w_j Cov(R_i,R_j) \\ &= \sum_{i=1}^{n}w_i^2 Var(R_i) + 2\sum_{i=1}^{n}\sum_{j>i}^{n}w_i w_j Cov(R_i,R_j)\end{aligned} \quad (2.50)$$

こららを次のように表記する：

$$E(R'_p) = \sum_{i=1}^{n}w_i(\mu_i - r_f) \quad (2.51)$$

$$Var(R'_p) = \sum_{i=1}^{n}\sum_{j=1}^{n}w_i w_j \sigma_{ij} \quad (2.52)$$

このとき、目的関数は、

$$\begin{aligned}f(w_1,w_2,\cdots,w_n) &= E(R'_p) - \frac{\gamma}{2}Var(R'_p) \\ &= \sum_{i=1}^{n}w_i(\mu_i - r_f) - \frac{\gamma}{2}\sum_{i=1}^{n}\sum_{j=1}^{n}w_i w_j \sigma_{ij}\end{aligned} \quad (2.53)$$

となる。この式をw_1, w_2, $\cdots$, w_nについて個々に偏微分[解説]してゼロとおくと、n個の連立1次方程式が得られる。この連立方程式を解けば最適配分比率が求められる。ベクトルと行列を用いれば、最適配分比率の公式を与えることができるのであるが、ここでは割愛する。

第3章

CAPM

この章の目的

　この章では、現代ポートフォリオ理論の中核に位置するCAPM（Capital Asset Pricing Model、資本資産評価モデル）について学ぶ。

　最適ポートフォリオの決定には、市場が提供する投資機会（投資可能集合）と投資家の目的関数（リスク選好）が同時に影響を与える。この両者の影響が分離できることを前章で学んだ。よって、投資家の目的関数とは独立に、効率的フロンティア上に位置するポートフォリオを見つけ出すことが、ポートフォリオ決定プロセスの中心的な課題になる。市場は、価格メカニズムによる需給調節の働きを通して、まさにこの効率的フロンティア上のポートフォリオを見つけ出している。これが「マーケット・ポートフォリオは効率的ポートフォリオである」というCAPMの命題である。また、この命題と表裏の関係にあるのが、市場均衡において成立すべきリスクとリターンの関係を明らかにするリスクの価格理論である。この章の最後では、CAPMの利用およびCAPMの実証について解説する。

1 CAPM 第1定理 —— マーケット・ポートフォリオの効率性

1.1 マーケット・ポートフォリオ

マーケット・ポートフォリオとは、市場に供給されるすべての証券のバスケットである。したがって、マーケット・ポートフォリオに投資することは、すべての証券を時価総額に比例した投資比率で保有することを意味する。個々の証券の市場価格は多くの投資家による膨大な情報収集と計算活動の産物で、バスケットの時価総額比率にはその活動成果がすべて織り込まれている。このような観点に立って、マーケット・ポートフォリオに投資することの合理性にはじめて注目したのが、ウィリアム・シャープである（Sharpe［1964］）。

1.2 CAPM の中心命題（オリジナル CAPM）

CAPM の中心となる命題とその論証は、次のようにきわめて簡単である。市場に参加する投資家が平均・分散アプローチで想定された行動をとると仮定する。そして、安全資産が存在して、トービンの分離定理が成立する状況を考えよう。このとき、投資家は安全資産と接点ポートフォリオの組み合わせによって最適ポートフォリオを実現することができる。どのような組み合わせを選択するかは投資家によって異なるが、すべての投資家が投資しようとするリスク資産ポートフォリオは、接点ポートフォリオそのものである。したがって、すべての証券の需要と供給が一致する市場均衡の状態では、マーケット・ポートフォリオはこの接点ポートフォリオでなければならない。

> **CAPM 第1定理（オリジナル CAPM）**
> 　安全資産が存在するとき、市場の均衡状態においてマーケット・ポートフォリオは接点ポートフォリオと一致する。したがって、マーケット・ポートフォリオは効率的ポートフォリオである。

この市場均衡の状態を図3-1に示す。r_f はリスクフリー・レートで、双曲線の内側がリスク資産だけからなる投資機会集合である。丸印で示したのは個別

の証券である。このとき、r_f から双曲線に引いた接線が、安全資産がある場合の効率的フロンティアとなる。

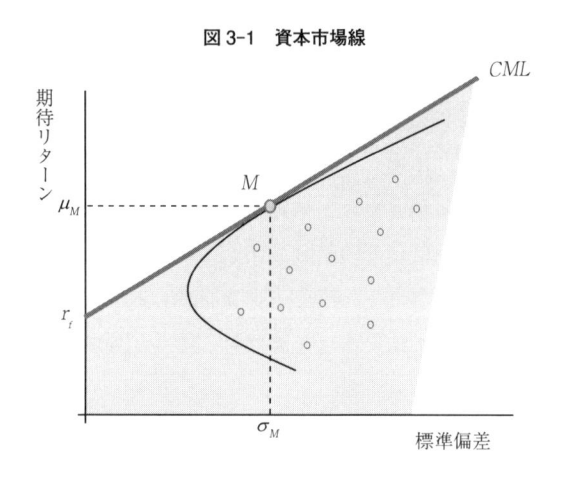

図3-1 資本市場線

図の点 M がマーケット・ポートフォリオの位置を示している。実際、マーケット・ポートフォリオがこの接点の位置にあれば、すべての投資家はこの接点ポートフォリオに投資して安全資産と組み合わせるので、市場に供給されている証券は投資家によって過不足なく需要され、需給の一致が達成される。

マーケット・ポートフォリオが、この接点から外れた場所に位置しているときには次のような調整が起きる。すべての投資家は接点ポートフォリオを買いにいくが、市場に供給されているマーケット・ポートフォリオはこの接点ポートフォリオに一致しないので、需給のバランスが崩れる。その結果、需要が供給を上回る証券の価格は上昇し、需要が供給を下回る証券の価格は下落する。市場メカニズムが円滑に働くならば、この価格調整がいっせいに起こり、その結果、個々の証券を表す点と投資可能集合が移動する。この調整過程はマーケット・ポートフォリオが接点の位置に来るまで続くことになる。

以上の理由から、市場の均衡状態においては、図3-1 のように、マーケット・ポートフォリオは接点の場所に位置することになる。接点ポートフォリオは効率的フロンティア上にあるので、マーケット・ポートフォリオはリスク・リターンの観点ですべての投資家にとって最適なリスク資産のバスケットを提

供する。前章の段階では、この接点ポートフォリオを見つけるのは投資家の仕事であった。何千という証券が相手なので、接点ポートフォリオを見つける作業には、実に膨大な情報収集、分析、処理の能力と最適化アルゴリズムを使った計算力が必要となる。しかし、実はこの作業をマーケットがやってくれているのである。つまり、市場はマーケット・ポートフォリオが効率的フロンティア上に来るようにあらゆる証券の価格を調整している、ということができる。したがって、投資家はマーケット・ポートフォリオのバスケットを買うことで、接点ポートフォリオへの投資を実現できるのである。これがCAPMの最も基本的な主張である。

1.3 資本市場線

図3-1の効率的フロンティアのことを**資本市場線**（Capital Market Line、略してCML）と呼ぶ。資本市場線のy切片はリスクフリー・レートr_fである。マーケット・ポートフォリオの期待リターンをμ_M、標準偏差をσ_Mとするとき、この資本市場線の傾きは、

$$\frac{\mu_M - r_f}{\sigma_M} \tag{3.1}$$

で与えられる。これは、マーケット・ポートフォリオの標準偏差1単位当たりの**リスクプレミアム**であり、**マーケット・リスクの価格**と呼ぶ。

一般に、証券（あるいはポートフォリオ）の期待リターンをμ、標準偏差をσとするとき、$\mu - r_f$をその証券（あるいはポートフォリオ）のリスクプレミアムと呼び、

$$\frac{\mu - r_f}{\sigma} \tag{3.2}$$

を、その証券（あるいはポートフォリオ）の**シャープ比**（Sharpe ratio）という。シャープ比はリスク1単位当たりから得られる期待超過リターンであるので、この値が大きいほどより有利な投資対象と考えることができる。図3-1で、個別の証券を示す丸印とr_fを結ぶ直線の傾きがその証券のシャープ比である。マーケット・ポートフォリオのシャープ比は、他のどのポートフォリオのシャープ比よりも大きい。 したがって、市場均衡においては、投資可能集合の中

でシャープ比最大のポートフォリオが、マーケット・ポートフォリオということになる。

なお、時間の流れを考慮に入れた動学モデル（多期間モデル）のテーマは本書でカバーできないが、物事を動学的に考えれば、この資本市場線が時々刻々の情報を織り込みながら日々動いていると考えることができる。

1.4 ゼロベータCAPM

実は、安全資産がない場合[1]や、貸出利子率よりも借入利子率のほうが高いという現実的な状況でも、CAPMの基本命題はそのまま成立する。この結果を最初に導いたのは、オプション理論で名高いフィッシャー・ブラックである。彼は、この理論に**ゼロベータCAPM**という名前をつけた（Black [1972]）。

CAPM第1定理の一般化（ゼロベータCAPM）
　安全資産のあるなしにかかわらず、市場の均衡状態においてマーケット・ポートフォリオは効率的ポートフォリオである。

この場合の市場均衡の状態は図3-2のように表される。r_ℓは貸出利子率、r_bは借入利子率を表す。Mはマーケット・ポートフォリオで、Mから双曲線に引いた接線のy切片の高さをr_zと表している[2]。図で網をかけた部分が投資可能集合であり、線分$r_\ell T_1$、曲線T_1MT_2、線分T_2Nをつないだ線が効率的フロンティアである。なお、T_2Nはr_bとT_2を結ぶ線分の延長線である。

リスク回避度の高い投資家は、安全資産で資金の一部を運用し、残りを接点ポートフォリオT_1で運用することによって、線分$r_\ell T_1$上のポートフォリオを選択する。中程度のリスク回避度の投資家は、資金の貸し出しも借り入れも行わず、双曲線上T_1T_2から最適なポートフォリオを選ぶ。また、T_2よりも高リスク・高リターンのポートフォリオを望む投資家は、r_bのレートで借り入れた資金を自己資金に追加してT_2の接点ポートフォリオに投資することによって、

---

[1] 物価が変動することを考えると、真の意味での安全資産の存在は自明でなくなる。また、投資ホライズンの長さによって、安全資産が何かも変わってくる。

[2] 詳細は省くが、図3-2におけるZがベータゼロのポートフォリオ（ゼロベータ・ポートフォリオ）であり、r_ZがZの期待リターンとなることを示すことができる。

図3-2 ゼロベータCAPM

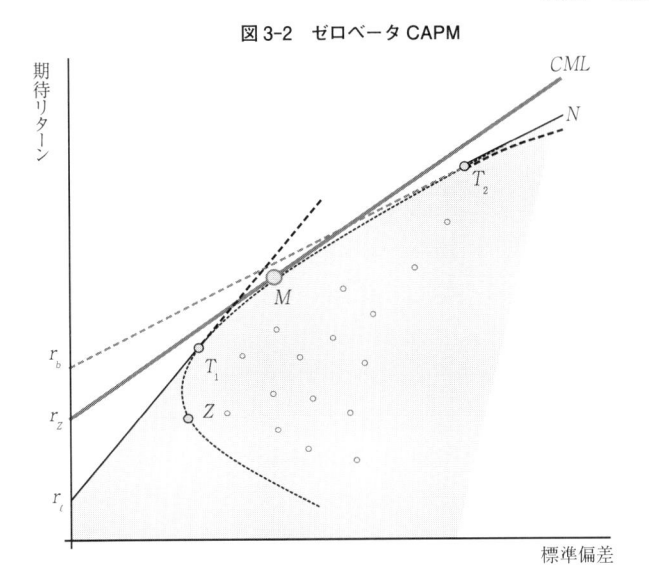

T_2N 上のポートフォリオを実現する。

　個々の投資家が選ぶリスク資産ポートフォリオに注目すると、図3-2の状況では全投資家が同じポートフォリオを選ぶことにはならない。リスク回避度の高い投資家は接点ポートフォリオ T_1 を、リスク回避度の低い投資家は接点ポートフォリオ T_2 を選び、中程度のリスク回避度の投資家は双曲線 T_1T_2 上からポートフォリオを選ぶ。

　ここで重要なことは、すべての投資家が双曲線上 T_1T_2 からリスク資産ポートフォリオを選ぶという点である。すべての投資家が選ぶリスク資産ポートフォリオを合わせたバスケットが市場の総需要になるが、第2章6節の2基金分離定理によって、複数の効率的ポートフォリオに正の投資比率で投資するポートフォリオは必ず効率的ポートフォリオであることが保証されている。したがって、市場の総需要に相当するリスク資産バスケットは、やはり効率的フロンティア上のポートフォリオであることがわかる。市場の均衡状態では、マーケット・ポートフォリオは効率的フロンティア上に位置しなければならないことになる。

1.5 CAPM 命題の頑健性

オリジナル CAPM では、すべての投資家が同一のリスク資産ポートフォリオに投資するという命題から、マーケット・ポートフォリオの効率性が導かれた。ゼロベータ CAPM では、すべての投資家が同じリスク資産ポートフォリオに投資するわけではないが、どの投資家も効率的ポートフォリオに投資するという命題から、マーケット・ポートフォリオの効率性が導かれる。さらに上級の理論になるが、CAPM の命題を投資家の間で将来の確率予想が一致しない場合に拡張することもできる。確率予想が一致しない場合には、投資家の平均的な確率予想を使って平均・分散アプローチの投資可能集合を描くことになるが、この場合にもマーケット・ポートフォリオが、市場の均衡において効率的フロンティア上に来ることを示すことができる。これを示したのは、ジョン・リントナーである (Lintner [1969])。このように、平均・分散アプローチを仮定すれば、マーケット・ポートフォリオの効率性を主張する CAPM の命題はきわめて頑健であるということができる。

2 ベータ

CAPM 第2定理の説明に入る前に、ベータというリスク概念を導入する。なお、以下では資産を証券といいかえる。CAPM の第2定理は、株式インデックス・ポートフォリオや債券インデックス・ポートフォリオといった各資産クラスのポートフォリオだけでなく、個別の銘柄についてもあてはまる定理だからである。

ベータの定義

任意の証券 i のリターンを R_i、マーケット・ポートフォリオのリターンを R_M とするとき、証券 i の**ベータ**は

$$\beta_i \equiv \frac{Cov(R_i, R_M)}{Var(R_M)} = \frac{\sigma_{iM}}{\sigma_M^2} \tag{3.3}$$

で定義される。同様に、任意のポートフォリオ P のリターンを R_P とすると

き、ポートフォリオ P のベータは、

$$\beta_P \equiv \frac{Cov(R_P, R_M)}{Var(R_M)} = \frac{\sigma_{PM}}{\sigma_M^2} \tag{3.4}$$

で定義される。

定義式からわかるように、ベータとは、共分散をマーケット・ポートフォリオの分散で割ったものである。マーケット・ポートフォリオとの共分散を、証券やポートフォリオのある種のリスクととらえようというわけであるが、その際にマーケット・ポートフォリオのリスクが1になるように規準化して、ベータを定義する。

2.1 ポートフォリオのベータと個別証券のベータ

ベータの定義から、「ポートフォリオのベータは個別証券のベータの加重平均である」という命題がすぐに導かれる。

命題（ポートフォリオのベータと個別証券のベータ）

個別証券 $i=1,2,\cdots,n$ に $(w_1, w_2, \cdots, w_n)$ の投資比率で投資するポートフォリオ P のベータを β_P、個別証券のベータを $(\beta_1, \beta_2, \cdots, \beta_n)$ とすると、

$$\beta_P = w_1\beta_1 + w_2\beta_2 + \cdots + w_n\beta_n \tag{3.5}$$

が成立する。

証明 1次結合の共分散に関する公式[解説]より、

$$\begin{aligned}Cov(R_P, R_M) &= Cov(w_1 R_1 + w_2 R_2 + \cdots + w_n R_n, R_M) \\ &= w_1 Cov(R_1, R_M) + w_2 Cov(R_2, R_M) + \cdots + w_n Cov(R_n, R_M)\end{aligned}$$

となる[3]。この式の両辺を σ_M^2 で割れば（3.5）式が得られる。

(証明終わり)

---

[3] 用語解説の（3.40）式。

2.2 ベータの幾何学的意味

ここで、ベータの意味を別の観点から説明しておこう。図3-3で、R_iは証券iのリターン、R_Mはマーケット・ポートフォリオのリターンである。これらを**ベクトル**$^{解説)}$と見て、R_iをR_M方向の成分とR_Mに垂直な方向の成分に分解することを考える。なお、ベクトルを意識するために、ここでは太字を用いる。

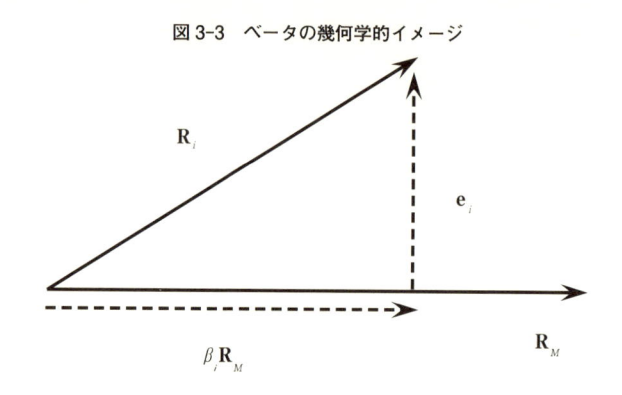

図3-3 ベータの幾何学的イメージ

いま、図の成分分解を

$$\mathbf{R}_i = \beta_i \mathbf{R}_M + \mathbf{e}_i \tag{3.6}$$

と書く。右辺の第2項、$\mathbf{e}_i$が垂直方向の成分である。このとき右辺の係数β_iの大きさは、$\mathbf{e}_i$と$\mathbf{R}_M$が直交するという条件から決まる。$\mathbf{e}_i$と$\mathbf{R}_M$が直交するというのは、両者の共分散がゼロに等しいことを意味する$^{解説)}$。そこで、$\mathbf{e}_i = \mathbf{R}_i - \beta_i \mathbf{R}_M$を$Cov(\mathbf{e}_i, \mathbf{R}_M) = 0$に代入すると、

$$\begin{aligned}0 &= Cov(\mathbf{R}_i - \beta_i \mathbf{R}_M, \mathbf{R}_M) \\ &= Cov(\mathbf{R}_i, \mathbf{R}_M) - \beta_i Cov(\mathbf{R}_M, \mathbf{R}_M) \\ &= \sigma_{iM} - \beta_i \sigma_M^2\end{aligned} \tag{3.7}$$

となり、これから (3.3) 式が得られる。なお、上の式変形でも1次結合の共分散に関する公式を用いている。

このように$\mathbf{R}_i$を$\mathbf{R}_M$方向の成分と垂直方向の成分に分解するとき、$\mathbf{R}_M$方向の成分が$\mathbf{R}_M$のベクトルの長さの何倍に相当するかを表すのがベータである。

2.3 ベータの符号と大きさ

ベータの符号と大きさの意味を図3-4に示す。$\beta_i > 1$の証券とは、$\mathbf{R}_M$方向の成分が$\mathbf{R}_M$のベクトルの長さよりも大きい証券であるが、具体的には、マーケットの変動を増幅するような証券と考えればよい。例えば、TOPIXが1%上昇（下落）するときに株価が平均的に1.5%上昇（下落）するような銘柄が、ベータ1.5の株式である。$\beta_i = 0$の株式とは、株価指数とまったく独立に動く株式を指す。また、$\beta_i < 0$の株式は、株価指数と反対の動きをする株式である。このように、証券のリターンの市場方向の成分の符号とその大きさを表すのがベータである。

この意味で、(3.3) 式で定義されるベータを**マーケット・ベータ**と呼ぶことも多い。

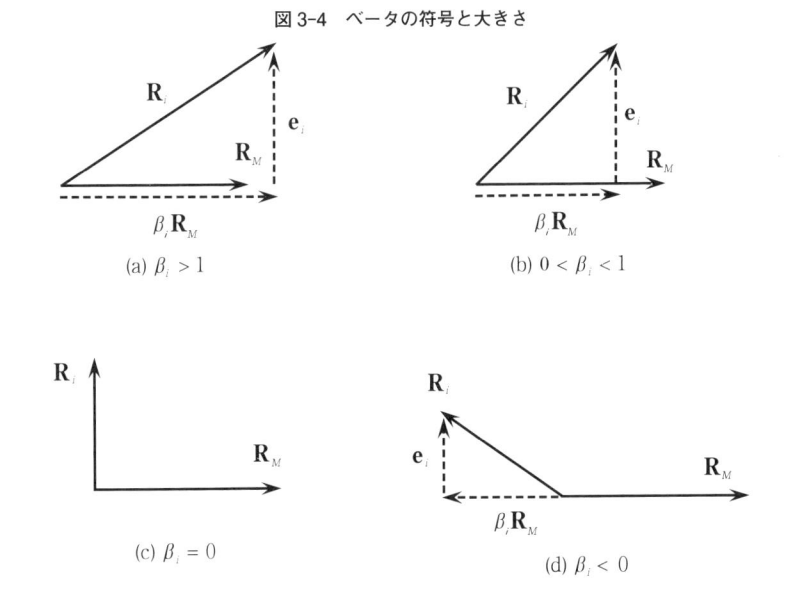

図 3-4　ベータの符号と大きさ

(a) $\beta_i > 1$

(b) $0 < \beta_i < 1$

(c) $\beta_i = 0$

(d) $\beta_i < 0$

2.4　トータル・リスク、市場関連リスク、非市場リスク

(3.6) 式の両辺の分散を計算してみよう。1次結合の分散の公式 (2.10) を用いると、

$$Var(\mathbf{R}_i) = Var(\beta_i \mathbf{R}_M + \mathbf{e}_i)$$
$$= \beta_i^2 Var(\mathbf{R}_M) + Var(\mathbf{e}_i) + 2\beta_i Cov(\mathbf{R}_M, \mathbf{e}_i) \tag{3.8}$$

となるが、$Cov(\mathbf{R}_M, \mathbf{e}_i) = 0$であるので、

$$Var(\mathbf{R}_i) = \beta_i^2 Var(\mathbf{R}_M) + Var(\mathbf{e}_i) \tag{3.9}$$

が得られる。ここで、$Var(\mathbf{e}_i) = \sigma_{e_i}^2$と表すと、(3.9) 式は

$$\sigma_i^2 = \beta_i^2 \sigma_M^2 + \sigma_{e_i}^2 \tag{3.10}$$

と書ける。

　(3.10) 式は、証券のリスクを2つの要因に分解する方法を教えている。マーケットの変動に起因する第1項は**市場関連リスク**と呼ばれる。これはσ_Mとベータの積で与えられる。一方、第2項σ_{e_i}はマーケットの変動とは独立のリスク要因で、**非市場リスク**と呼ばれる。このように、ベータは証券の市場関連リスクへのエクスポージャー（感応度）の大きさを表す指標である。なお、(3.10) 式の左辺、証券の標準偏差を**トータル・リスク**と呼ぶ。トータル・リスクの2乗は、市場関連リスクの2乗と非市場リスクの2乗の和で与えられる。

計算例3.1　リスクの分解

　4種類の株式のベータと非市場リスクが表3-1のように与えられている。また、マーケット・ポートフォリオの標準偏差は20%とする。

表3-1　トータル・リスクとベータ・リスク（σ_M=20%）

	ベータ β_i	非市場リスク σ_{e_i}
株式1	0.2	40%
株式2	0.8	30%
株式3	1.4	45%
株式4	-0.2	32%

　このとき、各株式のトータル・リスクは、(3.10) 式を使って、

$$\sigma_1 = \sqrt{0.2^2 \times 0.20^2 + 0.40^2} \approx 0.40$$
$$\sigma_2 = \sqrt{0.8^2 \times 0.20^2 + 0.30^2} \approx 0.34$$
$$\sigma_3 = \sqrt{1.4^2 \times 0.20^2 + 0.45^2} \approx 0.53$$

$$\sigma_4 = \sqrt{(-0.2)^2 \times 0.20^2 + 0.32^2} \approx 0.32$$

と計算される。また、(3.3) 式より

$$\beta_i = \frac{\sigma_{iM}}{\sigma_M^2} = \frac{\rho \sigma_i \sigma_M}{\sigma_M^2} = \rho \frac{\sigma_i}{\sigma_M} \tag{3.11}$$

となるので、各株式とマーケット・ポートフォリオの相関係数は、

$$\rho(R_1, R_M) = 0.2 \times \frac{0.20}{0.40} \approx 0.10$$

$$\rho(R_2, R_M) = 0.8 \times \frac{0.20}{0.34} \approx 0.47$$

$$\rho(R_3, R_M) = 1.4 \times \frac{0.20}{0.53} \approx 0.53$$

$$\rho(R_4, R_M) = -0.2 \times \frac{0.20}{0.32} \approx -0.13$$

であることがわかる。表3-2にこれらの結果をまとめているが、右端の欄には各株式の分散のうち市場リスクによる分散が占める割合を示している。なお、

$$\frac{\beta_i^2 \sigma_M^2}{\sigma_i^2} \equiv \left(\rho \frac{\sigma_i}{\sigma_M} \right)^2 \frac{\sigma_M^2}{\sigma_i^2} = \rho^2 \tag{3.12}$$

という関係が成立するので、この割合は相関係数の2乗に等しくなる。

表3-2 計算結果のまとめ (σ_M=20%)

	ベータ	非市場リスク	トータル・リスク	相関係数	市場関連リスクの割合
	β_i	σ_{e_i}	σ_i	$\rho(R_i, R_M)$	$(\beta_i \sigma_M)^2 / \sigma_i^2$
株式1	0.2	40%	40%	0.10	1%
株式2	0.8	30%	34%	0.47	22%
株式3	1.4	45%	53%	0.53	28%
株式4	-0.2	32%	32%	-0.13	2%

計算例3.2 ポートフォリオのベータと市場関連リスク

表3-1の4種類の株式からなる等金額ポートフォリオについて、ベータ、

非市場リスク、トータル・リスク、マーケットとの相関、市場関連リスクの割合を計算してみよう。なお、各株式リターンに含まれる非市場リターンは互いに独立と仮定する。

(3.5) 式より、このポートフォリオのベータは

$$\beta_P = \frac{1}{4} \times (0.2 + 0.8 + 1.4 - 0.2) = 0.55$$

となる。このポートフォリオの非市場リターンは

$$e_P = \frac{1}{4}(e_1 + e_2 + e_3 + e_4)$$

である。仮定より e_1, e_2, e_3, e_4 は互いに独立であるから、ポートフォリオの非市場リスクを σ_{e_P} とすると、

$$\begin{aligned}\sigma_{e_P}^2 &= Var(0.25 \times (e_1 + e_2 + e_3 + e_4)) \\ &= 0.25^2 \times (\sigma_{e_1}^2 + \sigma_{e_2}^2 + \sigma_{e_3}^2 + \sigma_{e_4}^2) \\ &= 0.25^2 \times (0.4^2 + 0.3^2 + 0.45^2 + 0.32^2) = 0.034681 \\ \sigma_{e_P} &= \sqrt{0.25^2 \times (0.4^2 + 0.3^2 + 0.45^2 + 0.32^2)} \approx 0.186\end{aligned}$$

と計算される。これを (3.10) 式に代入すると、ポートフォリオのトータル・リスクは

$$\sigma_P = \sqrt{0.55^2 \times 0.2^2 + 0.186^2} \approx 0.216,$$

市場ポートフォリオとの相関係数は、

$$\rho(R_P, R_M) = 0.55 \times \frac{0.20}{0.216} \approx 0.509$$

となる。したがって、市場関連リスク（の2乗）がポートフォリオの分散に占める割合は、

$$\frac{\beta_P^2 \sigma_M^2}{\sigma_P^2} = \left(0.55 \times \frac{0.20}{0.216}\right)^2 \approx 0.259$$

と計算される。最後の値は $\rho(R_P, R_M)$ の2乗に等しい。

3 CAPM 第2定理──リスクの価格理論

3.1 リスクプレミアム

いま、ある資産の1年後の価値が（インカムゲインを含めて）102円と確実にわかっているとする。この資産の今日の価格が100円ならば、リスクフリー・レートは2%である。この安全資産の市場価格100円には、今日のリスクフリー・レートが織り込まれていると考えられる。

では、この資産の1年後の価値が不確実で、1年後の価値の期待値が102円ならばどうか。第1章で扱った「確実等価額」の考え方を用いて、リスク回避的な投資家にこの資産を評価させれば、例えば96円という答えになるであろう。しかしながら、多数の投資家が参加する市場では、需要と供給の原理によってこの資産の価格が決まる。もし、市場でこの資産の価格が96円と決まったならば、この資産の1年間の期待リターンは（102/96−1）×100=6.25%である。この期待リターン6.25%とリスクフリー・レート2%の差4.25%は、市場がこの資産のリスクを負担することの代償として求める対価であり、これをファイナンスでは**リスクプレミアム**と呼ぶ。

資産の価格と期待リターンは表裏の関係にあり、市場が求める期待リターンが高いほど市場価格は安くなる。一般に、市場に参加する平均的な投資家はリスク回避的であるから、リスクの大きい資産に高い期待リターンを求める。つまり、市場がリスク負担の対価として求めるリスクプレミアムは、資産が持つリスクの大きさに依存しなければならない。この関係を教えるのがCAPMの第2定理である。

3.2 CAPM第2定理（表現その1）

「マーケット・ポートフォリオはリスク／リターン平面上の効率的なポートフォリオである」というCAPM第1定理から、任意のリスク資産iについて次の関係式が導かれる：

$$\mu_i - r_f = \gamma Cov(R_i, R_M) \tag{3.13}$$

ここでγは正の定数である。この式の導出方法は章末の数学付録に示す。

右辺の共分散を (3.3) 式を用いてベータに置き換えると

$$\mu_i - r_f = \gamma \sigma_M^2 \beta_i \tag{3.14}$$

となる。この式によれば、マーケット・ポートフォリオが効率的ポートフォリオならば、市場で取引される任意の証券について、その証券のリスクプレミアムがベータに比例しなければならない。これが CAPM 第2定理である。

CAPM 第2定理（表現その1）

市場で取引される証券を $i=1,2,\cdots,n$ として、任意の証券 i の期待リターンを μ_i、ベータを β_i、リスクフリー・レートを r_f とする。このとき、市場が均衡状態にあれば、証券 i のリスクプレミアムは β_i に比例する。つまり、比例定数を k とすると、

$$\mu_i - r_f = k\beta_i, \quad i=1,2,\cdots,n \tag{3.15}$$

が成立する。

(3.15) 式の関係を図3-5に示す。図で原点を通る右上がりの直線がリスクプレミアムとベータの関係を表している。市場が均衡状態にあれば、あらゆる証券はこの直線上にプロットされる。別のいい方をすると、マーケット・ポートフォリオが効率的フロンティア上に存在するためには、すべての証券がこの

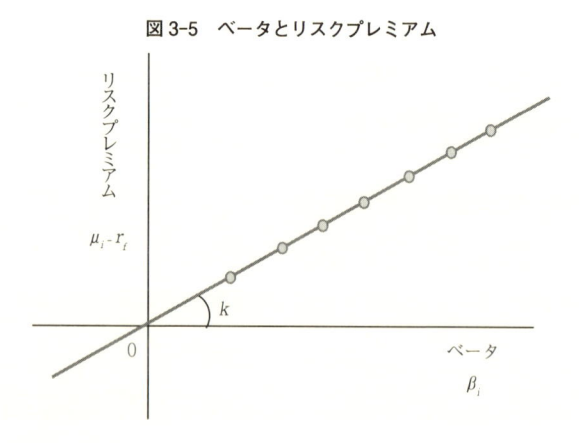

図3-5 ベータとリスクプレミアム

直線上に並ぶように、個別証券の価格が調整されていなければならない。1つでもこの直線から外れる証券が市場で見つかれば、それは市場ポートフォリオが効率的フロンティアの内側に位置していて、同じリスクをとれば市場ポートフォリオよりも期待リターンの高いポートフォリオが構築可能であることを示している。すなわち、CAPM第2定理式は、「マーケット・ポートフォリオは効率的ポートフォリオである」というCAPM第1定理を、数学的な1階条件の形で表現し直したものである。

3.3 ポートフォリオのリスクプレミアム

(3.15)式は、個別の証券だけでなく、任意のポートフォリオについても成立する。すなわち、証券$i = 1, 2, \cdots, n$に$(w_1, w_2, \cdots, w_n)$の投資比率で投資するポートフォリオPの期待リターンをμ_P、ベータをβ_Pとし、個別証券の期待リターンを$(\mu_1, \mu_2, \cdots, \mu_n)$、ベータを$(\beta_1, \beta_2, \cdots, \beta_n)$とすると、

$$\mu_P = w_1\mu_1 + w_2\mu_2 + \cdots + w_n\mu_n \tag{3.16}$$

$$\beta_P = w_1\beta_1 + w_2\beta_2 + \cdots + w_n\beta_n \tag{3.17}$$

が成り立つので、(3.15)式にw_iを掛けて$i = 1, 2, \cdots, n$について足し合わせると、

$$\mu_P - r_f = k\beta_P \tag{3.18}$$

が得られる。

したがって、市場が均衡状態にあれば、市場で取引される個別の証券だけでなく、それらの証券から構築される任意のポートフォリオも、同じ1本の直線上に位置することになる。

3.4 CAPM第2定理（表現その2）

いま、(3.18)式をマーケット・ポートフォリオに適用すると、マーケット・ポートフォリオのベータは1（$\beta_M \equiv 1$）なので、

$$\mu_M - r_f = k\beta_M = k \tag{3.19}$$

となる。この式は、比例定数kがマーケット・ポートフォリオのリスクプレミアムで与えられることを示している。これより、CAPM第2定理を次のようにも表現することができる。

> **CAPM 第2定理（表現その2）**
>
> 任意の証券 i の期待リターンを μ_i、ベータを β_i、マーケット・ポートフォリオの期待リターンを μ_M、リスクフリー・レートを r_f とする。このとき、市場が均衡状態にあれば、証券 i のリスクプレミアムは
>
> $$\mu_i - r_f = (\mu_M - r_f)\beta_i \tag{3.20}$$
>
> で与えられる。

3.5　証券市場線

y 軸をリスクプレミアムではなく、期待リターンにして図3-5と同じ図を書くと図3-6になる。これは (3.20) 式の関係を示している。マーケット・ポートフォリオは、この直線上で x 座標が1のところに位置する。また、直線の y 切片はリスクフリー・レート r_f になる。そして、市場が均衡状態にあれば、すべての証券およびポートフォリオは、安全資産とマーケット・ポートフォリオを結ぶ直線上にプロットされる。この直線のことを**証券市場線**（Security Market Line）と呼ぶ。直線の傾きは、マーケット・ポートフォリオのリスクプレミアム（**マーケット・リスクプレミアム**）$\mu_M - r_f$ の大きさで与えられる。「リスクを測るものさしはベータであり、ベータ1単位当たりの単価は $\mu_M - r_f$ である」。このように、リスクの価格を与える理論モデルがCAPM第2定理で

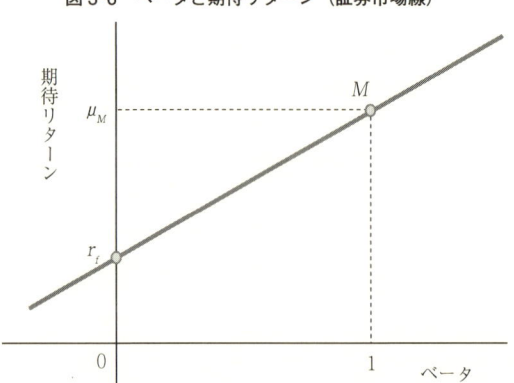

図3-6　ベータと期待リターン（証券市場線）

ある。

　安全資産にかぎらず、ベータがゼロの証券（ポートフォリオ）があれば、その証券（ポートフォリオ）に市場が要求する期待リターンはリスクフリー・レートに等しい。また、ベータが正の値をとる証券に市場が要求する期待リターンはリスクフリー・レートよりも大きくなり、ベータが負の値をとる証券があれば、それに市場が要求する期待リターンはリスクフリー・レートよりも小さくなる。

　なお、資本市場線を表す図3-1のx軸はトータル・リスクσであったが、証券市場線を示す図3-6のx軸はベータであることに注意してほしい。

3.6　ベータが期待リターンを決定する理由

　CAPMは、投資家が平均分散分析の枠組みで行動することを前提にしている。平均分散分析では、投資家は期待リターン（μ）とトータル・リスク（σ）に注目して最適なポートフォリオを選択する。ところが、市場の均衡状態においては、期待リターンはベータによって決まる。個別の投資家は資産のシグマ・リスクに注目しているにもかかわらず、マーケットが個別投資家の行動を集計した結果、資産価格はベータ・リスクによって決まる。これはなぜであろうか。

　ポートフォリオを組むことによって、各資産の変動の一部が打ち消しあい、リスクが削減される。平均分散分析の最適解として得られる効率的ポートフォリオは、このリスク削減効果を最も有効に生かしたポートフォリオである。CAPMでは、すべての投資家がこのリスク削減効果をフルに活用すると仮定されている。その結果、市場は分散投資によって削減できるリスクに対して、対価を要求しないのである。(3.10)式のリスク分解に即していえば、市場は市場関連リスクに対価を求めても、非市場リスクには対価を求めないのである。

　なお、以上の説明では安全資産の存在を前提にしてオリジナルCAPMを論じたが、ゼロベータCAPMでも第2定理は同じように成り立つ。このときは、(3.15)式や(3.20)式のリスクフリー・レートr_fを図3-2のゼロベータ・リターンr_zに置き換えればよいことが知られている。

4 ベータの推定

4.1 回帰分析によるベータの推定

（3.3）の定義式からわかるように、ある証券のベータはその証券とマーケット・ポートフォリオのリターンの2次元確率分布の形状から決まるパラメータである。したがって、ベータの値はデータから推定するしかない。

ここでは回帰分析を用いてベータを推定する方法を説明する。図3-7のように、縦軸にベータを求める証券の超過リターン、横軸にマーケット・ポートフォリオの超過リターンをとって散布図を描く。ここで、超過リターンとは、リスクフリー・レートに対する超過リターンである。この散布図の点の分布に最もよくあてはまる直線を1本引いて、引いた直線の方程式でx変数とy変数の関係を表す。このとき、直線の傾きをベータの推定値とする。この最もあてはまりのよい直線を引く統計的方法が**回帰分析**^{解説)}であり、この方法で推定したベータのことを**ヒストリカル・ベータ**と呼ぶ。

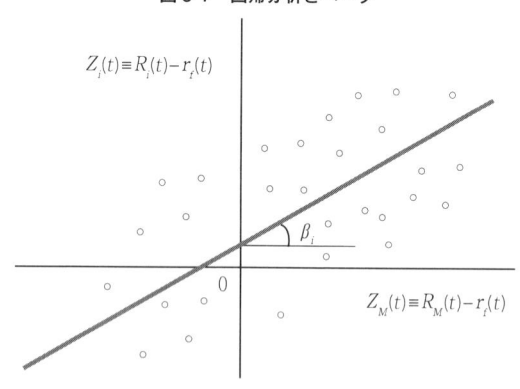

図3-7 回帰分析とベータ

いま、y変数を$Z_i(t) \equiv R_i(t) - r_f(t)$、$x$変数を$Z_M(t) \equiv R_M(t) - r_f(t)$として、$x$変数と$y$変数の関係を次の1次式で表す：

$$Z_i(t) = \alpha_i + \beta_i Z_M(t) + u_i(t) \tag{3.21}$$

これは、y 変数の散らばりを、x 変数の散らばりと、x 変数の散らばりでは説明できない**残差項**$u_i(t)$ に分けることを意図している。この式のことを**回帰式**、x 変数を**説明変数**、y 変数を**被説明変数**と呼ぶ。回帰式右辺の係数 α_i, β_i は、**最小二乗法**[解説]という手法を用いて推定されるが、推定式は結果的に次の式で与えられる：

$$\hat{\beta}_i = \frac{\sum_{t=1}^{T}(Z_i(t)-\bar{Z}_i)(Z_M(t)-\bar{Z}_M)}{\sum_{t=1}^{T}(Z_M(t)-\bar{Z}_M)^2} \tag{3.22}$$

$$\hat{\alpha}_i = \bar{Z}_i - \hat{\beta}_i \bar{Z}_M \tag{3.23}$$

ただし $\quad \bar{Z}_i \equiv \frac{1}{T}\sum_{t=1}^{T}Z_i(t), \ \bar{Z}_M \equiv \frac{1}{T}\sum_{t=1}^{T}Z_M(t) \tag{3.24}$

なお、回帰分析は統計パッケージソフトやエクセルの分析ツールなどを用いれば簡単に行うことができる。

ヒストリカル・ベータの推定式（3.22）の分子は、$Cov(Z_i, Z_M)$ の推定値（**標本共分散**と呼ばれる）の T 倍、分母は σ_M^2 の推定値（**標本分散**と呼ばれる）の T 倍を与えることが知られている。したがって、$\beta_i \equiv Cov(Z_i, Z_M)/\sigma_M^2$ の推定に回帰分析を用いる場合、結果的には分子を標本共分散、分母を標本分散に置き換えて計算することになる。

4.2　ベータの推定例

では、実際のデータを用いてベータを推定してみよう。ここでは、過去のリターンとして月次データ 60 カ月（5 年）分を用いる。月次データからベータを推定する場合、3 年（36 カ月）から 5 年（60 カ月）のデータを用いるのが一般的である。ベータを推定する対象が株式の場合、リターンとして株式分割や配当などの権利落ち修正済みのリターンを、市場ポートフォリオのリターンとして配当込み TOPIX[4] の変化率を用いる。それらのリターンからリスクフリー・レート（1 カ月物の短期金利）を引いた超過収益率を、回帰分析の推定に利用する。週次リターンや日次リターンを用いて短期間のデータからベータを推定する場合には、リスクフリー・レートを引いた $(Z_i(t), Z_M(t))$ ではなく、直接 $(R_i(t), R_M(t))$ の散布図を描いて回帰係数を求めるという簡便法を用いるこ

ともある。

ここではトヨタ自動車のベータと輸送機械産業のベータを推定した結果を示す。推定に使用したデータは2003年1月～2007年12月の月次リターンである。

トヨタ自動車のベータの推定結果は以下の通りである（カッコ内は**標準誤差**）：

$$Z_i(t) = 0.22 + 1.01 Z_M(t) + u_i(t), \quad R^2 = 0.50$$
$$ (0.53) \quad (0.13)$$

また、輸送機械産業のベータの推定結果は以下の通りである：

$$Z_i(t) = 0.25 + 0.95 Z_M(t) + u_i(t), \quad R^2 = 0.60$$
$$ (0.40) \quad (0.10)$$

トヨタ自動車のベータの推定値は1.01であり、マーケット・ポートフォリオのベータである1にほぼ等しい。一方、輸送機械産業のベータは0.95と、トヨタ自動車と大きくは変わらない。このことは、同一産業内の銘柄のベータが近い値をとることを反映している。

カッコ内に示された標準誤差とは、推定値の分布の標準偏差を表し、この値が小さいほど推定値に含まれる統計的な誤差が小さいことを意味する。また、R^2は**決定係数**[解説]と呼ばれ、回帰式の説明力の大きさを表す指標である。これはy変数の分散の何割がx変数の分散で説明できるかを示す。

ベータの推定誤差を見ると、輸送機械産業の場合は0.10で、トヨタ自動車の0.13より小さい。また、決定係数R^2を見ると、輸送機械産業は0.60で、トヨタ自動車の0.50より大きい。このように、個別銘柄のベータを推定するのに比べて、個別銘柄を集めたポートフォリオのベータを推定するときのほうが、推定誤差が小さく、決定係数は大きくなるのが一般的である。

なお、2節で証券やポートフォリオのリターンを市場要因と非市場要因にベ

---

[4] TOPIX（東証株価指数）は、東証第1部上場株の時価総額の合計を、基準日（1968年1月4日）の時価総額を100として、新規上場・上場廃止・増減資・企業分割など資本異動に対する修正を加えて、指数化したものである。全銘柄の株価の時価総額加重平均ということもできる。しかし、TOPIXは配当の権利落ち修正を行っていない。そのため、市場ポートフォリオのリターンの代理変数としてTOPIXの変化率を用いると、株式保有から得られる配当収入が含まれない。東京証券取引所は、TOPIXに配当権利落ちを修正した指数も算出し、公表している。これがいわゆる配当込みTOPIXである。年金など機関投資家のベンチマークとしては、TOPIXではなく配当込みTOPIXが用いられる。

クトル分解するという考え方について説明したが、その分解を具体的な統計手法を用いて行ったのが、上記の回帰分析である。証券のリターンを（3.21）式の回帰式で表すモデルを**マーケット・モデル**と呼ぶ。

4.3　ベータの推定上の注意点

ベータを推定する際の注意点を以下の3点をあげておく。

第1は、ベータを推定する際の変数の選択についてである。回帰分析を行うにあたって、マーケット・ポートフォリオやリスクフリー・レートとして何を用いるのかを決める必要がある。ベータを推定する場合、リスクフリー・レートとしては短期金利の代表的指標が用いられる。より難しいのは、マーケット・ポートフォリオの代理変数の選択である。マーケット・ポートフォリオは、市場に供給されるすべての証券のバスケットと定義される。しかしながら、市場に供給されるすべての証券の時価総額加重のリターンを計算するのには、大きな困難がともなう。次節で述べるように、CAPM が最もよく利用されるのは株式や株式ポートフォリオの分析・構築・評価であるが、その際にはTOPIX や MSCI インデックスなど、国内や世界の株式市場を代表する株価指数のリターンが通常用いられている。

第2は、ベータの推定誤差の問題である。個別銘柄のベータの推定において、この問題は深刻になる。それは、個別銘柄においては非市場要因の影響が大きな比重を占めるからである。一方、ポートフォリオのベータを推定する際は、ポートフォリオの分散効果によって非市場要因の影響が小さくなるので、推定誤差は小さく、推定の信頼性は高くなる。大きな推定誤差の存在を考慮して、個別銘柄のベータをその銘柄が属する業種のベータで代用する場合もある。

第3は、ベータの推定値が時間的に変化することである。そのため、推定期間が異なれば推定されるベータが大きく変化することがある。また、ある期間で推定されたベータが1より大きい（小さい）ときには、その後の期間で推定されたベータは小さくなる（大きくなる）というように、ベータ値が1に平均回帰する傾向があることも知られている。この性質を用いて推定されたベータを修正する方法もいくつか考案されている。

5　CAPMの利用

　CAPMは、社会科学分野の研究の中で最も多数の関連研究を生み出した理論モデルといわれる。そればかりでなく、金融の実務に与えた影響もはかりしれない。ウィリアム・シャープはこの業績で1990年のノーベル経済学賞を受賞している。この節では、CAPMがファイナンスでどのように利用されているかを概観する。

5.1　インデックス運用

　CAPMが実務に与えた影響で最も重要なものは、**インデックス運用**という株式運用の手法を誕生させたことである。

　平均・分散アプローチに基づくポートフォリオ理論は、効率的フロンティア上のポートフォリオに投資することの合理性を教えた。しかしながら、何千とある投資対象銘柄について、それぞれの期待リターンと共分散構造を把握するのは気の遠くなる作業である。また、実際にそうしたデータを予測して最適化計算を行っても、データに混入するノイズが累積するため、卓越したポートフォリオを得ることは容易ではない。

　マーケット・ポートフォリオが効率的ポートフォリオであることを知っていれば、そうした計算をするまでもなく、S&P 500やTOPIXといった株価指数に投資すればよいことになる。CAPMが誕生したのは1964年であるが、1970年代に入って、米国ウェルズ・ファーゴ社がこの思想に基づいて初めて**インデックス・ファンド**を登場させた。今日では、インデックス・ファンドは代表的な投信商品に育ち、インデックス連動型の**ETF（上場投信）**も市場で取引されている。公的年金や企業年金の運用でも、コア・ポートフォリオはパッシブ型のインデックス運用である。また、アクティブ運用の定量手法でも、株価指数に一定の連動を図ることで、データ・ノイズの累積を避けることが必須要件となる。

　CAPMによれば、リスク負担に対価を求めることができるのは市場関連リスクだけである。この考え方に基づけば、ベータ以外のリスクをとることは

「百害あって一利なし」である。株価指数にそのまま投資しない場合でも、こうした考え方に立って、市場リスク以外のリスクを排除しながらポートフォリオのベータでリスク・エクスポージャーをコントロールするという運用哲学は、様々な場面で実際のファンド運用に大きな影響を与えている。

5.2 ファンドのパフォーマンス評価

CAPMは、ファンドマネジャーのパフォーマンス評価にも使われる。このときも、バックグラウンドにあるのはマーケット・ポートフォリオの効率性である。そのため、マーケット・ポートフォリオをベンチマークにしてファンドを評価することになる。具体的には、前節で説明した回帰モデルを用いる。

いま、ファンドの運用期間 $t = 1, 2, \cdots, T$ の各期間について、ファンドの超過リターンを $Z_P(t) \equiv R_P(t) - r_f(t)$、マーケット・ポートフォリオの超過リターンを $Z_M(t) \equiv R_M(t) - r_f(t)$ として、回帰式

$$Z_P(t) = \alpha_P + \beta_P Z_M(t) + u_P(t), \qquad t = 1, 2, \cdots, T \tag{3.25}$$

を立て、回帰分析によって回帰係数 α_P と β_P を推定する。

■ジェンセンのアルファ

β_P の推定値は、ファンドのベータの推定値である。一方、α_P の符号の正負がファンドの評価を決める。この α_P の推定値を**ヒストリカル・アルファ**、または最初にこの方法を提案したマイケル・ジェンセンの名前をとって、**ジェンセンのアルファ**と呼ぶ。

(3.25) 式の両辺の期待値をとると、

$$E(Z_P) = \alpha_P + \beta_P E(Z_M) \tag{3.26}$$

あるいは、

$$E(R_P) - r_f = \alpha_P + \beta_P(E(R_M) - r_f) \tag{3.27}$$

となる。ファンドのリターンが図3-6の証券市場線上にあれば、$\alpha_P = 0$ である。証券市場線よりも上側ならば $\alpha_P > 0$、下側ならば $\alpha_P < 0$ となる。$\alpha_P > 0$ ならば、市場が提供するリスク（ベータ）とリターンの関係を凌駕するリターンをファンドが獲得したことになり、このファンドマネジャーにはアクティブ運用のスキルがあるということになる。したがって、帰無仮説 $\alpha_P = 0$ を立てて**仮説検定**

解説)を行うことによって、ファンドマネジャーのスキルを判定することができる。

計算例3.3 ファンドのベータ、アルファ、マネジャーの運用スキル評価

ある投資信託の月次データ（観測月数は $T = 118$ カ月）を用いて回帰分析を行ったところ、次の結果を得た：

$$Z_P(t) = 0.009 + 1.156 Z_M(t) + u_P(t)$$
$$(0.0049)\ (0.1024)$$

カッコ内の数値はパラメータ α_P, β_P の標準誤差である。マーケット・ポートフォリオとしては TOPIX を、リスクフリー・レートとしては短期金利を用いた。このマネジャーの運用スキルを評価してみよう。

ファンドのヒストリカル・ベータは 1.156 である。ベータが1を超えるので、このファンドは市場リスクに対するエクスポージャーを積極的にとるアグレッシブなファンドといえる。

帰無仮説 $\alpha_P = 0$ の検定を行ってみよう。定数項 α_P についての t 値は

$$t_\alpha = \frac{0.009}{0.0049} \approx 1.84$$

と計算される。一方、統計量 t_α は帰無仮説の下で自由度 $(T-2)$ の t 分布に従う。この場合、観測値の数は $T=118$ であるから、t 分布の自由度は116である。そこで自由度116の t 分布の上側確率2.5%、5%の点を t 分布表から求めると、それぞれ $t_{0.025}(116) = 1.98$, $t_{0.05}(116) = 1.66$ である。したがって、両側5%という強めの有意水準を設定すると帰無仮説は棄却されない（平たくいえば、運用スキルがないという結論に至る）が、両側10%の有意水準では棄却される（運用スキルがあるという結論に至る）。統計分析の結果からは、このファンドの運用スキルはある程度評価してよさそうである。

5.3 アクティブ運用

CAPM は、アクティブ運用における銘柄選択にも用いられる。この場合には、何らかの方法で投資対象銘柄のベータと期待リターンを予測する。そして、

各銘柄のベータと期待リターンのデータを図3-6にプロットして、証券市場線からの垂直方向の乖離（**CAPM アルファ**）を測る。定量的手法に基づくクオンツファンドの運用の場合には、最適化計算を用いてファンドのリスクに一定の制限をかけながら、個別銘柄のアルファにティルトしたポートフォリオを求める。なお、個別銘柄の期待リターンについては、**配当割引モデル**、**キャッシュフロー割引モデル**、**経済的付加価値モデル**（**残余利益モデル**）などの株式バリュエーション・モデルに将来の配当、キャッシュフロー、利益の予測値を代入し、投資時点での株価を正当化する割引率（**インプライド・リターン**）を計算してそれを期待リターンとするのが、代表的な方法である。

5.4 コーポレート・ファイナンス

CAPM はコーポレート・ファイナンス（企業財務）の分野にも多大な影響を与えてきた。M&A に際して行われる企業評価がその1つである。M&A では、株式ではなく企業価値全体を評価することになるが、手法そのものは前項で述べた株式バリュエーションと同じで、将来のファンダメンタル変数の予測値を現在価値に割り引く割引率として、CAPM に基づく期待リターンが用いられる。

企業の事業投資についても、CAPM が投資判断の理論的基礎を与える。このときには投資によるリターンが**資本コスト**に見合うかどうかを判断することになるが、資本コストとは投資資金の提供者である資本市場が求める機会費用であり、(3.20) 式の期待リターンにほかならない。実際には、株式と負債の資本コストを別個に求めて、両者から加重平均資本コスト（WACC）[5]を計算する。この手法は公共投資の費用便益分析でも用いられる。

企業の資金調達方法や望ましい資本構成について論じるのは、コーポレート・ファイナンスのもう1つの側面である。この領域における理論の開拓にも CAPM は重要な役割を演じてきた。

---

[5] WACC は Weighted Average Cost of Capital の略である。

6 CAPMの実証

1964年にオリジナルCAPMが提示されてから現在に至るまで、CAPMはリスクの価格付け（リスクプレミアム）を論じるうえで、ベンチマーク・モデルの位置を占めてきた。それにともなって、CAPMが現実の市場にあてはまるかどうかを検証する実証研究も膨大な数にのぼる。この節では、CAPMについて、その実証研究の代表的な検証方法を説明し、またそれを日本の株式市場に適用した結果を示す。

6.1 CAPMの検証可能な命題

CAPMの本質を検証可能な命題にまとめると、以下の3つになる。

第1は、「マーケット・ポートフォリオは効率的ポートフォリオである」というCAPM第1定理である。

第2は、「すべての証券が証券市場線上に位置する」というCAPM第2定理である。この命題の検証は、リスクプレミアムとベータの比例関係を調べることになる。

第3は、第2定理を別の角度から検証するもので、「リスクプレミアムを決定する証券のリスク属性はベータのみである」という主張である。

6.2 CAPMアノマリー

CAPMは、リスクプレミアムが1種類のリスク属性（ベータ）だけで決定されるという、きわめて強い主張をなすモデルだけに、それを否定する実証研究も多数発表されてきた。CAPMでは説明できないリスクプレミアムの存在、つまりベータ以外のリスクプレミアム・ファクター（決定要因）の存在は、**アノマリー**（より厳密には**CAPMアノマリー**）と呼ばれている。広く知られたアノマリーには、①小型株効果、②バリュー株効果、③短期モーメンタムおよび短期リバーサル、④長期リバーサル、などがある。

・小型株効果とは、小型株のポートフォリオに高い超過リターンが得られる現象で、米国で1980年代から広く知られた現象である。

・バリュー株効果とは、いわゆる「割安銘柄」（低 PBR 株あるいは低 PER 株[6]）のポートフォリオに高い超過リターンが得られる現象である。1990 年代に米国で知られるようになり、その後ヨーロッパ、日本、アジアでもこのアノマリーが長期間にわたって見られることが確認されている。
・短期モーメンタムとは、直近の株式リターンがプラスの銘柄群のその後のリスク調整後リターンがプラスとなる現象である。これについては、米国では短期モーメンタム、日本では短期リバーサルの存在が知られている。
・長期リバーサルとは、過去数年間のパフォーマンスが悪かった銘柄群において、その後のリスク調整後リターンがプラスとなる現象である。

　これらのアノマリーを部分的に説明する理論は多く提示されているが、統一的に説明する理論はまだ存在しない。また、バリュー株効果1つをとっても、その発生原因について、行動ファイナンス派の人々を交えて多様な論争が繰り返されているのが現状である。

6.3　CAPM の検証方法

　CAPM の検証には様々な方法が提案されている。それらは膨大であるため、詳細は包括的なサーベイ論文である小林［1995］を参照されたい。ここでは、主要な検証方法の概略を述べるにとどめる。
　CAPM 第1定理が主張するマーケット・ポートフォリオの効率性の検証については、事前と事後の区別が重要である。事後的アプローチとは、観測された証券リターンのデータを用いて効率的フロンティアを描き、その図にマーケット・ポートフォリオをプロットして、その図に対する視覚的判断からマーケット・ポートフォリオの効率性をうんぬんすることである。そうした判断はほとんど意味をなさないし、そもそも、マーケット・ポートフォリオがこの事後的な効率的フロンティア上に来ることはほとんどありえない[7]。
　CAPM が主張するマーケット・ポートフォリオの効率性は、証券リターンの平均、分散、共分散などの母数の上で成立する性質であり、この命題の成

---

[6] PBR は Price Book-value Ratio の略で、株価純資産倍率（株価/1 株当たり純資産）を指す。PER は Price Earnings Ratio の略で、株価収益率（株価/1 株当たり利益）を指す。
[7] これは、帰無仮説：$\mu=0$ を検定するときに、計算された標本平均 $\bar{x}$ の値が0であれば仮説を採択、0でなければ仮説を棄却するようなものである。

立・不成立を検証するには、統計的仮説検定理論に即して、「マーケット・ポートフォリオは（母数空間上の、事前的な）効率的フロンティア上に位置する」という帰無仮説を立て、この仮説を検定するのに有効な統計量を見つけ出す必要がある。実際の検定方法としては、Gibbons-Ross-Shanken [1989] の提案した手法が標準になっている。

第2と第3の命題の検証については、ファーマとマクベス（Fama-MacBeth [1973]）が提唱したクロスセクション回帰による検証方法が代表的である。この手法については、日本株式に適用した実証結果をすぐ後で紹介する。そのほかに、近年では確率的割引ファクター（Stochastic Discount Factor, SDF と略する）アプローチと呼ばれるものが登場している。これはCAPMを含むより一般的な均衡モデルの成立を検証する方法であるが、理論的抽象度が高いので、ここでは割愛する[8]。

6.4 日本株式についての実証結果

ファーマ＝マクベスのクロスセクション法を用いたCAPMの検証は、Fama-French [1992] の論文で大変有名になった。ここでは、その手法に基づいて、日本の株式についてCAPM第2定理が成立しているかどうかを検証してみる。

はじめに、用いたデータについて説明する。分析対象は、金融業を除く東京証券取引所の全上場企業である[9]。個別銘柄の株式リターン・データと財務データは、PACAP[10] の日本株データベースからとった。サンプル期間は、1985年9月から2005年12月までの約20年で、リターンのデータは配当込みの月次リターンである。マーケット・ポートフォリオとしては、PACAPが提供するマーケット・リターン（東証の全上場企業を用いて算出された時価総額加重のリターン）を用いている。

---

[8] このアプローチに興味がある読者は、Ferson [2003] のサーベイ論文を参照されたい。
[9] 金融セクターの企業は、負債比率が他産業に比べて極端に大きいので、財務レバレッジの影響を考慮に入れる分析からは除外するのが通例である。
[10] PACAPとは、米国のロードアイランド大学のPacific-Basin Capital Market Research Centerのことで、日本を含む環太平洋諸国の個別銘柄の株式リターンのデータベースを提供している機関である。

■ Fama-French［1992］に基づく検証

　ファーマ＝マクベスのクロスセクション法とは、各月ごとに個別銘柄あるいはポートフォリオのリターンを月初の銘柄属性値（ベータなど）に回帰して回帰係数を求め、回帰係数の符号の有意性を、全サンプル月数にわたる回帰係数の時系列から検定するというアプローチである。回帰係数の符号が有意に正（負）と判定された属性は、リターンにプラス方向（マイナス方向）に作用すると考える。

　このアプローチを実行するときに問題になるのが、個別銘柄のベータの推定誤差である。4節で説明したように、個別銘柄のベータは推定誤差が大きく、時間的変動も大きいので、CAPMの検証といったアカデミックな目的にはそのまま使えない。そこで、Fama-MacBeth［1973］は、個別銘柄単位ではなくポートフォリオ単位で毎月のクロスセクション回帰を行った。一方、Fama-French［1992］は、クロスセクション回帰の精度を上げるために、個別銘柄単位で毎月の回帰分析を行うことにこだわった。しかし、その際に回帰分析で個別銘柄のベータの推定値を用いるのを避けなければならないので、銘柄ユニバースの異なる100本のポートフォリオを作成して、個別銘柄のベータをその銘柄が属するポートフォリオのベータで代用する、という方法をとった。

　もう少し詳しく説明しよう。Fama-Frenchの検証方法は次の3つのステップからなる。第1ステップでは、100個の等金額ポートフォリオを作成し、それらの月次リターンの時系列を算出するとともに、各ポートフォリオのヒストリカル・ベータを推定する。第2ステップでは、分析期間の各月ごとに、個別銘柄の月次リターンを月初の属性値〔時価総額、BE/ME（簿価・時価比率、すなわち自己資本簿価／時価総額）、ヒストリカル・ベータなど〕にクロスセクションで回帰する。そして、第3ステップでは、第2ステップの回帰分析で推定された回帰係数の月次時系列について t 検定を行う。

　第1ステップでは、はじめに毎年8月末[11]における時価総額に基づいて個別銘柄をランキングし、10個のグループに分ける。次に、これらのグループを、過去60カ月分の月次リターンから推定したヒストリカル・ベータのランキン

---

[11] 日本では3月期決算企業が大部分であるため、3月期決算発表の財務データが確実に明らかになる8月末をとることが通例となっている。

グに基づいてさらに10個のサブグループに分ける。その結果、全企業が10×10=100個のグループに分類される。これらの100個の各グループについて、月次等金額リバランスでポートフォリオを12カ月運用する。これを毎年繰り返すことによって、1985年9月から2005年12月までの100個のポートフォリオの月次リターン系列を得る。この各ポートフォリオについて、マーケット・ポートフォリオのリターンに対する回帰分析を全期間のリターンを用いて行い、ヒストリカル・ベータを推定する。そして、各時点における個別銘柄のベータを、その個別銘柄がその時点で属するポートフォリオのベータで代用する[12]。

第2ステップでは、各月 t について、被説明変数を個別銘柄の月次リターン、説明変数をその銘柄の月初属性値（ベータ、時価総額など）として、以下のようなクロスセクション回帰を行い、回帰係数 $b_{0t}, b_{1t}, b_{2t}, b_{3t},...$ を推定する：

$$R_{it} = b_{0t} + b_{1t} \times \hat{\beta}_{it} + b_{2t} \times Chara1_{it} + b_{3t} \times Chara2_{it} + \cdots + \varepsilon_{it}, \quad i = 1,...,N \tag{3.28}$$

ただし、

$\hat{\beta}_{it}$ = 銘柄 i が時点 t で属するポートフォリオのベータ
$Chara1_{it}$ = 銘柄 i の時点 t での第1属性値
$Chara2_{it}$ = 銘柄 i の時点 t での第2属性値
......

第3ステップでは、得られた $b_{0t}, b_{1t}, b_{2t}, b_{3t},...$ の推定値の時系列データを用いて、(3.28)式の係数の符号の有意性を t 検定する。

分析結果1. 時価総額とベータでソートしたポートフォリオの特性

表3-3に、第1ステップで作成した、時価総額と過去60カ月ベータの逐次ソートによる100個のポートフォリオの平均リターンとベータを示す。

パネルAは、各ポートフォリオの全サンプル期間での平均リターンを示している。表の左端列を見ると、時価総額が小さい企業ほど平均リターンが高くなることが確認できる。次に、ベータの違いが平均リターンに与える影響を見

---

[12] この手続きにおいて、各銘柄のベータ値は全期間を通して一定とはならない。ポートフォリオの銘柄構成が年1回入れ替わるので、入れ替わりにともなって銘柄がポートフォリオ間を移動すれば、ベータは時間的に変動することになる。

表 3-3 時価総額とベータでソートした 100 個のポートフォリオ

パネル A：平均リターン　　　　　　　　　　　　（月次，単位は％）

	All	low-β	β -2	β -3	β -4	β -5	β -6	β -7	β -8	β -9	High-β
All	0.83	0.52	0.71	0.84	0.87	0.89	0.96	0.85	0.95	0.91	0.83
small-ME	1.50	1.00	1.39	1.32	1.75	1.34	1.59	1.40	1.62	1.63	2.01
ME2	1.03	0.76	0.67	0.89	1.15	0.97	1.26	1.07	1.01	1.38	1.10
ME3	1.02	0.68	0.67	1.10	0.95	1.06	0.95	1.07	1.47	1.40	0.82
ME4	0.86	0.42	0.50	0.93	0.82	0.73	1.04	1.09	0.93	0.83	1.30
ME5	0.76	0.31	0.70	0.74	0.95	0.80	0.91	0.62	0.87	0.93	0.75
ME6	0.64	0.39	0.57	0.75	0.40	0.88	0.81	0.72	0.85	0.73	0.26
ME7	0.67	0.17	0.61	0.57	0.85	0.78	1.12	0.79	0.79	0.58	0.47
ME8	0.69	0.41	0.71	0.86	0.65	0.78	0.70	0.60	0.79	0.50	0.87
ME9	0.65	0.40	0.72	0.77	0.58	0.86	0.66	0.59	0.79	0.75	0.41
LargeME	0.52	0.71	0.59	0.47	0.60	0.68	0.52	0.55	0.38	0.41	0.30

パネル B：ベータ

	All	low-β	β -2	β -3	β -4	β -5	β -6	β -7	β -8	β -9	High-β
All	0.89	0.66	0.74	0.83	0.85	0.88	0.93	0.94	0.99	1.01	1.08
small-ME	0.88	0.71	0.71	0.80	0.86	0.85	0.92	0.96	1.01	0.94	1.04
ME2	0.88	0.66	0.67	0.78	0.84	0.93	0.91	0.91	0.92	1.08	1.06
ME3	0.92	0.68	0.70	0.90	0.90	0.90	0.92	0.96	1.05	1.07	1.17
ME4	0.92	0.62	0.76	0.87	0.82	0.88	1.03	1.07	1.00	1.00	1.19
ME5	0.92	0.64	0.84	0.79	0.95	0.96	1.00	0.94	1.07	0.99	1.01
ME6	0.90	0.63	0.82	0.82	0.83	0.88	0.87	1.02	1.03	1.02	1.08
ME7	0.92	0.70	0.81	0.89	0.87	0.94	0.97	0.95	1.03	1.00	1.04
ME8	0.88	0.69	0.81	0.86	0.84	0.79	0.91	0.86	0.97	1.04	1.01
ME9	0.87	0.71	0.77	0.82	0.75	0.88	0.88	0.89	0.93	1.00	1.09
LargeME	0.82	0.52	0.55	0.77	0.81	0.82	0.85	0.88	0.92	0.96	1.10

注）ベータは、全サンプル期間（1985 年 9 月～ 2005 年 12 月）のリターン・データを用いて推定したもの。

るために表の各列を水平方向に見ると、ベータが高くなるほど平均リターンも高くなる傾向を一部の時価総額グループについて見ることができる。

　パネル B は、全サンプル期間のデータから推定した各ポートフォリオのベータを示している。表の各列に沿って右方向のポートフォリオほど、過去 60 カ月ベータがより高い銘柄群を含むのであるが、全期間ベータも右方向に高くなることが確認できる。

　全銘柄を時価総額と過去 60 カ月ベータでソートしたのは、ポートフォリオのベータの散らばりを最大限に確保するためである。米国では、時価総額の小さいポートフォリオほど全期間ベータが大きくなるという傾向が強く出るので、

Fama-Frenchはこの2個の属性でソートしたポートフォリオを作ってベータの分散を図った。しかし、日本の場合には、パネルBでわかるように、時価総額とベータの相関が強くないので、ポートフォリオ間のベータの散らばりは米国ほど大きくならない。ちなみに、100個のポートフォリオの全期間ベータの散らばりは、日本の場合、最小値が0.52、最大値が1.19であり、米国の場合は、最小値が0.53、最大値が1.79である。

分析結果2. ファーマ＝マクベス法の結果

表3-4は、ファーマ＝マクベス法、つまり第2ステップと第3ステップの結果を示している。表中の数値は、毎月ごとにクロスセクション回帰を行って得られた回帰係数の全サンプル期間での平均値（上段）とt値（下段）を示している。説明変数として用いた個別銘柄の属性は、①ベータ（β）、②規模（時価総額の対数値）、③BE/ME（簿価・時価比率）の対数値、④A/ME（総資産／時価総額）の対数値、⑤A/BE（総資産／自己資本簿価）の対数値、⑥益回りのダミー変数、⑦益回り（正値はそのままの値、負値はゼロ）である。④、⑤は財務レバレッジの影響を見るための属性である。

(3.28) 式の右辺の説明変数をベータだけにしたモデルが回帰式 (1)、ベータと規模（時価総額）だけにしたモデルが回帰式 (3) である。いずれのモデルでも、ベータが平均リターンに正の影響を与えているのでCAPMと整合的な結果であるが、t値が1.96と1.74なので、統計的な有意性は強くない。

規模の影響については、時価総額単独のモデル（回帰式 (2)）ならびに、ベータ＋時価総額のモデル（回帰式 (3)）で、時価総額が平均リターンにプラスに働くという結果になったが、t値から判断すると、統計的には有意でない。また、他の属性値を組み合わせた場合の符号はマイナスになる。しかし、これも統計的には有意でない。表3-3のパネルAでは、明確な小型株効果（規模が小さいほどリターンが高い）が視認できたのであるが、Fama-MacBethの検定方法では有意性が否定される結果となった。

BE/MEについては、リターンにプラスに作用するという結果が、単独ならびに他の変数を入れた場合とも、高い有意性で確認できる。日本のバリュー株効果が欧米諸国以上に強いことはよく知られた事実である。

表3-4 回帰係数の平均と t 値

回帰式	β	ln(ME)	ln(BE/ME)	ln(A/ME)	ln(A/BE)	E/P Dummy	E(+)/P
(1)	0.023 (1.96)*						
(2)		0.008 (1.13)					
(3)	0.034 (1.74)*	0.008 (1.16)					
(4)			0.006 (4.99)**				
(5)				0.006 (4.00)**	-0.002 (-1.47)		
(6)						0.036 (1.21)	0.035 (2.26)**
(7)		-0.001 (-1.49)	0.005 (4.58)**				
(8)		-0.001 (-1.12)		0.005 (3.89)**	-0.001 (-1.18)		
(9)		0.006 (1.10)				0.031 (1.24)	0.027 (1.82)*
(10)		-0.001 (-1.28)	0.005 (4.90)**			-0.005 (-2.78)**	0.005 (0.32)
(11)		-0.001 (-0.97)		0.005 (3.93)**	-0.002 (-1.62)	-0.004 (-2.45)**	0.007 (0.47)

注) 上段の数値は回帰係数の平均、下段の数値は t 値を示す。サンプル月数は1985年9月〜2005年12月の244ヵ月である。*印は10%で有意、**印は5%で有意にゼロと異なることを示す。

説明変数の定義
β：ベータ
ln(ME)：時価総額の対数値
ln(BE/ME)：(自己資本簿価／時価総額) の対数値
ln(A/ME)：(総資産／時価総額) の対数値
ln(A/BE)：(総資産／自己資本簿価) の対数値
E/P Dummy：益回り (1株当たり純利益／株価) がプラスならば1、マイナスならば0をとるダミー変数
E(+)/P：益回りがプラスならばそのまま、マイナスならば0をとる変数

レバレッジの影響については、ln(A/ME)の係数は正で有意、ln(A/BE)の係数は有意でないがマイナスとなった。前者に注目すると、財務レバレッジはリターンにプラスに働くという常識的な結果を示唆することになるが、一方、後者の符号からは、財務レバレッジがリターンにマイナスに働くことが示唆される。前者を

$$\log\left(\frac{A}{ME}\right) = \log\left(\frac{BE}{ME}\right) + \log\left(\frac{A}{BE}\right) \tag{3.29}$$

と分解して、右辺の第1項がバリュー株効果、第2項が財務レバレッジ効果をとらえると考えると、バリュー株効果が財務レバレッジ効果を抑えて、ln(A/

ME）がリターンに正の影響を与えるという結果となったと見ることもできる。いずれにせよ、財務レバレッジの影響は有意ではなく、これは Fama-French ［1992］と同じ結果である。

分析結果 3. 時価総額と BE/ME でソートしたポートフォリオの特性

表3-5 は、規模と BE/ME の逐次ソートで作成した100個のポートフォリオの平均リターンを示している。まず、時価総額で10分位に分けたところまでは表3-3 と同じであるが、それらをさらに BE/ME で10分位に分けることで100個のポートフォリオを作成した。

パネル A は各ポートフォリオの平均リターンを示している。表を水平方向

表 3-5　時価総額と BE/ME でソートした 100 個のポートフォリオ

パネル A：平均リターン　　　　　　　　　　　　　　（月次，単位は％）

	All	low-BE/ME	BE/ME-2	BE/ME-3	BE/ME-4	BE/ME-5	BE/ME-6	BE/ME-7	BE/ME-8	BE/ME-9	High-BE/ME
All	0.81	0.41	0.51	0.69	0.78	0.78	0.87	0.89	0.95	1.05	1.16
small-ME	1.46	1.52	1.08	1.19	1.55	1.42	1.38	1.82	1.35	1.55	1.77
ME2	1.04	0.74	0.45	1.09	0.91	1.22	1.13	0.98	1.32	1.31	1.23
ME3	1.00	0.55	0.90	0.76	0.87	0.82	0.81	0.93	1.22	1.41	1.68
ME4	0.81	0.58	0.53	0.72	0.88	0.84	1.09	0.77	0.96	0.87	0.91
ME5	0.74	0.34	0.47	0.91	0.75	0.62	0.59	0.86	0.97	0.76	1.09
ME6	0.62	0.10	0.38	0.54	0.80	0.61	0.52	0.67	0.58	1.00	0.99
ME7	0.65	-0.04	0.31	0.40	0.79	0.67	0.82	0.71	0.96	0.97	0.89
ME8	0.66	0.30	0.18	0.57	0.34	0.61	0.94	0.93	0.84	0.81	1.07
ME9	0.64	0.20	0.47	0.40	0.56	0.71	0.69	0.62	0.81	0.91	1.03
LargeME	0.49	-0.18	0.35	0.34	0.35	0.34	0.72	0.64	0.49	0.90	0.95

パネル B：ベータ

	All	low-BE/ME	BE/ME-2	BE/ME-3	BE/ME-4	BE/ME-5	BE/ME-6	BE/ME-7	BE/ME-8	BE/ME-9	High-BE/ME
All	0.89	0.98	0.96	0.91	0.89	0.88	0.87	0.86	0.84	0.85	0.87
small-ME	0.88	1.01	0.95	0.89	0.92	0.89	0.87	0.86	0.81	0.78	0.77
ME2	0.88	1.05	0.95	0.91	0.93	0.86	0.86	0.78	0.84	0.76	0.87
ME3	0.92	0.97	1.01	0.96	0.92	0.86	0.84	0.90	0.89	0.93	0.93
ME4	0.92	1.03	0.96	0.95	0.87	0.94	0.92	0.88	0.87	0.86	0.86
ME5	0.92	0.96	0.97	0.91	0.91	0.94	0.90	0.88	0.91	0.88	0.91
ME6	0.90	0.93	0.93	0.87	0.85	0.86	0.88	0.83	0.90	0.95	0.96
ME7	0.91	1.01	0.98	0.90	0.88	0.89	0.91	0.94	0.85	0.89	0.89
ME8	0.87	0.96	0.92	0.88	0.91	0.83	0.86	0.88	0.82	0.81	0.82
ME9	0.88	0.98	0.91	0.89	0.87	0.84	0.88	0.83	0.80	0.87	0.91
LargeME	0.83	0.86	0.99	0.91	0.79	0.85	0.79	0.79	0.74	0.79	0.76

（同規模の中でのBE/MEの違い）で見ると、どの規模分位でもBE/MEが大きいほど平均リターンが高くなる傾向が確認できる。これはバリュー株効果を示している。パネルBは各ポートフォリオの全期間ベータを示すが、BE/MEとベータの相関はほとんど見られない。

以上の日本株についての実証結果をまとめると、ベータが高いほど期待リターンが高くなるというCAPM第2定理の主張はデータから確認できるが、やや統計的有意性が弱い、ということができる。一方、ベータ以外の変数では、バリュー株効果が強く存在することがわかった。また、規模効果と財務レバレッジ効果は有意には検出されなかった。

6.5 CAPMの実証における問題

ここまで、CAPMの実証方法と日本株での実証結果について説明してきた。CAPMの実証方法にはいくつかの大きな問題があることを最後に指摘しておきたい。

第1はサンプリング・バイアスの問題である。統計的調査では、標本の恣意性を排除するためにランダム・サンプリング（無作為抽出）が前提とされる。しかしながら、ファイナンスでは、アノマリーを追い求めて膨大な実証研究が行われる。その結果、発見されたアノマリーをより強く見せるようなデータの切り口が提供され、その切り口に沿ってデータに統計的分析がかけられる。これでは、どのようなベンチマーク理論でも、きわめてバイアスのかかった攻撃的な検証を受けることにならざるをえない。例えば、先ほどの日本株の実証で、規模やBE/MEでソートしたポートフォリオを用いたが、これはランダムでない恣意的なポートフォリオの作成にあたる。その結果、実際のマーケットではCAPMが成立していても、データ分析では棄却されやすくなるバイアスが生じる。これを**データ・スヌーピング・バイアス**と呼ぶ。

第2に、データベースに潜むバイアスがある。例えば、通常の商用データベースでは、過去に倒産した企業は今日のデータベースには残っていない。倒産企業は、倒産する前にはBE/MEが高い数値を示したはずであるが、これが分析対象から除外されてしまっていることになる。その場合、倒産企業の大きなマイナスのリターンが分析から除かれるため、高BE/MEポートフォリオ（バ

リュー株ポートフォリオ）の平均リターンに上方バイアスが生じる。これを**サバイバーシップ・バイアス**と呼ぶ。

第3は、リターン分布の非正規性の問題である。多くの統計的検定では、株式リターンが平均と分散が時間を通じて一定の正規分布に従うことを前提にして有意水準を決める。現実の分布が正規分布よりもその長い分布であるときに、正規分布を前提として有意水準を決めると、仮説を棄却しやすくなる傾向が生じることが知られている。その場合には、正規分布の仮定を置かないGMM[13]推定など、より一般性の高い検定手法を用いることが必要になる。

第4は、**ロールの批判**と呼ばれる問題である（Roll［1977］）。真のマーケット・ポートフォリオとは、市場で取引可能なすべての金融資産からなる時価総額加重バスケットであるが、そんなバスケットはそもそも測定不可能である[14]。そこで多くの実証研究ではマーケット・ポートフォリオを TOPIX などの代理指数で代用するが、これでは代理変数となった指数バスケットが効率的かどうかを検証しているだけで、CAPM の検証にはなっていないとロールは主張している。

第5は、CAPM の多期間モデルへの拡張である。本章では CAPM を1期間モデルとして説明してきたが、実際の投資は時間軸を持って将来の投資環境の変化を織り込みながら行われる。CAPM は、そうした方向への理論モデルの拡張が多くなされてきており、一方で多期間モデルに対する検証方法もいくつか考案されてきている。

以上のような理由で、CAPM が現実の市場にあてはまるかどうかという問題に決着をつけるまでには、まだまだ時間がかかるであろう。ただ、過去40年以上にわたる CAPM にかかわる膨大な実証研究の積み重ねによって、ファイナンス理論は大きな発展を遂げることができた。それは、アノマリーの発見とそれを説明しうるより優れた理論モデルの模索、また、新たな実証方法の開発と計量経済学の発展というポジティブ・フィードバックによって実現してきたことに言及しておきたい。

---

[13] Generalized Method of Moments の略。日本語では一般化積率法と呼ばれる。
[14] 投資対象となる金融資産は、国内株式、国内債券、海外株式、海外債券、証券化商品、不動産、金などの商品、デリバティブ、ひいては人的資産と、かぎりがない。

第3章 CAPM　　101

第3章のキーワード

マーケット・ポートフォリオ　　市場均衡　　資本市場線
リスクプレミアム　　マーケット・リスクの価格　　シャープ比
オリジナル CAPM　　ゼロベータ CAPM　　ベータ
市場関連リスク　　非市場リスク　　証券市場線
マーケット・リスクプレミアム　　インデックス運用
パフォーマンス評価　　ヒストリカル・ベータ
ジェンセンのアルファ　　アノマリー
ファーマ＝マクベスのクロスセクション法
データ・スヌーピング・バイアス　　サバイバーシップ・バイアス

第3章の要約

- **マーケット・ポートフォリオ**とは、市場に供給されるすべての証券のバスケットである。
- 安全資産が存在するとき、市場の均衡状態においてマーケット・ポートフォリオは接点ポートフォリオと一致する。したがって、マーケット・ポートフォリオは効率的ポートフォリオである（**オリジナル CAPM**）。
- 安全資産のあるなしにかかわらず、市場の均衡状態においてマーケット・ポートフォリオは効率的ポートフォリオである（**ゼロベータ CAPM**）。
- 証券 i の**ベータ**は、次のように定義される：
$$\beta_i \equiv \frac{Cov(R_i, R_M)}{Var(R_M)} = \frac{\sigma_{iM}}{\sigma_M^2}$$
- ポートフォリオのベータは、個別証券のベータの加重平均となる。
- 証券のトータル・リスクは、**市場関連リスク**と**非市場リスク**に分解できる。
- 市場が均衡状態にあれば、任意の証券のリスクプレミアムは、ベータとマーケット・リスクプレミアムによって以下のように決定される：（**証券市場線、CAPM 第 2 定理**）
$$\mu_i - r_f = (\mu_M - r_f)\beta_i$$
- 市場関連リスクにはリスクプレミアムが生じるが、非市場リスクのリスクプレミアムはゼロとなる。
- ベータは、過去のデータを用いて回帰分析によって推定することができる。推定されたベータを**ヒストリカル・ベータ**と呼ぶ。
- CAPM は、インデックス運用という手法を生み出し、ファンドのパフォーマンス評価、資本コストの推定など、様々な応用に用いることができる。
- CAPM から導かれる実証可能な命題についてこれまで多くの実証研究が行われ、分析方法や**アノマリー**の発見など、実証ファイナンスが大きく発展した。

第3章の数学付録

CAPM 命題の数学的解析

この数学付録では、「マーケット・ポートフォリオはリスク／リターン平面上の効率的なポートフォリオである」という命題から、(3.13) 式を導出する。

第2章の数学付録 A において、株式、債券と安全資産の3資産に投資する場合の最適資産配分問題を解いた。株式、債券、安全資産への投資比率をそれぞれ w_S, w_B, w_f (ただし、$w_S + w_B + w_f = 1$) とするとき、この投資比率の満たすべき条件は (2.42) 式、(2.43) 式で与えられた。両式を見やすく書き直すと、

$$\mu_S - r_f = \gamma(\sigma_S^2 w_S + \sigma_{SB} w_B) \tag{3.30}$$

$$\mu_B - r_f = \gamma(\sigma_B^2 w_B + \sigma_{SB} w_S) \tag{3.31}$$

となる。ここで、σ_{SB} は株式と債券のリターンの間の共分散である。両者の標準偏差をそれぞれ σ_S, σ_B、株式と債券の相関係数を ρ とすると、共分散と相関係数の関係は

$$\sigma_{SB} = \rho \sigma_S \sigma_B \tag{3.32}$$

である。

いま、この3資産だけが資本市場で取引される経済を考えてみる。マーケット・ポートフォリオの投資比率を (w_S, w_B, w_f) とする。株式、債券、マーケット・ポートフォリオのリターンをそれぞれ R_S, R_B, R_M、リスクフリー・レートを r_f で表すと、マーケット・ポートフォリオのリターンは

$$R_M = w_S R_S + w_B R_B + w_f r_f \tag{3.33}$$

で与えられる。これに確率変数の1次結合の共分散に関する公式[解説]を用いると、

$$\begin{aligned} Cov(R_S, R_M) &= Cov(R_S, w_S R_S + w_B R_B + w_f r_f) \\ &= w_S Cov(R_S, R_S) + w_B Cov(R_S, R_B) + w_f Cov(R_S, r_f) \end{aligned} \tag{3.34}$$

となる。ここで、$Cov(R_S, R_S) = \sigma_S^2$, $Cov(R_S, R_B) = \sigma_{SB}$, $Cov(R_S, r_f) = 0$ であるから[15]、株式とマーケット・ポートフォリオの共分散は

$$Cov(R_S, R_M) = w_S \sigma_S^2 + w_B \sigma_{SB} \tag{3.35}$$

となる。同様に、債券とマーケット・ポートフォリオの共分散は

$$Cov(R_B, R_M) = w_B \sigma_B^2 + w_S \sigma_{SB} \tag{3.36}$$

となる。

CAPM 第1定理よりマーケット・ポートフォリオは効率的ポートフォリオであるから、(w_S, w_B, w_f) は最適資産配分の条件（3.30）式と（3.31）式を満たさなければならない。ここで（3.35）式を利用すると、（3.30）式は

$$\mu_S - r_f = \gamma Cov(R_S, R_M) \tag{3.37}$$

となる。同様に、（3.36）式を利用すると、（3.31）式は

$$\mu_B - r_f = \gamma Cov(R_B, R_M) \tag{3.38}$$

となる。

以上の結果を一般化すると、任意のリスク資産 i について、

$$\mu_i - r_f = \gamma Cov(R_i, R_M) \tag{3.39}$$

が成り立つ。なお、γ は最適資産配分問題では投資家のリスク回避度を表すパラメータであったが、ここでは単に正定数と考えることで十分である。

---

[15] 共分散の定義（第2章の用語解説（2.56）式）から、確定した値をとる変数（この場合はリスクフリー・レート r_f）と任意の確率変数の共分散はゼロとなる。

第4章
マルチファクター・モデルとAPT

この章の目的

　この章では、マルチファクター・モデルとAPT（Arbitrage Pricing Theory、裁定価格理論）について解説する。CAPMでは、投資家が平均・分散モデルに基づいて行動すると仮定したが、APTでは、投資家の効用関数について、「投資家はタダ飯をいくらでも食べたがる」という、ほぼ自明の行動原理しか仮定しない。そのかわり、証券のリターンが線形マルチファクター・モデルに従うという仮定を置く。APTは、個々の証券のリスクプレミアムがファクターのリスクプレミアムとファクター・エクスポージャーの線形結合で与えられることを、定理として主張する。

　この章の後半では、代表的なファクター・モデルとして、ロスらによるマクロファクター・モデルとファーマ＝フレンチの3ファクター・モデルを紹介し、マルチファクター・モデルとAPTの組み合わせで、CAPMとは異なるポートフォリオ運用指針が得られることを学ぶ。

1 マルチファクター・モデル

1.1 マーケット・モデル

前章で、個別証券のリターンを、

$$R_i = \beta_i R_M + e_i, \quad i = 1, 2, \cdots, n \tag{4.1}$$

と、マーケット・ポートフォリオのリターンに連動する部分とそれと直交する部分（非市場リターン）に分解した[1]。(4.1) 式をポートフォリオのリターンの定義式 $R_P = w_1 R_1 + \cdots + w_n R_n$ に代入すると、

$$\begin{aligned} R_P &= w_1(\beta_1 R_M + e_1) + w_2(\beta_2 R_M + e_2) + \cdots + w_n(\beta_n R_M + e_n) \\ &= (w_1\beta_1 + w_2\beta_2 + \cdots + w_n\beta_n)R_M + (w_1 e_1 + w_2 e_2 + \cdots + w_n e_n) \end{aligned}$$

となる。そこで

$$\beta_P \equiv w_1\beta_1 + w_2\beta_2 + \cdots + w_n\beta_n \tag{4.2}$$

$$e_P \equiv w_1 e_1 + w_2 e_2 + \cdots + w_n e_n \tag{4.3}$$

と書けば、ポートフォリオのリターン R_P を、

$$R_P = \beta_P R_M + e_P \tag{4.4}$$

と、(4.1) 式と同じように分解する式が得られる。このとき、(4.3) 式は、ポートフォリオの非市場リターン e_P が、個別資産の非市場リターン e_i の1次結合で与えられることを示している。

(4.1) 式および (4.4) 式は恒等式にすぎないが、ここに、異なる証券の非市場リターン間の共分散がすべてゼロ（＝相関がすべてゼロ）、すなわち、

$$Cov(e_i, e_j) = 0, \quad i \neq j \tag{4.5}$$

という仮定を加えると、ポートフォリオのリスクについて大変強い結論が得られる。

第2章で説明した確率変数の1次結合の分散の公式を使うと、この仮定の下では、ポートフォリオ P の非市場リスクについて、

$$Var(e_P) = w_1^2 Var(e_1) + w_2^2 Var(e_2) + \cdots + w_n^2 Var(e_n) \tag{4.6}$$

書き直すと、

$$\sigma_{e_P}^2 = w_1^2 \sigma_{e_1}^2 + w_2^2 \sigma_{e_2}^2 + \cdots + w_n^2 \sigma_{e_n}^2 \tag{4.7}$$

---

[1] ここでは、(3.21) 式や (3.25) 式の定数項 α_i は非市場リターン e_i に含めて考える（本節の後段参照）。

という式が得られる。つまり、異なる証券間の非市場リスクの共分散がゼロであるため、分散だけの和となるのである。この足し算の値は、n が十分大きくなれば、かぎりなくゼロに近づく。つまり、個別証券の非市場リターンが互いに無相関と仮定すると、ポートフォリオを構成する証券の数を多くすることによって、ポートフォリオの非市場リスクをいくらでもゼロに近づけることができる[2]。このとき、(3.10) 式より、十分に分散化したポートフォリオでは、トータル・リスクは市場関連リスクだけになるという結論が得られる。すなわち、以下のように表すことができる。

$$Var(R_P) \approx \beta_P^2 \, Var(R_M) \tag{4.8}$$

(4.1) 式で $Cov(e_i, e_j) = 0$ （ただし $i \neq j$）を仮定したモデルを、**マーケット・モデル**と呼ぶ。ここで注意しておきたいが、CAPM の説明に (4.1) 式を用いたが、そのときの同式は恒等式である。非市場リターンに証券間の相関がないという仮定を同式に加えたモデルが、マーケット・モデルである。

CAPM はマーケット・モデルを前提に置いたモデルであるという解説を聞くことがあるが、それは間違いである。(4.1) 式を用いて個別資産のリターンを市場関連のリターンと非市場リターンにベクトル分解するという、シャープが CAPM をわかりやすくするために始めた説明が、「CAPM はシングルファクター・モデルの仮定から導かれる」という歴史的な誤解を生んできた。資産リターンの生成モデルが何であっても、このベクトル分解が可能であることに留意してほしい。

本書では、この混同を避けるために、マーケット・モデルを表現するときには、

$$R_i = a_i + \beta_i R_M + \varepsilon_i, \quad i = 1, 2, \cdots, n \tag{4.9}$$

と書くことにする。つまり、残差項 e_i をギリシャ文字で ε_i と書くときは、

$$Cov(\varepsilon_i, \varepsilon_j) = 0, \quad i \neq j \tag{4.10}$$

ならびに、

---

[2] これを確認するには、例えば $w_i = 1/n$ とすればよい。このとき (4.7) 式は、

$$\sigma_{e_P}^2 = \frac{1}{n}\left(\frac{\sigma_{e_1}^2 + \sigma_{e_2}^2 + \cdots + \sigma_{e_n}^2}{n}\right)$$

と書けるが、σ_{e_i} が有界であるかぎり、これは $n \to \infty$ でゼロに収束する。

$$E(\varepsilon_i) = 0, \quad i = 1, 2, \cdots, n \tag{4.11}$$

$$Cov(R_M, \varepsilon_i) = 0, \quad i = 1, 2, \cdots, n \tag{4.12}$$

が仮定されているものとする。マーケット・モデルの場合には、残差項の期待値をゼロと仮定するので、(4.9) 式には定数項 a_i が現れる。なお、この定数項をギリシャ文字 α_i としないで a_i で表しているのは、(4.9) 式をジェンセンのアルファを求める (3.21) 式や (3.25) 式と区別するためである。

1.2 コモンファクター

市場では実に多数の証券が取引されている。時々刻々と変化するこれら証券の価格は、市場に伝わる新しい情報に反応して変動する。こうした情報には、多数の証券にいっせいに影響を与える情報と、ごく一部の証券にしか影響を与えない情報がある。GDP の速報値や日銀の金融政策変更のニュースは前者であり、ある企業の主力工場が火災で壊滅したというニュースは後者である。前者をファイナンスでは**コモンファクター**、あるいは単に**ファクター**と呼ぶ。そして、コモンファクターをマーケット・ポートフォリオという単一のファクターに代表させるモデルがマーケット・モデルである。この意味で、マーケット・モデルは**シングルファクター・モデル**とも呼ばれる。

しかしながら、現実には、非市場リターンの資産間の相関は無視できる大きさではなく、投資する証券の数をいくら増やしても、ポートフォリオの非市場リスクは一定の大きさで残る。このことは、コモンファクターを 1 個と考えるのが現実的でないことを意味する。

1.3 マルチファクター・モデル

一般に、K 個のコモンファクターを仮定する**マルチファクター・モデル**は、

$$R_i = a_i + b_{i,1}F_1 + b_{i,2}F_2 + \cdots + b_{i,K}F_K + \varepsilon_i, \quad i = 1, 2, \cdots, n \tag{4.13}$$

と表現される。各ファクターについている係数 $b_{i,1}, b_{i,2}, \cdots, b_{i,K}$ は、各ファクターの変動が個別証券のリターンに与える影響の度合いを表しており、**ファクター感応度**あるいは**ファクター・エクスポージャー**と呼ばれる。個々の証券のリスクは、これら K 個のファクター・エクスポージャーによって特徴づけられる。

(4.13) 式のモデルでは、R_i を K 個のファクターで表現したときの残差リ

ターン ε_i が互いに無相関と仮定することになる。つまり、(4.13) 式では、

$$E(\varepsilon_i) = 0, \quad i = 1, 2, \cdots, n \tag{4.14}$$

$$Cov(F_k, \varepsilon_i) = 0, \quad k = 1, \cdots, K; \quad i = 1, \cdots, n \tag{4.15}$$

ならびに、

$$Cov(\varepsilon_i, \varepsilon_j) = 0, \quad i \neq j \tag{4.16}$$

が仮定される[3]。このとき、ε_i は資産 i の**固有リターン**（idiosyncratic return または non-systematic return）を表し、その標準偏差 $\sigma_{\varepsilon_i} \equiv \sigma(\varepsilon_i)$ を**固有リスク**（idiosyncratic risk または non-systematic risk）と呼ぶ。

ポートフォリオのファクター・エクスポージャーは、マーケット・モデルの (4.2) 式と同様、個別証券のファクター・エクスポージャーの加重平均となる。すなわち、

$$R_P = a_P + b_{P,1}F_1 + b_{P,2}F_2 + \cdots + b_{P,K}F_K + \varepsilon_P \tag{4.17}$$

とすると、

$$b_{P,k} \equiv w_1 b_{1,k} + w_2 b_{2,k} + \cdots + w_n b_{n,k}, \quad k = 1, \cdots\cdots, K \tag{4.18}$$

である。

1.4　代表的なマルチファクター・モデル

定量的なポートフォリオ運用手法ではマルチファクター・モデルが必須のツールとなっている。株式については、ファーマとフレンチは、マーケット・ファクター、サイズ（企業規模）ファクター、バリュー・ファクターという3個のファクターからなるモデルを提唱している[4]。ロール、ロスとチェンは、GDPファクター、インフレ・ファクター、信用プレミアム・ファクター、タームプレミアム・ファクターという4個のマクロファクターに基づくモデルを提唱している[5]。また、運用機関で広く使われているMSCIバーラ社のモデルは、10個を超えるリスク・ファクターと業種ファクターからなるファクター・モデルである。CAPMの理論に沿ったマルチファクター・モデルもある。こ

---

[3] 異なるファクター間の相関は必ずしもゼロである必要はない。一般のマルチファクター・モデルで、ファクター間の相関がゼロでない場合に、変数軸の回転によってファクター間の相関をゼロにすることはできる。ただし、変数に回転を加えると各ファクターの意味がつかみにくくなってしまう。

[4] Fama-French [1993] が提唱した3ファクター・モデルである。詳細は3節を参照。

[5] Chen-Roll-Ross [1986] で示されたマクロ経済変数をファクターとするモデルである。詳細は3節を参照。

れはマイケル・ブレナンらが提唱したモデルで、このモデルではマーケット・ファクターのほかに、短期金利とマーケット・ポートフォリオのシャープ比をファクターとしている[6]。これは、CAPM 資本市場線の日々の変動を y 切片と直線の傾きの変動でとらえて、この2個のファクターで投資機会の変動を表現するマルチファクター・モデルである。

債券の場合には、イールドカーブの水準（レベル）、傾き（ツイスト、長期金利と短期金利の乖離）と曲率（カーバチャー、長短金利と中期金利の相対関係）の3個のファクターでとらえるのが、代表的なアプローチである。社債投資を含む場合には、これらに信用スプレッドのファクターを追加する。さらに、市場の流動性をとらえるファクターを加えることもある。また、グローバル投資向けのマルチファクター・モデルもいくつか開発されている。

1.5 マルチファクター・モデルの様々な応用

マルチファクター・モデルは、ポートフォリオのトータル・リスクのコントロールだけでなく、**インデックス・トラッキング**や、特定ファクターへの選別的な賭け（**ファクター・ベッティング**）などの目的にも利用される。

(1) インデックス・トラッキング

TOPIX をトラックするインデックス・ファンドを作りたいときには、マルチファクター・モデルを用いて TOPIX の各ファクターに対するエクスポージャーを求め、ポートフォリオのファクター・エクスポージャーを TOPIX のそれに合わせながらトラッキング・エラー（ポートフォリオと TOPIX のリターンの差の標準偏差）を最小化するポートフォリオを求めればよい。もちろん、TOPIX 構成銘柄のすべてを時価総額比率に応じて保有すれば、つまり単純にTOPIX を複製すれば、トラッキングは可能である。しかし、実際には、新規上場や上場廃止などへの対応、顧客の資金引き出しへの対応、一部銘柄の流動性の欠如などを考えなければならず、TOPIX を完全に複製するのは口でいうほど簡単ではない。また、TOPIX の完全複製ファンドを作るには1,500を超える銘柄を買わなければならないので、ファンドの規模が小さければ実現不可

---
[6] Brennan-Wang-Xia [2004] が提唱した特定の多期間モデルから導かれるファクター・モデルである。

能である。マルチファクター・モデルを用いて上のような手順でポートフォリオを作れば、投資対象を流動性の高い銘柄に絞って効率のよいパッシブ運用が可能になる。

(2) ファクター・ベッティング

今後の相場動向について、例えばバリュー株の上昇を予想するのであれば、マーケット・ファクターやその他のファクターに対するエクスポージャーをベンチマークに合わせたうえで、バリュー株ファクターに対するエクスポージャーを高く設定することによって、この相場観を反映したポートフォリオを作ることができる。アクティブ運用のファンド・マネジャーは、様々な超過リターン（アルファ）の源泉にベットする。その際に、ポートフォリオのリスクを適切にコントロールして、ポートフォリオから無駄なリスクや意図しないリスクを排除することが求められる。このようなときにマルチファクター・モデルはその真価を発揮する。

(3) パフォーマンス評価

事後的にファンドのパフォーマンスを複数の要因に分解して運用成果を分析するときにも、定量的手段としてマルチファクター・モデルの利用が必須になっている。これについては3節で簡単に触れる。

2 APT

この節では、ステファン・ロス（Ross [1976]）によって創始された **APT**（Arbitrage Pricing Theory、**裁定価格理論**）について解説する。APT は CAPM とはまったく異なる理論構成によってリスクの価格式を導出するモデルであるが、理論の一般性は CAPM よりも高い。

2.1 市場均衡理論と無裁定理論

CAPM では、平均・分散モデルに基づいて行動する投資家を想定して、資産に対する需要と供給が均衡する状態を分析した。その意味で CAPM は、需

給均衡の原理からリスクの価格（リスクプレミアム）を求めるモデルであった。これに対して、APT は需給のバランスを直接考察することはしない。「十分に発達した市場にフリーランチはない」。このほぼ自明の原理を用いてリスクの価格がどう決まるかという問題に答えを出したのが APT である。需要と供給という経済学の伝統的な考え方に従って作られたリスクの価格理論が CAPM で、そうした理論のことを**市場均衡理論**と呼ぶ。一方、ノー・フリーランチの原理、つまり「世の中にタダ飯はない」という理屈から導かれた理論のことを**無裁定理論**（または**ノー・フリーランチ理論**）と呼ぶ。APT は、次章に登場するリスクニュートラル・プライシング理論と並んで、無裁定理論の代表格である。

2.2 APT の前提

APT では (4.13) 式のマルチファクター・モデルが前提とされる。以下の説明をわかりやすくするために、(4.13) 式を次のように書き直しておく。

$$R_i = E_i + b_{i,1}f_1 + b_{i,2}f_2 + \cdots + b_{i,K}f_K + \varepsilon_i, \quad i = 1, 2, \cdots, n \tag{4.19}$$

$$E(\varepsilon_i) = 0, \quad i = 1, 2, \cdots, n \tag{4.20}$$

(4.13) 式と (4.19) 式の違いは、(4.19) 式では

$$E(f_k) = 0, \quad k = 1, 2, \cdots, K \tag{4.21}$$

を仮定していることである。つまり、各ファクターの期待値がゼロとなるようにファクター変数の定義を調整したのが (4.19) 式である。このとき (4.19) 式の両辺の期待値をとると、

$$E(R_i) = E_i \tag{4.22}$$

となるので、(4.19) 式の切片項 E_i は証券 i のリターンの期待値に相当する。(4.19) 式でも、(4.13) 式の場合と同様に固有リスク同士の直交性 (4.16) を仮定する。

元のファクター変数を $(F_1, F_2, \cdots, F_K)$ とすると、(4.21) 式は $(f_1, f_2, \cdots, f_K)$ を

$$f_k \equiv F_k - E(F_k) \tag{4.23}$$

と定義したことになる。これは、コモンファクターに関する予期されない情報（ニュース）だけをすくいとって、それを $(f_1, f_2, \cdots, f_K)$ としていることを意味する。このように純粋のニュース部分をファクターにとっておくほうが、

APTの理論展開を進めやすい。

さて、多数の銘柄を含む大規模なポートフォリオを構築すると、リスクの分散効果が発揮されて、ポートフォリオの固有リスクは無視できるようになる。このことは (4.7) 式のところですでに述べた。つまり、投資家が十分に銘柄分散の効いたポートフォリオに投資するならば、(4.19) 式の残差項ε_iはないものと見てかまわなくなる。つまり、個別証券やポートフォリオの価値変動は、K個のファクターによってのみ引き起こされると考えることができるようになる。いいかえると、証券やポートフォリオのリスクは、$(b_{i,1}, b_{i,2}, \cdots, b_{i,K})$のベクトル、すなわち$K$個のファクターに対するエクスポージャーによって特徴づけられることになる。

2.3　健康サプリの価格

ここからは比喩的に説明しよう。健康サプリにはいろいろな成分が含まれているが、それらの成分が世の中に全部でK種類あるとする。そして、健康サプリiに含まれる各成分の分量がベクトル$(b_{i,1}, b_{i,2}, \cdots, b_{i,K})$で表されたとする。このとき、健康サプリ$i$の価格はどのように決まるか。

それはおそらく、次のような原理で決まるであろう。1番目の成分の単価をq_1、2番目の成分の単価をq_2、…、K番目の成分の単価をq_Kとする。このとき、健康サプリiの価格は$q_1 b_{i,1} + q_2 b_{i,2} + \cdots + q_K b_{i,K}$に等しくなるのではないか。なぜなら、もしこの足し算よりも高い価格でこのサプリが売れるのであれば、各成分を$q_1, q_2, \cdots, q_K$の価格で仕入れて、カプセルに詰め込んで市場で販売する業者が多数現れるに違いない。これによって簡単に利益を稼ぐことができるからである。これがいわゆる「さや取り」であり、ファイナンスでは**裁定取引**（arbitrage trade）と呼ぶ。この裁定取引が盛んに行われると、サプリの供給が過剰になって、サプリの市場価格は下がり始めるであろう。しかしながら、サプリの市場価格が安くなりすぎて$q_1 b_{i,1} + q_2 b_{i,2} + \cdots + q_K b_{i,K}$を下回るようになれば、サプリを安い市場価格で買って各成分に分解して売れば、この場合も利益を稼ぐことができる。つまり、逆方向のさや取りが可能になり、その結果サプリに需要が集中してサプリの価格を吊り上げるに違いない。このように、成分を集めてサプリにして売ったり、逆にサプリを成分に分解して売ったり、と

いうことが自由にできるならば、サプリの価格は裁定取引のできない水準、つまり $q_1 b_{i,1} + q_2 b_{i,2} + \cdots + q_K b_{i,K}$ に収束するに違いない。これがノー・フリーランチの原理である。

通常の財やサービスと比べて、金融資産はこうした要素の結合や要素への分解が容易にできる。ノー・フリーランチの原理で金融資産の価格付けが可能になる秘密は、この点にある。

2.4 APTの主定理

さて、この原理をリスクの価格理論に応用しよう。証券やポートフォリオのリスクは、K 個のファクターに対するエクスポージャー $(b_{i,1}, b_{i,2}, \cdots, b_{i,K})$ によって特徴づけられた。つまり、証券やポートフォリオは、K 種類のファクターに対するエクスポージャーの集合体である。とすれば、証券やポートフォリオの価格は、各ファクターへのエクスポージャーの単価から計算できるはずである。サプリの場合と同じように、1番目のファクターへのエクスポージャーの単価を λ_1、2番目のファクターへのエクスポージャーの単価を λ_2、…、K 番目のファクターへのエクスポージャーの単価を λ_K とすると、証券 i の価格は $\lambda_1 b_{i,1} + \lambda_2 b_{i,2} + \cdots + \lambda_K b_{i,K}$ になるはずである。ただし、ここでいう価格は、文字通りの証券価格ではなく、証券のリスクプレミアムである。この違いを意識するために、成分（ファクター・エクスポージャー）の単価を、q ではなく、ギリシャ文字の λ（ラムダ）で表している。

この結論を整理して述べると、次の定理になる。

定理 4.1（APT の主定理）

証券のリターンがマルチファクター・モデル (4.19) 式で表されるとする。また、安全資産が存在して、そのレート r_f で資金の貸借ができるものとする。このとき、任意の証券 i の各ファクターへのエクスポージャーを $(b_{i,1}, b_{i,2}, \cdots, b_{i,K})$ とすると、証券 i のリスクプレミアムは、

$$E_i - r_f \approx \lambda_1 b_{i,1} + \lambda_2 b_{i,2} + \cdots + \lambda_K b_{i,K} \tag{4.24}$$

で近似的に表される。ただし、$(\lambda_1, \lambda_2, \cdots, \lambda_K)$ は各ファクターのリスクプレミアムである。

2.5 ファクター・ポートフォリオ

(4.24) 式に $(b_{i,1}, b_{i,2}, \cdots, b_{i,K}) = (1, 0, \cdots, 0)$ を代入すると、$E_i - r_f \simeq \lambda_1$ となる。したがって、λ_1 は、第1ファクターへのエクスポージャーが1で、その他のファクターへのエクスポージャーが全部ゼロであるようなポートフォリオのリスクプレミアムを表す。同様に、λ_2 は、第2ファクターへのエクスポージャーが1で、その他のファクターへのエクスポージャーが全部ゼロであるようなポートフォリオのリスクプレミアムを表す。

証券の数 n が十分に大きければ、このようなポートフォリオを K 個のファクターそれぞれについて作ることができる。個々のファクターを個別に複製するこれらのポートフォリオを**ファクター・ポートフォリオ**と呼び、$(P_{f_1}, P_{f_2}, \cdots, P_{f_K})$ と書く。このとき、K 個のファクター・ポートフォリオのリスクプレミアムが $(\lambda_1, \lambda_2, \cdots, \lambda_K)$ である。なお、ファクター・ポートフォリオは、固有リスクもゼロとなるように十分に銘柄分散されたポートフォリオを指す。

定理4.1の証明は本章の数学付録に示す。ここでは、計算例4.1でその意味を明らかにしよう。

計算例4.1 2ファクター・モデル

コモンファクターが、

(1) マーケット・リターン (f_1)

(2) インフレーション (f_2)

の2種類で、$\lambda_1 = 6\%$、$\lambda_2 = -2\%$ とする。いま、$(b_1, b_2) = (1, 1)$ で固有リスクがゼロの証券 A がある。証券 A のリスクプレミアムは、(4.24) 式によれば $\lambda_1 b_1 + \lambda_2 b_2 = 6\% - 2\% = 4\%$ のはずである。これに反して、証券 A のリスクプレミアムが3%であったとすると、市場にフリーランチが存在することを示してみよう。

次のポートフォリオを考える：

(a) ポートフォリオ P_{f_1} を100万円買う。

(b) ポートフォリオ P_{f_2} を100万円買う。

(c) 証券 A を100万円空売りする。

(d) 資金を100万円借り入れる。

このポートフォリオは、資金の出入りがともに200万円ずつなので、投下資金ゼロで作れる。このように、投下資金が正味ゼロのポートフォリオを**裁定ポートフォリオ**（あるいは**ゼロインベストメント・ポートフォリオ**）と呼ぶ。

さて、このポートフォリオのファクター・エクスポージャーは、f_1に対しても、f_2に対しても、ゼロである。また、このポートフォリオには固有リスクがない。つまり、このポートフォリオは安全資産と同じで、まったくリスクを持たない。

このポートフォリオのリスクプレミアムを計算すると、$\lambda_1 + \lambda_2 - 3 = 6 - 2 - 3 = 1\%$ となる。したがって、この裁定ポートフォリオのポジションを作れば、1%のリターンが確実に稼げる。しかしながら、こうした機会が見つかるのはノー・フリーランチの原理に反する。証券Aを空売りする裁定取引でこのリターンが実現したのであるから、仮定した証券Aのリスクプレミアムが理論値よりも1%低すぎたことを意味する。よって、ノー・フリーランチの条件下では（4.24）式が成立するはずである。

2.6　APTの主定理における近似的表現の意味

上記の計算例の場合、裁定ポートフォリオにはファクター・リスクも固有リスクも含まれないので、1%の「さや」は完全にリスクフリーである。では、証券Aに固有リスクがある場合はどうであろうか。このときは、上の裁定ポートフォリオには証券Aの固有リスクが含まれるので、1%の「さや」は完全にリスクフリーとはいえなくなる。しかし、ファクター・ポートフォリオP_{f_1}、P_{f_2}がすでに十分に銘柄分散されたポートフォリオであるし、それでも裁定ポートフォリオに固有リスクが残っている場合は、裁定ポートフォリオのファクター・エクスポージャーをゼロに保ちながらポートフォリオに他の証券を多数追加していくことによって、ポートフォリオの固有リスクをゼロに近づけることができる。このように、市場で取引される証券の数が十分に多ければ、リスクフリーにかぎりなく近い裁定ポートフォリオを作ることができるので、（4.24）式が成立する。（4.24）式を近似式としているのは、以上の理由による。

3　APTのインプリメンテーション

株式の代表的なマルチファクター・モデルについて、APTを適用してリスクプレミアムを推定した結果を紹介しよう。

3.1　マクロファクター・モデル

APTの創始者であるステファン・ロスら（Chen-Roll-Ross [1986]）が提唱したのは、マクロ変数を用いたファクター・モデルである。そこで選ばれたファクターは次の通りである。

① GDPファクター：GDP成長率の予期しない変化
② インフレ・ファクター：物価上昇率の予期しない変化
③ タームプレミアム・ファクター：長短金利の乖離の予期しない変化
④ 信用プレミアム・ファクター：信用スプレッドの予期しない変化

GDPファクター以下のファクターをどんな変数でとらえるかには工夫の余地が大きく、モデルのスタンダードが確立しているともいえないので、ここではロスらが行った実証論文の結果を紹介する。この論文では、鉱工業生産指数の月次成長率（年率換算値）をGDPファクターf_{GDP}、長期国債の超過リターン（短期金利に対する）をタームプレミアム・ファクターf_{UTS}、Baa格以下の社債（ジャンク債）の超過リターン（長期国債に対する）を信用プレミアム・ファクターf_{URP}と定義している。長期国債の価格上昇（＝長期金利の低下）でf_{UTS}は上昇し、ジャンク債価格の上昇（＝信用プレミアムの低下）でf_{URP}は上昇する。

（1）推定されたファクター・プレミアム

推定されたファクター・プレミアムの値を表4-1に示す[7]。

---

[7] 原論文ではインフレ・ファクターを、①インフレ率の予期しない変化と、②期待インフレ率の予期しない変化、の2つに分けているのであるが、ここでは説明が無駄に複雑になるのを避けるために①に絞った。なお、日本の株式市場についてはHamao [1988] が同様の実証結果を示している。

第4章 マルチファクター・モデルとAPT   119

表4-1 マクロファクターのプレミアム

GDP λ_{GDP}	インフレーション λ_{UI}	タームプレミアム λ_{UTS}	信用プレミアム λ_{URP}
13.589% (3.561)	-0.629% (-1.979)	-5.211% (-1.690)	7.205% (2.590)

注）カッコ内は t 値。
出所）Chen-Roll-Ross [1986]

(2) ファクター・プレミアムの意味

ファクター・プレミアム λ がプラスのファクターについては、ファクター値 f の上昇を投資家が歓迎し、逆にファクター・プレミアム λ がマイナスのファクターについては、ファクター値 f の上昇を投資家が嫌うと考えればよい。表4-1に示された結果によれば、GDPの上昇とジャンク債価格の上昇（信用プレミアムの低下）を投資家は歓迎し、国債価格の上昇（長期金利の低下）と物価上昇を投資家は嫌っていることになる。

実際、λ_{GDP} = 13.589%であるので、ポートフォリオの対GDPエクスポージャーを1ポイント上げれば、ポートフォリオのリスクプレミアムは（したがって期待リターンも）13.589%上昇する。GDPに対するエクスポージャーの高いポートフォリオを持っていれば、景気が悪くなるとポートフォリオのパフォーマンスも悪化する。景気が悪くなって所得が減少するときによいパフォーマンスを上げるポートフォリオにこそ、投資家は価値を見いだすのであるから、GDPに対するエクスポージャーの高いポートフォリオは投資価値が小さい。そのようなポートフォリオに市場が求めるリスクプレミアムは高くなるはずである。

λ_{URP} = 7.205%と、信用プレミアム・ファクターに正のプレミアムがつくのも、予想通りの結果である。信用不安で投資家心理が悪化するとき（ジャンク債価格が下落するとき）に高いパフォーマンスを上げるような資産こそ、投資価値が高いはずである。したがって、ジャンク債のリターンに対する感応度（ジャンク債ベータ）が高いポートフォリオに市場が要求するリスクプレミアムは高くなる。

逆に、λ_{UTS} = -5.211%であるから、長期国債のリターンに対する感応度（国債ベータ）が正のポートフォリオには負のリスクプレミアムがついている。

長期金利低下（長期国債の価格上昇）は将来の投資環境の悪化を意味するので、そうした環境下でリターンが上昇するポートフォリオは投資価値が高く、したがって負のプレミアムで市場は満足する。

インフレ・ファクターについては、$\lambda_{UI}=-0.629\%$ と負のプレミアムである。このファクターへのエクスポージャーを上げれば、ポートフォリオのパフォーマンスはインフレになるほどよくなり、デフレになれば悪くなる。このようなポートフォリオに市場が負のプレミアムをつけている（大きな投資価値を見出している）ことは、株式市場の参加者にはインフレを嫌がる投資家（例えば、年金生活者）のほうがインフレを歓迎する投資家（例えば、借金生活者）よりも多いことを示唆している。

なお、表中の t 値の水準から判断すると、タームプレミアムとインフレプレミアムの統計的有意性は高くない。

(3) 株式運用への応用

個々のファクターについているリスクプレミアムの正負や値の大きさは、市場に参加する投資家の平均的な選好を織り込んでいる。したがって、マルチファクター・モデルと APT を利用して株式運用を行う場合は、個々のファクター・リスクに対する投資家個人の許容度と市場が提供するファクター・リスクプレミアムの値を比較考量して、ポートフォリオのファクター・エクスポージャーをコントロールしなければならない。その上で、銘柄分散によってポートフォリオの固有リスク（ファクターに関連しないリスク）を最小化することが投資方針になる。これに対して、CAPM では、マーケット・ポートフォリオに投資してベータ・リスクのプレミアムをとり、マーケット以外のファクターや非市場ファクターに対するエクスポージャーをゼロにすることが基本であった。このように、CAPM と APT では、ポートフォリオ・デザインの指針が大きく変わってくる。

3.2 ファーマ＝フレンチの3ファクター・モデル

ファーマとフレンチ（Fama-French [1993]）は、株式のコモンファクターを次の3つでとらえるモデルを提唱した。

① マーケット・ファクター
② サイズ・ファクター：小型株と大型株のリターンの差
③ バリュー・ファクター：バリュー株（簿価/時価比率の高い株式）とグロース株（簿価/時価比率の低い株式）のリターンの差

(1) リスクプレミアムの推定値

表4-2に、各ファクターのリスクプレミアム（$\lambda_{Mkt}, \lambda_{SMB}, \lambda_{HML}$）の推定値を示す。SMB は Small マイナス Big（小型株－大型株）の略でサイズ・ファクターを、HML は High マイナス Low（バリュー株－グロース株）の略でバリュー・ファクターを表す。High は簿価/時価比率が高いことを意味するのであるが、これがファーマ＝フレンチによる割安株の定義である。割安株をバリュー株、割高株をグロース株と呼ぶ。

表4-2 ファーマ＝フレンチのファクター・プレミアム

(年率%表示)

マーケット λ_{Mkt}	SMB λ_{SMB}	HML λ_{HML}
5.92%	3.94%	4.47%

出所）Kenneth French のホームページ掲載データより作成
1964-2003年の米国株式データによる推定

このモデルによれば、APT のリスクプレミアム式（4.24）は、

$$E(R_i) - r_f = \lambda_{Mkt} b_{i,Mkt} + \lambda_{SMB} b_{i,SMB} + \lambda_{HML} b_{i,HML} \\ = 5.92 \times b_{i,Mkt} + 3.94 \times b_{i,SMB} + 4.47 \times b_{i,HML}$$
(4.25)

で与えられることになる。個別銘柄やポートフォリオのリスクプレミアムを求めるには、ファクター・エクスポージャー（$b_{Mkt}, b_{SMB}, b_{HML}$）を計算して、(4.25) 式の右辺に代入すればよい。表4-3に、10個の業種別ポートフォリオについてこの作業を行った結果を示す。表の一番右の欄には、CAPM のプレミアム式 (3.20) を使った場合の数値を、比較のために示す。

現在では、小型株やバリュー株、グロース株に特化して株式運用を行う機関投資家が多数存在しているので、ファーマ＝フレンチの3ファクター・モデル

表 4-3　業種別プレミアム

	ファーマ＝フレンチ・モデル				CAPM
	b_{Mkt}	b_{SMB}	b_{HML}	プレミアム	プレミアム
航空機	1.15	0.51	0.00	8.82%	6.43%
銀行	1.13	0.13	0.35	8.77	5.55
化学	1.13	-0.03	0.17	7.33	5.57
コンピュータ	0.90	0.17	-0.47	3.90	5.29
建設	1.21	0.21	-0.09	7.59	6.52
食品	0.88	-0.07	-0.03	4.80	4.44
石油・ガス	0.95	-0.35	0.21	5.18	4.32
医薬品	0.84	-0.25	-0.63	1.17	4.71
たばこ	0.86	-0.04	0.24	6.01	4.08
公益	0.79	-0.20	0.38	5.59	3.39

注）プレミアムは（4.25）式を用いて算出した。CAPM プレミアムは、各業種ポートフォリオのベータを推定し、マーケット・リスクプレミアムを掛けて算出した。

は、ファンドのパフォーマンス評価においても、CAPM 以上によく用いられているのが実情である。ただ、小型株になぜプレミアムがつくのか、バリュー株になぜプレミアムがつくのか、という基本的な問題に誰もが納得できる説明がまだなされておらず、この点がファーマ＝フレンチ・モデルの抱える大きな課題となっている。

3.3　その他の有力なモデル

ロスの APT が最初に登場したのは1976年であるが、その少し前にロバート・マートンの**多期間 CAPM**（Intertemporal Capital Asset Pricing Model、ICAPM と略す、Merton［1973］）が世に発表された。マートンは多期間市場均衡モデルの枠組みの中で、マーケット・ファクターのほかに、投資可能集合を変動させる諸要因にリスクプレミアムがつくことを示した。このアプローチは、1979年のダグラス・ブリーデンの**消費 CAPM**（Consumption Capital Asset Pricing Model、Breeden［1979］）に続き、その後、習慣形成（Habit Formation）や人的資本などを取り込んだ多期間モデルへと発展していく。この分野の理論展開は今日まだ進行中であるが、連続時間の確率過程モデル上での最適化手法という高度の数学的道具を用いるので、本書ではカバーできない。ただ、これらのモデルが共通に示すところは（4.24）式の線形プレミアム構造

であり、この式をシンプルな1期間モデルとマルチファクター・モデル、およびノー・フリーランチの原理からいち早く示したロスの理論的貢献は非常に大きい。

第4章のキーワード

マーケット・モデル（シングルファクター・モデル）
コモンファクター　　マルチファクター・モデル　　固有リターン
固有リスク　　ファクター・エクスポージャー
インデックス・トラッキング　　ファクター・ベッティング
市場均衡理論　　無裁定理論（ノー・フリーランチ理論）
APT（Arbitrage Pricing Theory、裁定価格理論）
ファクター・リスクプレミアム　　裁定取引
裁定ポートフォリオ（ゼロインベストメント・ポートフォリオ）
ファクター・ポートフォリオ　　マクロファクター・モデル
ファーマ＝フレンチの3ファクター・モデル

第4章の要約

- 「十分に発達した市場にフリーランチはない」という単純な原理から導かれた理論のことを、一般に**無裁定理論（ノー・フリーランチ理論）**と呼ぶ。それに対して、CAPMのように需要と供給という経済学の伝統的な考え方に従って作られたリスクの価格理論のことを**市場均衡理論**と呼ぶ。

- コモンファクターとして、マーケット・ポートフォリオのリターンを用いるファクター・モデルは特にマーケット・モデルと呼ばれ、以下のように表現される。

    $R_i = a_i + \beta_i R_M + \varepsilon_i, \quad i = 1, 2, \cdots, n$

    ただし、異なる証券の非市場リターン ε_i 間の相関がすべてゼロ、すなわち、

    $Cov(\varepsilon_i, \varepsilon_j) = 0, \quad i \neq j$

    という仮定が加えられる。

- 一般に、K 個のコモンファクターを仮定する**マルチファクター・モデル**は、

    $R_i = a_i + b_{i,1} F_1 + b_{i,2} F_2 + \cdots + b_{i,K} F_K + \varepsilon_i, \quad i = 1, 2, \cdots, n$

    と表現される。ε_i は資産 i の**固有リターン**（idiosyncratic return または non-systematic return）を表し、その標準偏差 $\sigma_{\varepsilon_i} \equiv \sigma(\varepsilon_i)$ を**固有リスク**（idiosyncratic risk または non-systematic risk）と呼ぶ。

- 多数の資産があるとき、十分に銘柄分散したポートフォリオの固有リスクはゼロに近づき、トータル・リスクは市場リスクにほぼ等しくなる。

- 任意の証券 i のリスクプレミアムは

    $E_i - r_f \approx \lambda_1 b_{i,1} + \lambda_2 b_{i,2} + \cdots + \lambda_K b_{i,K}$

    で近似的に表される。ただし、$(b_{i,1}, b_{i,2}, \cdots, b_{i,K})$ は証券 i の各ファクターへのエクスポージャー、$(\lambda_1, \lambda_2, \cdots, \lambda_K)$ は各ファクターのリスクプレミアムである。

- ファクター・ポートフォリオとは、ある1つのファクター・エクスポージャーが1で、残りのファクター・エクスポージャーはゼロ、かつ固有リスクもゼロとなるように十分に銘柄分散されたポートフォリオのことを指す。ファクター・ポートフォリオは裁定取引において重要な役割を果たす。

- ロスらのマクロファクター・モデルは、ファクターとして4つのファクター（GDPファクター、インフレ・ファクター、タームプレミアム・ファクター、信用プレミアム・ファクター）を用いたモデルである。
- ファーマ＝フレンチの3ファクター・モデルとは、マーケット・ファクター、サイズ・ファクター、バリュー・ファクターの3つをファクターに用いたモデルである。

第4章の数学付録

APTの主定理（4.24）式の証明

証明の概略を、ファクター数が $K=2$ の場合について示す。

市場で取引されている n 個の証券の f_1 に対するエクスポージャーを $\boldsymbol{b}_1 \equiv (b_{1,1}, b_{2,1}, \cdots, b_{n,1})$、$f_2$ に対するエクスポージャーを $\boldsymbol{b}_2 \equiv (b_{1,2}, b_{2,2}, \cdots, b_{n,2})$ と書き、各証券のリスクプレミアムを $\boldsymbol{\pi} \equiv (\pi_1, \pi_2, \cdots, \pi_n)$ と書く。ただし、

$$\pi_i \equiv E_i - r_f, \quad i = 1, 2, \ldots, n$$

である。また、$\mathbf{1} \equiv (1, 1, \cdots, 1)$ と記す。

このとき、$\boldsymbol{w} \equiv (w_1, w_2, \cdots, w_n)$ が裁定ポートフォリオ（ゼロインベストメント・ポートフォリオ）であるとは、$\boldsymbol{w}$ が $\mathbf{1}$ と直交すること、すなわち

$$\sum_{i=1}^{n} w_i = 0$$

であることを意味する。また、このポートフォリオのファクター・エクスポージャーがゼロとなることは、$\boldsymbol{w}$ が $\boldsymbol{b}_1$ および $\boldsymbol{b}_2$ と直交すること、すなわち

$$\sum_{i=1}^{n} w_i b_{i,1} = 0; \quad \sum_{i=1}^{n} w_i b_{i,2} = 0$$

が成り立つことを意味する。したがって、「ファクター・エクスポージャーがゼロの裁定ポートフォリオのリスクプレミアムはゼロでなければならない」というノー・フリーランチの条件は、3本のベクトル $\mathbf{1}$、$\boldsymbol{b}_1$、$\boldsymbol{b}_2$ と直交するベクトル $\boldsymbol{w}$ は必ず $\boldsymbol{\pi}$ とも直交しなければならない、という幾何学的な条件に置き換えることができる。ここで、$\boldsymbol{w}$ が $\boldsymbol{\pi}$ と直交するとは

$$\sum_{i=1}^{n} w_i \pi_i = 0,$$

つまり、裁定ポートフォリオのリスクプレミアムがゼロであることを意味する。

図4.1にこの状況を示す。$\mathbb{Z}$ は3本のベクトル $\mathbf{1}$、$\boldsymbol{b}_1$、$\boldsymbol{b}_2$ が張る平面（超平

面）である。つまり、ベクトル$\mathbf{1}$, $\mathbf{b}_1$, $\mathbf{b}_2$はどれも平面$\mathbb{Z}$に含まれる。ノー・フリーランチの条件は、平面$\mathbb{Z}$に直交するベクトル$\mathbf{w}$は必ず$\boldsymbol{\pi}$とも直交しなければならないという。図ですぐわかるように、ベクトル$\boldsymbol{\pi}$が平面$\mathbb{Z}$に含まれていれば、このノー・フリーランチの条件は明らかに成立する。また、ベクトル$\boldsymbol{\pi}$が平面$\mathbb{Z}$に含まれることがノー・フリーランチの必要条件であることも、図をよく考えるとわかるはずである。

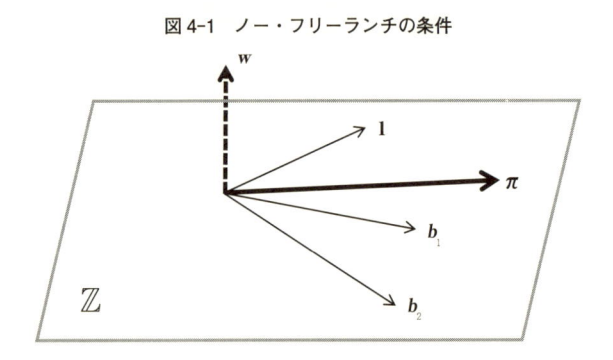

図4-1 ノー・フリーランチの条件

ベクトル$\boldsymbol{\pi}$が平面$\mathbb{Z}$に含まれるという条件を数式で表現すると、

$$\boldsymbol{\pi} = \lambda_0 \mathbf{1} + \lambda_1 \mathbf{b}_1 + \lambda_2 \mathbf{b}_2$$

を満たす定数$\lambda_0, \lambda_1, \lambda_2$が存在することである。ところで、安全資産のリスクプレミアムはゼロ、ファクター・エクスポージャーもゼロなので、3つの定数のうち$\lambda_0 = 0$であることがわかる。したがって、$\boldsymbol{\pi} = \lambda_1 \mathbf{b}_1 + \lambda_2 \mathbf{b}_2$であり、このベクトル間の等式を要素表示すると（4.24）式になる。　　　　　　　（証明終わり）

第 5 章
リスクニュートラル・プライシング

この章の目的

　この章では、前章で説明したノー・フリーランチの原理が、より一般的な状況にも適用できることを説明する。APTでは資産のリスクプレミアムを求めるためにこの原理を用いたが、この章では同じノー・フリーランチの原理を用いて、リスクニュートラル・プライシング手法と呼ばれる証券プライシングの基本手法を確立する。

1　計算例——状態価格と金融資産価格

ノー・フリーランチの原理に基づくプライシングを理解しやすくするために、具体的な計算例を用いて説明を進める。

計算例 5.1　状態価格と金融資産価格

今日から1年後の経済の状態について5通りのシナリオが考えられるとする。表5-1には、5種類の金融資産と、それぞれの今日($t=0$)の価格ならびに1年後($t=1$)のキャッシュフローが示してある。なお、話を簡単にするために、株式や債券は1年で満期を迎えるものとする。債券の額面は1円と仮定する。社債には貸し倒れがあるので、貸し倒れのない国債と比べて割安になっている。この例では1年後のキャッシュフローが確定した国債が安全資産となる。

表 5-1　株式、社債、国債

証券	価格	1年後の価格				
		状態1	状態2	状態3	状態4	状態5
X社の株式	2.55	8	6	3	0	0
Y社の株式	4.83	15	10	0	0	4
X社の社債	0.69	1	1	1	1	0
Y社の社債	0.72	1	1	1	0	1
国債	0.96	1	1	1	1	1

1.1　状態価格

第4章2節の健康サプリの話を思い出してみよう。健康サプリは、含まれる個々の成分の分量によって商品が特徴づけられ、健康サプリの価格は各成分の分量と単価の掛け算で決まると考えた。この考え方をいまの状況に適用してみよう。

表5-1に示された各金融資産の商品属性は、$t=1$におけるキャッシュフローのベクトルで表される。例えば、X社の株式の場合は$(8,6,3,0,0)$である。これは、状態1が起これば8円、状態2が起これば6円、状態3が起これば3円

のキャッシュフローを生むが、その他の状態が起きてもキャッシュフローを生まないことを意味する。そこで、状態1で生まれるキャッシュフローを商品成分A、状態2で生まれるキャッシュフローを商品成分B、……、状態5で生まれるキャッシュフローを商品成分Eと考えれば、表にあげた5個の金融資産はいずれも商品成分A〜Eの組み合わせと見なすことができる[1]。

いま、各成分の単価を$q_1, q_2, \cdots, q_5$で表そう。このとき、X社の株式は、8単位の成分A、6単位の成分B、3単位の成分Cの組み合わせであるから、その$t=0$における価格について、$8q_1 + 6q_2 + 3q_3 = 2.55$という等式が成り立つと考えられる。残りの4つの金融資産についても同様に考えると、

$$8q_1 + 6q_2 + 3q_3 = 2.55$$
$$15q_1 + 10q_2 + 4q_5 = 4.83$$
$$q_1 + q_2 + q_3 + q_4 = 0.69 \qquad (5.1)$$
$$q_1 + q_2 + q_3 + q_5 = 0.72$$
$$q_1 + q_2 + q_3 + q_4 + q_5 = 0.96$$

が成り立つはずである。これは$(q_1, q_2, q_3, q_4, q_5)$に関する5本の1次方程式で、これらを連立させて解くと、

$$(q_1, q_2, q_3, q_4, q_5) = (0.15, 0.15, 0.15, 0.24, 0.27) \qquad (5.2)$$

となる。q_iは、状態iが起きたときに1円もらえる証券の現在価格を表すので、状態iの**状態価格**と呼ぶ。また各状態価格をまとめた$(q_1, q_2, q_3, q_4, q_5)$を状態価格ベクトルと呼ぶ。

このように成分A〜Eの単価がわかれば、デリバティブ[解説]をはじめ、様々な金融資産の価格を求めることができる。例えば、オプションの価格を求めてみよう。

1.2 コール・オプションの価格

表5-2に、X社株のコール・オプション[解説]3本について、キャッシュフローを示した。これらは満期日が$t=1$で、満期日にしか権利行使が行えないヨ

---

[1] 状態ごとに財を区別することによって不確実性下の経済モデルを考えたのは、Arrow [1964] とDebreu [1959] である。この例の5種類の商品成分（状態Sが起きたときのみ1円支払う証券）のように、すべての証券のプライシングの元になる基本証券を、状態依存型請求権（state-contingent claim）あるいはArrow-Debreu証券と呼ぶ。

ーロピアン・オプション^{解説)}であるとする。権利行使価格をKで表しているが、例えば$K=2$円のコール・オプションの場合、満期日に2円の価格でX社の株式1株を買うことができるオプションである。X社株の株価は$(8, 6, 3, 0, 0)$であるから、満期日の状態1、状態2、状態3でこのオプションは**イン・ザ・マネー**^{解説)}になる。したがって、このオプションの$t=1$でのキャッシュフローは、表5-2に示すように$(6, 4, 1, 0, 0)$となる。そこで、このオプションの$t=0$での価値を成分単価の積み上げにより計算すると、

$$6 \times q_1 + 4 \times q_2 + 1 \times q_3 = 6 \times 0.15 + 4 \times 0.15 + 1 \times 0.15 = 1.65 \qquad (5.3)$$

となる。表にあげた他のコール・オプションのキャッシュフローと今日のオプション価値も、同じように計算できる。

表5-2 コール・オプション

証券	今日の価値	1年後のキャッシュフロー				
		状態1	状態2	状態3	状態4	状態5
X社の株式	2.55	8	6	3	0	0
コール X ($K=2$)	1.65	6	4	1	0	0
コール X ($K=4$)	0.90	4	2	0	0	0
コール X ($K=6$)	0.30	2	0	0	0	0
Y社の株式	4.83	15	10	0	0	4
コール Y ($K=2$)	3.69	13	8	0	0	2
コール Y ($K=4$)	2.55	11	6	0	0	0
コール Y ($K=6$)	1.95	9	4	0	0	0

1.3 プット・オプションの価格

表5-3は、プット・オプション^{解説)}について、同じように計算した結果を示している。X社株のプット・オプションで$K=2$のものを例にとると、満期日にイン・ザ・マネーになるのは状態4と状態5で、このオプション1単位の満期日のキャッシュフローは$(0, 0, 0, 2, 2)$となる。したがって、オプションの今日の価値は、

$$2 \times q_4 + 2 \times q_5 = 2 \times 0.24 + 2 \times 0.27 = 1.02 \qquad (5.4)$$

と計算される。

表 5-3　プット・オプション

証券	今日の価値	1年後のキャッシュフロー				
		状態1	状態2	状態3	状態4	状態5
X 社の株式	2.55	8	6	3	0	0
プット X ($K=2$)	1.02	0	0	0	2	2
プット X ($K=4$)	2.19	0	0	1	4	4
プット X ($K=6$)	3.51	0	0	3	6	6
Y 社の株式	4.83	15	10	0	0	4
プット Y ($K=2$)	0.78	0	0	2	2	0
プット Y ($K=4$)	1.56	0	0	4	4	0
プット Y ($K=6$)	2.88	0	0	6	6	2

1.4　オプション価値と権利行使価格の関係

　これらのオプションについて、権利行使価格を0円から12円まで動かして、上の方法で計算したオプション価値を図示すると、図5-1と図5-2のようになる。第7章ではこのオプション価値を二項モデルやブラック・ショールズ公式を使って求めることになるが、コール・オプションについては権利行使価格とオプション価値の関係は図5-1と同様の形になり、プット・オプションについては図5-2と同様の形になる。

　以上の説明を振り返ると、この手続きはきわめて一般性の高いプライシングの原理を示唆していることに気がつく。すなわち、5つの状態と表5-1が与えられるとき、1年後のキャッシュフローが表5-1にきっちり書き込めるような

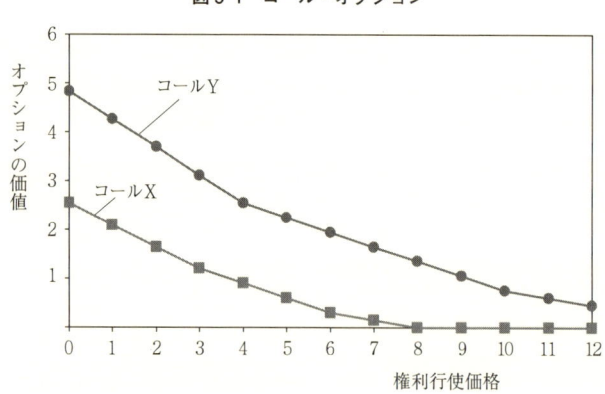

図 5-1　コール・オプション

図 5-2　プット・オプション

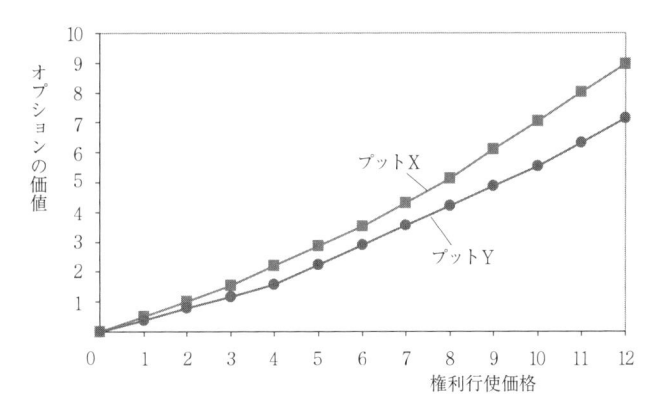

金融商品については、今日の価値を簡単に計算できるのである。

1.5　先物の価格

もう1つ、**先物**^{解説)}についての計算例を示しておく[2]。ある投資家がX社の株式を$t=1$で売買する複数の先物契約を過去（$t=0$以前）に結んでいるとする。約定した受渡価格をKで表す。ここでは、先物のロング・ポジション側（買い手側）に立って説明する。$K=2$の場合を例にとれば、$t=1$になるとこの投資家はX社の株式を2円で買うことになる。$t=1$でのX社の株価は$(8, 6, 3, 0, 0)$であるから、この先物ポジション1単位の$t=1$でのキャッシュフローは$(6, 4, 1, -2, -2)$となる。よって、この先物ポジションの$t=0$での価値は、

$$6 \times q_1 + 4 \times q_2 + 1 \times q_3 + (-2) \times q_4 + (-2) \times q_5 \\ = 6 \times 0.15 + 4 \times 0.15 + 1 \times 0.15 - 2 \times 0.24 - 2 \times 0.27 = 0.63 \quad (5.5)$$

と計算される。他の受渡価格についても同様に計算でき、結果は表5-4と図5-3のようになる。

先物のショート・ポジション側（売り手側）のキャッシュフローは、ロング・ポジション側のキャッシュフローの正負の符号を逆にしたものになる。よって、ショート・ポジション側の投資家の立場に立って先物1単位当たりの今

---

[2] 以下の議論ではフューチャーズ取引とフォワード取引の違いは発生しないので、単に先物取引と呼んでいる（巻末の用語解説「先物取引」参照）。

表5-4　先物ロング・ポジション

証券	今日の価値	1年後のキャッシュフロー				
		状態1	状態2	状態3	状態4	状態5
X社の株式	2.55	8	6	3	0	0
先物X ($K=2$)	0.63	6	4	1	-2	-2
先物X ($K=4$)	-1.29	4	2	-1	-4	-4
先物X ($K=6$)	-3.21	2	0	-3	-6	-6
Y社の株式	4.83	15	10	0	0	4
先物Y ($K=2$)	2.91	13	8	-2	-2	2
先物Y ($K=4$)	0.99	11	6	-4	-4	0
先物Y ($K=6$)	-0.93	9	4	-6	-6	-2

図5-3　先物ロング・ポジション

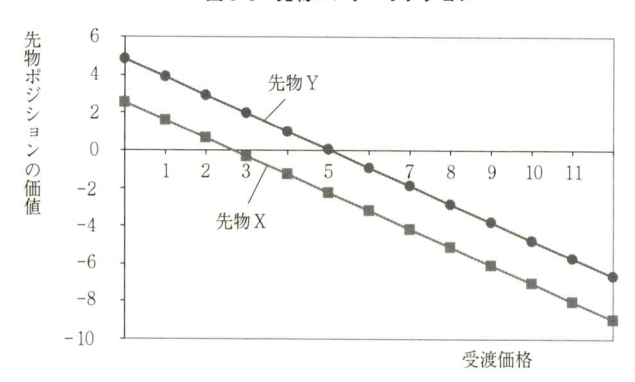

日の価値を示すには、図5-3の直線をx軸に関して対称に折り返せばよく、右上がりの直線になる。

ここまでは、$t=0$以前に先物契約がすでに成立しているものとして話を進めた。先物市場は毎日、先物の買い手側と売り手側にとって契約の価値がちょうどゼロになるような受渡価格を探している。つまり、今日金銭の授受がなくても、買い手と売り手が対象資産の売買を契約できる受渡価格を市場が探しているといえる。したがって、図5-3の直線がx軸と交わる受渡価格が、今日の先物価格である。いまの例で計算すると、X社株の今日の先物価格は2.656円、Y社株の今日の先物価格は5.031円となる[3]。

1.6 先物のキャリー公式

X社株の今日の現物価格は2.55円で、先物価格は2.656円と計算された。すなわち、X社株を今日買えば2.55円であるが、1年後に買う約束を今日行うとすれば、価格2.656円でその約束を結ぶことができる。いまの場合、先物の満期日までに配当支払いはないので、X社株を今日買っても $t=1$ で買っても同じことである。したがって、$t=0$ での2.55円は $t=1$ での2.656円と同じ経済価値であることを、X社株の先物価格が教えていることになる。$t=1$ での2.656円を金利で割り引いた**現在価値**が2.55円であるといいかえてもよい。つまり、

$$\text{先物価格} = \text{現物価格} \times (1+\text{金利}) \tag{5.6}$$

という関係式が成立するはずである。これが**先物のキャリー公式**[解説]である。

(5.6) 式の成立を確認しよう。安全資産の価格から、今日の1年の金利（リスクフリー・レート）は、

$$1/0.96 - 1 \approx 4.167\% \tag{5.7}$$

と計算されるが、(5.6) 式の右辺は $2.55 \times (1/0.96) = 2.656$ 円となる。これはX社株の先物価格と一致する。

Y社株の今日の現物価格は4.83円で、先物価格は5.031円と計算されたが、これについても同様の関係が確認できる。すなわち、$4.83 \times (1/0.96) = 5.031$ である。

今日の2.55円は $t=1$ での2.656円と等価値であり、今日の4.83円は $t=1$ での5.031円と等価値であることが、今日の現物価格と先物価格の関係に映し出されているのである。

2 状態価格の存在定理

2.1 一般的なモデル

前節の計算例を理論的に整理しよう。$t=0,1$ の2時点からなるモデルを考え

---

[3] X社株の先物価格 K は以下の式によって求められる。
$$(8-K) \times q_1 + (6-K) \times q_2 + (3-K) \times q_3 + (0-K) \times q_4 + (0-K) \times q_5 = 0$$
これを解くと、$K=2.656$ が得られる。Y社株の先物価格も同様に求めることができる。

る。$t=1$ 時点に実現する状態について、経済のシナリオが m 通りあるとする。市場で取引される金融資産は $i=1,2,\cdots,n$ の n 種類とし、資産 i を1単位保有することによって得られる $t=1$ でのキャッシュフローをベクトル $(D_{i,1}, D_{i,2}, \cdots, D_{i,m})$ で表す。また、n 種類の金融資産の $t=0$ での価格を $(p_1, p_2, \cdots, p_n)$ で表す。

前節の例題の場合は $m=5$, $n=5$ で、価格ベクトル $(p_1, p_2, \cdots, p_n)$ と各資産のキャッシュフロー・ベクトル $(D_{i,1}, D_{i,2}, \cdots, D_{i,m})$ が表5-1で与えられた。そして、各資産を m 種類の成分の集まりと考えた。第1成分は状態1で生まれるキャッシュフロー、第2成分は状態2で生まれるキャッシュフロー、……、第 m 成分は状態 m で生まれるキャッシュフローである。そこで、これらの成分の単価を $(q_1, q_2, \cdots, q_m)$ と書くと、各資産の価格と成分単価の間には、

$$\begin{aligned}
p_1 &= q_1 D_{1,1} + q_2 D_{1,2} + \cdots + q_m D_{1,m} \\
p_2 &= q_1 D_{2,1} + q_2 D_{2,2} + \cdots + q_m D_{2,m} \\
&\cdots\cdots\cdots \\
p_n &= q_1 D_{n,1} + q_2 D_{n,2} + \cdots + q_m D_{n,m}
\end{aligned} \tag{5.8}$$

の等式が成り立つはずである。これが (5.1) 式で、前節の議論の第1ステップであった。この連立1次方程式の解を求めたあと、新たな金融商品について、その価格を計算するのが第2ステップであった。新たな金融商品が $t=1$ 時点で生むキャッシュフローのベクトルを $(D_{u,1}, D_{u,2}, \cdots, D_{u,m})$ と書くと、その価格 p_u は、

$$p_u = q_1 D_{u,1} + q_2 D_{u,2} + \cdots + q_m D_{u,m} \tag{5.9}$$

で与えられた。

やや大げさにいえば、この簡単な理屈が、ブラック・ショールズのオプション・モデルをはじめ、高度の数学が駆使されるデリバティブ評価理論のエッセンスである。本章では $t=0, 1$ の2時点からなるモデルを考えているので、これで話がほぼ終わりになる。しかし、実際の問題では将来の時点が多数現れるので、多期間問題のモデル化が大きな課題になる。多期間モデルでは状態の時間的展開を表現する必要が生じてくるが、これを行うために数学的な道具立てが一気に高度になるのである。後者の問題は二項モデルをベースにして第7章で扱うが、デリバティブ価格理論の中核部分はこの章で十分にカバーできる。

2.2 状態価格の存在とノー・フリーランチの関係 —— 状態価格の存在定理

ところで、前節の議論を進めるうえで前提にしたことが1つある。それは、(5.8) 式を満たす成分単価のベクトルが存在するという前提である。もし単価のベクトル $(q_1, q_2, \cdots, q_m)$ が存在しなければ、(5.9) 式によって別の金融商品の価格を決めることができない。しかも、単価はすべて正の値でなければならない。成分単価が負になる状態 s があれば、状態 s で正のキャッシュフローを生み、s 以外の状態でのキャッシュフローはゼロとなるような金融商品に対して、負の価格がつくことになる。そんなことがあれば、お金をもらって（負の価格）将来のキャッシュフローが負になることが決してないこの金融商品に、際限のない需要が集中するはずである。一般に、有限責任条項のついた金融商品に負の価格がつけば、フリーランチが市場で存在してしまうことになる[4]。

状態価格ベクトル $(q_1, q_2, \cdots, q_m)$ が正の領域に必ず存在することを裏づけるのが、市場の無裁定条件を特徴づける次の定理である[5]。

定理5.1（状態価格の存在定理）

市場がノー・フリーランチであるための必要十分条件は、(5.8) 式を満たす正の状態価格ベクトル $(q_1, q_2, \cdots, q_m)$ が存在することである。

幾何学的なイメージによる直感的な証明を章末の数学付録にまとめているので、参照されたい。そこで与えた証明が、定理4.1（APTの主定理）の証明（前章末尾の数学付録）とよく似ていることに気づくであろう。どちらも無裁定条件を表す定理であるが、これらの定理の基礎には幾何学的な論理が共通に潜んでいる。

なお、定理を証明するには、「市場にフリーランチがない」という表現の厳密な数学的定義が必要である。その定義は次の通りである。

---

[4] 会社などへ出資した者が、その出資した額についてのみ責任を負うという原理を、有限責任原理という。この意味で、将来の価値が決して負にならない投資は、有限責任性をともなうといえる。株式、債券、オプションなどへの投資（買い）は有限責任である。これに対して、先物取引の場合は将来の価値が負になることがあるので、無限責任である。

[5] この定理では、状態価格ベクトルの一意性は保証されない。状態価格ベクトルが複数見つかる場合を**不完備市場**の状態と呼ぶ。そのようなケースでは、新しい金融商品を市場で取引される金融商品から完全に複製することはできなくなる。いいかえると、新しい金融商品の価格がノー・フリーランチの原理だけでは決まらないことになる。

市場のフリーランチとは、$t=1$のあらゆる状態で正のキャッシュフローを生み出すような裁定ポートフォリオ（ゼロコスト・ポートフォリオ）が構築できることを指す[6]。

このようなポートフォリオが存在すれば、資金の元手なしに将来確実に正のキャッシュフローが得られることになるので、裁定利益を求めて同一方向の取引が市場に集中する。その結果、安すぎる証券の価格は上昇し、高すぎる証券の価格は下落する。そうした市場の価格調節機能が働く結果、市場均衡ではフリーランチは存在しえない。これが市場の無裁定条件の意味である。

3　リスクプレミアムとリスク調整割引公式

3.1　証券価格と割引率

ポートフォリオ理論では、投資から得られるリターンの不確実性を、平均値や標準偏差といった確率分布のパラメータでとらえた。このフレームワークで個別資産の価格を求めるには、将来のキャッシュフローの予測と、予測値（期待値）を現在価値に割り引く割引率が必要になる。割引率は、投資対象のリスクならびに投資家のリスク選好を反映したリスクプレミアムをリスクフリー・レートに加算して求められるが、このリスクプレミアムの計算にCAPMやAPTなどの理論モデルが用いられる。表5-1をこの考え方で解釈すると次のようになる。

(1) リスクフリー・レートと国債価格

まず、国債であるが、これは1年後のキャッシュフローが1円と確定している。リスクフリー・レートは (5.7) 式より4.167%であるので、リスクフリー・レートから逆算すると、今日の国債価格は1年後の1円を4.167%の金利で割り引いて、

---

[6] 厳密にいうと、フリーランチとは、$t=0$でのキャッシュフローがゼロまたは正で、$t=1$でのペイオフが非負かつ少なくとも1つの状態で正のペイオフが得られること、あるいは、$t=0$でのキャッシュフローが正で、$t=1$でのペイオフが非負となることをいう。前者を**タイプ1の裁定機会**、後者を**タイプ2の裁定機会**と呼ぶ。

$$\frac{1}{1+0.04167} = 0.96 \tag{5.10}$$

と計算される。

(2) 社債のリスクプレミアム

次に社債を考える。X社の社債は状態5が起きるとデフォルトして、回収額がゼロになる。Y社の社債は状態4でデフォルトが起きる。以下では、すべての状態が等確率で起きるとして説明を進める。

X社の社債もY社の社債も、デフォルトする確率は20%である。この確率を前提にこれらの社債から生まれるキャッシュフローの期待値を計算すると、$1 \times 0.8 + 0 \times 0.2 = 0.8$円となる。そこで、X社の社債のリスクプレミアムを$\lambda_X^B$、Y社の社債のリスクプレミアムを$\lambda_Y^B$と書くと、表5-1に与えられた価格から

$$0.69 = \frac{0.8}{1.04167 + \lambda_X^B}, \quad 0.72 = \frac{0.8}{1.04167 + \lambda_Y^B} \tag{5.11}$$

が成立するはずであり、これから

$$\lambda_X^B \simeq 11.78\%, \quad \lambda_Y^B \simeq 6.94\% \tag{5.12}$$

と計算される。すなわち、市場がX社の社債に求めるリスクプレミアムは11.78%、Y社の社債に求めるリスクプレミアムは6.94%となる。

(3) 状態価格の意味

(5.12)のプレミアムは社債のデフォルトに対して市場が求める信用スプレッドであるが、信用スプレッドの大きさにかなりの開きがある。投資家が予想するデフォルト確率は同じなのに、両社の信用スプレッドに大きな差が出るのはなぜであろうか。

この理由を考えることは、状態価格の意味を深く掘り下げることに通じる。(5.2)式で求めた状態価格を振り返ると、状態1, 2, 3の価格が0.15円で、状態4の価格が0.24円、状態5の価格が0.27円であった。これらの状態価格が、株式価格や債券価格に織り込まれていることになる。状態価格とは、$t=1$でその状態が起きたときに支払われる1円に市場がつけた価格であった。これを健

康サプリになぞらえて金融商品の「成分」単価と呼んだのである。

もう少し平たく説明しよう。世の中に5つの保険会社があると考える。第1の保険会社は状態1の発生に対する保険を販売している保険会社である。この会社の保険を1単位契約すると、$t=1$ で状態1の経済シナリオが起きたときにだけ保険金を1円受け取ることができる。そうした保険商品を、状態ごとに別個の保険会社が販売していると考えてみよう。こう考えると、状態価格とは各保険会社の保険料率のことで、状態5の保険が一番高く、状態4の保険がその次に高いということになる。

状態5の保険料率が高いのには2つの理由が考えられる。第1は状態5の生起確率が高い場合、第2は状態5が極度の業績不振や経済停滞の状態を指す場合である。ここでは各状態の生起確率は同じと仮定したので、最も悪いマクロ経済の状態が状態5であると考えることになる。第5の保険会社が提供する保険は、景気の悪化、所得の停滞、企業の連鎖倒産などをともなうきわめて悪い経済シナリオに対する格好のヘッジ手段を提供する。したがって、第5の保険会社が提供する保険に対する市場の需要が大きく、保険料率は高くなる。こうした理由で、状態5でデフォルトするX社の社債よりも、状態4でデフォルトするY社の社債のほうが割高に買われているのである。

(4) 株式のリスクプレミアム

最後に株式に話を移そう。X社の株式から $t=1$ で回収されるキャッシュフローの期待値を計算すると、$8 \times 0.2 + 6 \times 0.2 + 3 \times 0.2 = 3.4$ である。Y社の株式については、$15 \times 0.2 + 10 \times 0.2 + 4 \times 0.2 = 5.8$ である。そこで、X社株のリスクプレミアムを λ_X^S、Y社株のリスクプレミアムを λ_Y^S と書くと、割引公式を適用して

$$2.55 = \frac{3.4}{1.04167 + \lambda_X^S}, \quad 4.83 = \frac{5.8}{1.04167 + \lambda_Y^S} \tag{5.13}$$

となり、

$$\lambda_X^S \approx 29.2\%, \quad \lambda_Y^S = 15.9\% \tag{5.14}$$

と求められる。X社株に比べてY社株のプレミアムが小さいのは、Y社株が状態5で一定の価値を保つからである。ここでも状態5で価値を喪失してしま

うX社株のリスクを市場は強く意識して、高いリスクプレミアムを要求していると考えられる。

3.2 リスク調整割引公式

この節では、将来のキャッシュフローの期待値をリスク調整した割引率で割り引いて、今日の投資価値を求めた。これが、ファイナンスでは伝統的なバリュエーション公式であり、**リスク調整割引公式**と呼ばれる。これに対して、前節までの考え方から生まれるもう1つの割引公式が**リスク中立割引公式**と呼ばれる割引公式である。次に、これについて説明しよう。

4　リスク中立割引公式

4.1　金融商品価格決定の一般理論

ポートフォリオ理論では、投資から得られるリターンの不確実性を確率分布のパラメータでとらえると述べたが、実際の商取引や金融契約で、期待値や標準偏差といった値が契約書に明記されているわけではない。例えば、火災保険の契約をするときに、火災が起きる確率や損害額の分布が保険契約の中に明記されるわけではない。にもかかわらず保険契約が成立するのは、契約の対象となる事象が契約に明記されているからである。火災保険の契約書を見れば、どのような条件が満たされれば支払い対象となる火災が起きたと認定され、その際にいくら支払われるかが記載されている。このように、支払いの行われる事象が明確に定義されれば、売り手と買い手の間で保険契約が成立し、その価格が決定される。

将来の不確実性を、状態という成分に分解して、個々の状態価格の積み上げで金融商品の価格を説明するという発想は、金融契約の本質に即した考え方である。また、同じ貨幣1単位の価値が経済のシナリオによって異なるという可能性は、リターンの確率分布だけに注目するポートフォリオ理論ではとらえることができない。この意味で、本章で説明してきた価格理論は、デリバティブの価格を現物資産からの複製原理で説明する「派生理論」にとどまるものではなく、金融資産価格の深い側面を掘り下げた一般理論であるということができ

る[7]。

4.2 リスク中立確率

定理5.1に確率論的な装いをこらすこともできる。1節の計算例に戻って、この方法を説明しよう。

1単位の安全資産のキャッシュフローはベクトル$(1, 1, \cdots, 1)$で表されるから、その価格は$\sum_{i=1}^{m} q_i$で与えられる。この価格がわかっているとき、リスクフリー・レートr_fは、

$$1 + r_f = \frac{1}{\sum_{i=1}^{m} q_i} \tag{5.15}$$

から計算される。そこで、状態価格$(q_1, q_2, \cdots, q_m)$から、

$$q_i^* = (1 + r_f) q_i, \quad i = 1, 2, \cdots, m \tag{5.16}$$

で$(q_1^*, q_2^*, \cdots, q_m^*)$を定義して、この$q_i^*$を状態$i$の**リスク中立確率**と呼ぶ。

状態価格の存在定理より、すべてのq_i^*は正で、(5.15)式と(5.16)式より$\sum_{i=1}^{m} q_i^* = 1$となるので、$(q_1^*, q_2^*, \cdots, q_m^*)$を状態$(1, 2, \cdots, m)$の生起確率と見なすことができる。なぜ「リスク中立」と呼ぶのかについては、すぐ後の4.4項で述べる。

4.3 リスク中立確率の存在定理

$(q_1^*, q_2^*, \cdots, q_m^*)$を用いて(5.8)式を

$$\begin{aligned}
p_1 &= \frac{1}{1 + r_f} (q_1^* D_{1,1} + q_2^* D_{1,2} + \cdots + q_m^* D_{1,m}) \\
p_2 &= \frac{1}{1 + r_f} (q_1^* D_{2,1} + q_2^* D_{2,2} + \cdots + q_m^* D_{2,m}) \\
&\cdots\cdots\cdots \\
p_n &= \frac{1}{1 + r_f} (q_1^* D_{n,1} + q_2^* D_{n,2} + \cdots + q_m^* D_{n,m})
\end{aligned} \tag{5.17}$$

と書き直すことができる。この各式の右辺は、$t=1$でのキャッシュフローの期待値をr_fで割り引いた現在価値の形をしている。つまり、市場で取引される金融資産の価格を、将来のキャッシュフローの期待値の割引現在価値に等しいと

---

[7] この一般理論は、Harisson-Kreps [1979] によって、多期間の離散時間および連続時間モデルというより一般的なモデルの下で、初めて示された。

第5章 リスクニュートラル・プライシング　145

するのが、(5.17) 式である。この理解に立って、定理5.1 を次のようにいいかえることができる。

定理5.1'（リスク中立確率の存在定理）
　市場がノー・フリーランチであるための必要十分条件は、(5.17) 式を満たす正のリスク中立確率 $(q_1^*, q_2^*, \cdots, q_m^*)$ が存在することである。

4.4　リスク中立割引公式（リスクニュートラル・プライシング）

　リスク中立確率 $(q_1^*, q_2^*, \cdots, q_m^*)$ が既知のとき、キャッシュフロー・ベクトル $(D_{u,1}, D_{u,2}, \cdots, D_{u,m})$ で与えられる新しい金融商品の価格 p_u は、

$$p_u = \frac{1}{1+r_f}(q_1^* D_{u,1} + q_2^* D_{u,2} + \cdots + q_m^* D_{u,m}) \tag{5.18}$$

で計算できることになる。この式を第2のバリュエーション公式と考えることができる。

　(5.18) 式も、将来のキャッシュフローの期待値を現在価値に割り引く割引公式の形をしているが、リスク調整割引公式と2つの点で異なっている。

　第1は、割引率として市場の期待リターン（リスクフリー・レート＋リスクプレミアム）を用いず、リスクフリー・レートを用いる点である。将来回収できるキャッシュフローを、リスク調整した割引率で割り引くのではなく、リスクフリー・レートで割り引くということは、安全資産と同じリターンで満足する投資家を想定していることになる。この意味で、(5.18) 式を**リスク中立割引公式**と呼ぶ。

　第2は、キャッシュフローの期待値を、実際に状態 $(1, 2, \cdots, m)$ が起こる確率ではなく、(5.16) 式で定義されたリスク中立確率 $(q_1^*, q_2^*, \cdots, q_m^*)$ を用いて計算する点である。(5.18) 式のリスク中立割引公式を使って金融資産の価格計算をする主体は、市場の投資家ではなく、「市場の神様」であると考えることができる。この「市場の神様」は、投資家としては、効用関数が直線で表されるようなリスク中立的な投資家である。そして、この神様の目には、将来のシナリオが、確率 $(q_1^*, q_2^*, \cdots, q_m^*)$ で生起するように見えている。つまり、$(q_1^*, q_2^*, \cdots, q_m^*)$ は神様のメガネに映る確率と考えればよい。

「市場の神様」は定理5.1に別の解釈を与えるために作った虚構にすぎないが、このようなリスク中立的な神様がかけるメガネ$(q_1^*, q_2^*, \cdots, q_m^*)$が存在するという条件こそ、市場がノー・フリーランチであるための必要十分条件になる。

以上が**リスクニュートラル・プライシング**と呼ばれる考え方である。そこで、この考え方を使って表5-1を解釈し直してみる。

4.5　リスクニュートラル・プライシングによる金融資産価格の再評価

図5-4は、表5-1の5本の金融資産のキャッシュフローを確率のツリーで書いたものである。

(5.2) 式より$(q_1, q_2, q_3, q_4, q_5) = (0.15, 0.15, 0.15, 0.24, 0.27)$、(5.7) 式より$r_f ≈ 4.167\%$であるので、

$$(q_1^*, q_2^*, q_3^*, q_4^*, q_5^*) = (0.15625, 0.15625, 0.15625, 0.25, 0.28125) \quad (5.19)$$

と計算される。一方、投資家の頭にある状態確率は$(0.2, 0.2, 0.2, 0.2, 0.2)$と仮定したので、市場の神様は状態1、2、3の生起確率を投資家よりも過小評価し、状態4、状態5の生起確率を過大評価している。これは、最後の2つの状態がマクロ経済の停滞を意味するので、それに対する市場の怨嗟が神様のメガネに映し出されて、確率が過大評価になっているのである。

定理5.1の場合、市場に参加する投資家の時間選好、投資家が予想する状態生起確率、各状態におけるマクロ経済シナリオなどの情報が混然一体となって、状態価格に織り込まれている。これに対して、投資家の時間選好の情報（利子率）とその他の情報を切り離して考えるのが、(5.18) 式の割引公式であるということができる。

図5-4に即して、リスク中立割引公式を各金融資産のキャッシュフローに適用すると、

株式X　$0.96 \times (0.15625 \times 8 + 0.15625 \times 6 + 0.15625 \times 3) = 2.55$　(5.20)

株式Y　$0.96 \times (0.15625 \times 15 + 0.15625 \times 10 + 0.28125 \times 4) = 4.83$
$$(5.21)$$

社債X　$0.96 \times (0.15625 \times 1 + 0.15625 \times 1 + 0.15625 \times 1 + 0.25 \times 1) = 0.69$
$$(5.22)$$

社債Y　$0.96 \times (0.15625 \times 1 + 0.15625 \times 1 + 0.15625 \times 1 + 0.28125 \times 1)$

第5章 リスクニュートラル・プライシング　147

図 5-4　確率のツリー

$q_1^* = 0.15625$
$q_2^* = 0.15625$
$q_3^* = 0.15625$
$q_4^* = 0.25$
$q_5^* = 0.28125$

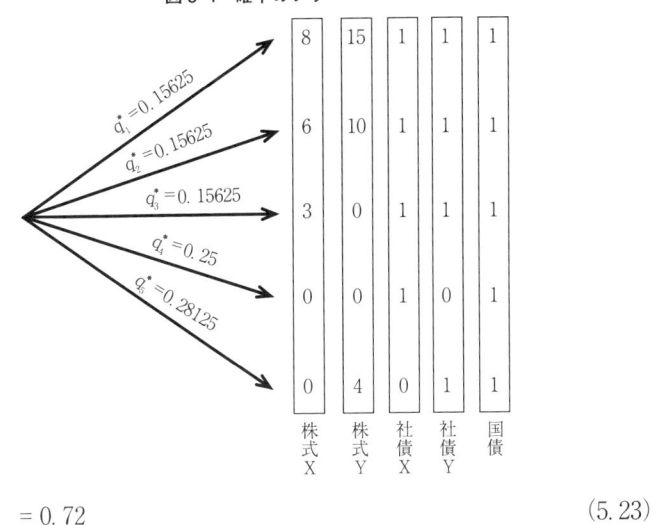

株式X	株式Y	社債X	社債Y	国債
8	15	1	1	1
6	10	1	1	1
3	0	1	1	1
0	0	1	0	1
0	4	0	1	1

$$= 0.72 \tag{5.23}$$

国債　$0.96 \times (0.15625 \times 1 + 0.15625 \times 1 + 0.15625 \times 1 + 0.25 \times 1 + 0.28125 \times 1) = 0.96 \tag{5.24}$

となり、表5-1の価格の数字と一致することを確認できる。

4.6　リスクニュートラル・プライシングの応用

　本章で説明したリスクニュートラル・プライシングの考え方は、デリバティブの評価やリスクヘッジ手段としてのデリバティブの利用はもちろんのこと、イールドカーブ・モデルに基づいた債券ポートフォリオの運用、年金基金や保険会社の資産負債管理（Asset Liability Management、略してALM）、企業財務戦略やリアル・オプション理論を使った経営戦略の策定など、その応用分野が急速に拡大している。

第 5 章のキーワード

リスクニュートラル・プライシング　　状態価格
キャリー公式　　状態価格の存在定理　　リスク調整割引公式
リスク中立確率　　リスク中立割引公式　リスク中立確率の存在定理

第5章の要約

- ある証券が $t=1$ 時点で生むキャッシュフローのベクトルを $(D_{u,1}, D_{u,2}, \cdots, D_{u,m})$ と書くと、$t=0$ での価格 p_u は、状態価格ベクトル $(q_1, q_2, \cdots, q_m)$ を用いて以下のように表される：

    $p_u = q_1 D_{u,1} + q_2 D_{u,2} + \cdots + q_m D_{u,m}$

- 状態価格ベクトルの存在と市場がノー・フリーランチであることの関係は、以下の定理で表される：

    市場がノー・フリーランチであるための必要十分条件は、(5.8) 式を満たす正の状態価格ベクトル $(q_1, q_2, \cdots, q_m)$ が存在することである（**定理 5.1：状態価格の存在定理**）。

- 状態価格 $(q_1, q_2, \cdots, q_m)$ から、

    $q_i^* = (1+r_f) q_i, \quad i = 1, 2, \cdots, m$

    で $(q_1^*, q_2^*, \cdots, q_m^*)$ を定義して、この q_i^* を状態 i の**リスク中立確率**と呼ぶ。

- 市場がノー・フリーランチであるための必要十分条件は、(5.17) 式を満たす正のリスク中立確率 $(q_1^*, q_2^*, \cdots, q_m^*)$ が存在することである（**定理5.1′：リスク中立確率の存在定理**）。

- 将来のキャッシュフローの期待値を、リスク調整した割引率で割り引いて今日の投資価値を求めるというバリュエーション公式は、**リスク調整割引公式**と呼ばれる。これに対して、将来のキャッシュフローの期待値をリスクフリー・レートで割り引く公式が、**リスク中立割引公式**と呼ばれる割引公式である。

- リスク中立割引公式において、将来のキャッシュフローの期待値はリスク中立確率 $(q_1^*, q_2^*, \cdots, q_m^*)$ を用いて計算される。これは市場の神様のメガネと考えてよい。

- リスク中立確率 $(q_1^*, q_2^*, \cdots, q_m^*)$ が既知のとき、キャッシュフロー・ベクトル $(D_{u,1}, D_{u,2}, \cdots, D_{u,m})$ で与えられる金融商品の価格 は、以下のように表される：

$$p_u = \frac{1}{1+r_f}(q_1^* D_{u,1} + q_2^* D_{u,2} + \cdots + q_m^* D_{u,m})$$

これがリスク中立割引公式である。

- リスク中立割引公式は、デリバティブの価格を現物資産からの複製原理で説明する「派生理論」にとどまるものではなく、ポートフォリオ理論ではつかみきれない金融資産価格の深い側面を掘り下げた一般理論である。

第5章の数学付録

この数学付録では、定理5.1（状態価格の存在定理）の証明を行う。この無裁定定理は、現代ファイナンス理論を支える最も重要な定理の1つである。定理を厳密に証明するにはかなり数学的な議論が必要になるので、それは避けることにする。ただ、この定理の意味をできるだけ正確に伝えたいので、ここでは幾何学的なイメージを使って、直感的な証明を与える。話がやや抽象的になるが、理解できれば、デリバティブ価格理論に対する視界が大きく広がることになる。

（証明）

図5-5 状態価格ベクトルの存在

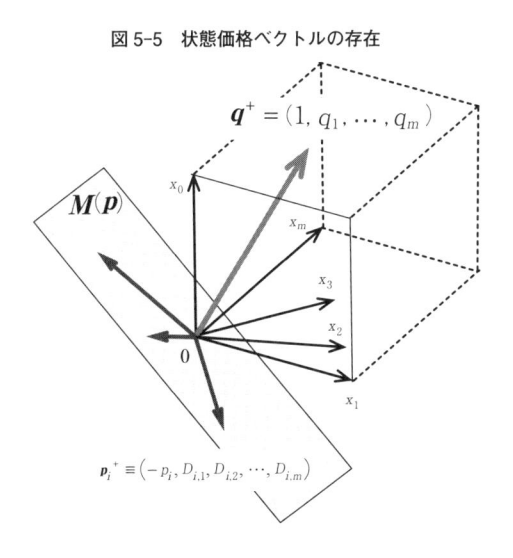

$$\boldsymbol{q}^+ = (1, q_1, \cdots, q_m)$$

$$\boldsymbol{p}_t^+ \equiv (-p_i, D_{i,1}, D_{i,2}, \cdots, D_{i,m})$$

図5-5のx_0軸は$t=0$でのキャッシュフローを表す。x_1軸は$t=1$で状態1が起きたときのキャッシュフローを表す。同様に、x_2軸は$t=1$で状態2が起きたときのキャッシュフローを、……、x_m軸は$t=1$で状態mが起きたときのキャッシュフローを表す。図はこの$(m+1)$次元の空間を表現している。図のベ

クトル $\boldsymbol{p}_i^+ \equiv (-p_i, D_{i,1}, D_{i,2}, \cdots, D_{i,m})$ は、資産iを1単位購入したときのキャッシュフローを表すベクトルである。資産iを1単位購入すると、$t=0$でp_i円の資金を拠出することになる。$t=1$ではそのリターンが返ってくるが、そのキャッシュフローの大きさは、状態1が起きれば$D_{i,1}$、状態2が起きれば$D_{i,2}$、……、状態mが起きれば$D_{i,m}$である。この$t=0$における資金の拠出と$t=1$における資金の回収を示すベクトルが$\boldsymbol{p}_i^+$である。

図にはベクトル$\boldsymbol{p}_i^+$が資産の数nだけあることになるが、これらの資産のロング／ショート・ポジションの組み合わせでポートフォリオを作ると、様々なキャッシュフロー・ベクトルが実現できる。このキャッシュフロー・ベクトルの集合が図の$M(\boldsymbol{p})$である。つまり、この$M(\boldsymbol{p})$は、市場で取引可能な資産を自由に組み合わせて実現できるキャッシュフロー・ベクトルをすべて洗い出した集合である。

この集合の中に、すべての要素が正であるようなベクトル（原点から図の立方体の内側へ突き出すベクトル）が含まれていれば、そのことは何を意味するであろうか。すべての要素が正のベクトルは、$t=0$で正のキャッシュフロー、$t=1$のすべての状態でも正のキャッシュフロー、というベクトルである。このようなベクトルが実現可能ならば、まさにフリーランチである。

したがって、フリーランチのない市場であるためには、図で集合$M(\boldsymbol{p})$が原点以外では（第1象限の）立方体と交わってはならない[8]。図で幾何学的な直感を働かせれば、このような性質が成立するための必要十分条件は、立方体の中に$M(\boldsymbol{p})$と直交するベクトルがとれることであるとわかる。

そこで、$M(\boldsymbol{p})$と直交するベクトルを（1番目の成分を1に正規化して）$\boldsymbol{q}^+ \equiv (1, q_1, q_2, \cdots, q_m)$と書くことにすると、$\boldsymbol{q}^+$が立方体の中に突き出すという条件から、$(q_1, q_2, \cdots, q_m)$がすべて正でなければならない。また、$\boldsymbol{q}^+ \equiv (1, q_1, q_2, \cdots, q_m)$が$M(\boldsymbol{p})$と直交するということは、すべての$\boldsymbol{p}_i^+$のベクトル$(i = 1, 2, \cdots, n)$と直交することを意味する。この直交条件を数式で表すと、

$$-p_i + q_1 D_{i,1} + q_2 D_{i,2} + \cdots + q_m D_{i,m} = 0, \quad i = 1, 2, \cdots, n \tag{5.25}$$

となる。これが（5.8）式である。

（証明終わり）

---

[8] 数学用語を使うと、集合$M(\boldsymbol{p})$は$(m+1)$次元の実空間内の部分空間である。$M(\boldsymbol{p})$は、原点を通る平面（ないしは多次元の超平面）であるといいかえてもよい。

第6章

グローバル投資

この章の目的

　この章では、グローバル投資に関するトピックについて扱う。近年ますますグローバル投資の重要性が高まっている。投資対象の多様化、国際的な取引の障壁の低下と国際資本市場の統合が進行している。その結果、各国市場の連動性も高まり（特に暴落時）、プライシングもグローバル化している。そのようなグローバル化が進行する国際資本市場において、各国の投資家はどのように国際分散投資を行うべきなのか、また、その結果、各資産価格およびそのリスクプレミアムはどのように決定されるのかについて、検討する。グローバル投資において重要な為替リスク管理についても説明する。

1　為替リスクの影響

これまでの章では、暗黙的に投資対象を為替リスクのない国内資産に限定していた。本章では、為替リスクのある外国資産へも投資可能な状況を考える。また、投資家は通貨の異なる複数国に分散していると考える。

1.1　為替リスクとは

為替レートは日々変動している。為替変動にともなうリスクは**為替リスク**と呼ばれる。各国の投資家は、自国通貨を用いて自国内で消費をするため、自国通貨建てのリターンに関心がある。すなわち、日本の投資家は日本で円を用いて財を購入し消費するから、円建てのリターンに関心がある。外貨建て資産への投資には、現地通貨建ての価格変動リスクだけでなく、為替リスクをともなう。

外国資産を購入する場合、各国の投資家は、保有する自国通貨を外国為替市場で外国通貨に交換し、得られた外国通貨を用いてその外国資産を購入する。外国資産を保有する場合の自国通貨建てリターンは、期首と期末の為替レートと現地通貨建て価格を用いて計算することができる。そのリターンは、現地通貨建てリターンと通貨リターンに分解することができる。

1.2　数値例

日本の投資家と米国の投資家の例を用いて具体的に考えてみると以下のようになる。表6-1のように時点0での為替レートが100円/ドル、米国株A株が30ドル、日本株J株が500円であったとする。1年後、それぞれが110円、36ドル、600円となったとしよう。為替レートは10%の円安、A株およびJ株の現地通貨で測ったリターンはともにプラス20%である（期中の配当はともにゼロ）。

日本の投資家が時点0で米国株A株1株を購入したとしよう。購入時点の円建ての金額は30ドル×100円/ドル=3,000円であった。1年後のA株の円建ての価値は、1年後36ドル×110円/ドル=3,960円であるから、1年間の

円建てのリターンは、3,960/3,000−1=32%である。この間に10%の円安となった結果、円建てのリターンは、現地通貨建てのリターンに加えて円安によるプラスの通貨リターンが発生した。日本の投資家の場合、円安（円高）になると、通貨リターンはプラス（マイナス）となり、円建てリターンは増加（減少）するのである。

一方、米国の投資家が日本株J株1株を購入すると、通貨リターンが与える影響が日本の投資家と逆になる。購入時点のドル建ての購入代金は500円÷100円/ドル=5ドル、1年後のJ株のドル建ての価値は、1年後600円÷110円/ドル=5.45ドルである。したがって、ドル建てのリターンは、5.45/5−1=9%である。この間に10%の円安となった結果、ドル建てのリターンは、現地通貨リターンに加えて円安によるマイナスの通貨リターンが発生した。米国の投資家の場合、円安（円高）になると、通貨リターンはマイナス（プラス）となり、ドル建てリターンは減少（増加）するのである。

表 6-1　各国投資家の自国通貨建てリターン

日付	為替レート①	為替レート②	A 株	J 株
0	100円/ドル	1/100 ドル/円	30 ドル	500 円
1	110円/ドル	1/110 ドル/円	36 ドル	600 円
変化率	10%	−9.10%	20%	20%

日本の投資家にとってのA株の円建てリターン

$$= \frac{36 \times 110}{30 \times 100} - 1 = 1.2 \times 1.1 - 1 = 0.32\ (32\%)$$

米国投資家にとってのJ株の円建てリターン

$$= \frac{600 \times (1/110)}{500 \times (1/100)} - 1 = 1.2 \times (0.909) - 1 = 0.09\ (9\%)$$

1.3　一般的な場合

以上のことを一般的に説明してみる。外国資産の自国通貨建てリターンRは以下のように表すことができる。

$$\begin{aligned}
R &= \frac{P_1 S_1}{P_0 S_0} - 1 \\
&= (1+R^L)(1+s) - 1 \\
&= R^L + s + R^L s \\
&\approx R^L + s
\end{aligned} \tag{6.1}$$

P_0：0 時点の外国資産の現地通貨建て価格
S_0：0 時点の為替レート
R^L：現地通貨建てリターン
s：通貨リターン

すなわち、短期においては、$R^L s$ は無視できる大きさであるため、近似的には最後の近似式のように、円建てリターン ≒ 現地通貨建てリターン + 通貨リターンが成り立つ。

日本の投資家の通貨リターンと米国の投資家の通貨リターンは、厳密には、合計してプラスマイナスゼロとはならない点に注意してほしい。合計すると必ずプラスになるのである[1]。このような現象が起こるのは、リターンを算術リターンで定義したことによる。対数リターンの場合には、自国通貨建てリターンは、近似ではなく、厳密に現地通貨建てリターンと通貨リターンに分解される。すなわち、

$$R \equiv \log(\frac{P_1 S_1}{P_0 S_0}) = \log(\frac{P_1}{P_0}) + \log(\frac{S_1}{S_0}) = R^L + s \tag{6.2}$$

なお、これからは、外国資産の自国通貨建てリターンは、近似式である自国通貨建てリターンと通貨リターンの和として説明を行う。

1.4 ヘッジ付きリターン

ここまでは、為替リスクをまったくヘッジしない場合のリターンについて説明した。為替リスクは**為替のフォワード契約**などを用いて、ヘッジすることができる。

為替リスクを含む外国資産総額に対するフォワード契約の金額の比率は、**ヘッジ比率** h と呼ばれ、式で表すと以下のようになる。

$$\text{ヘッジ比率 h} = \frac{\text{為替フォワード契約の想定元本}}{\text{為替リスクにさらされた資産総額}}$$

ヘッジ比率が高くなるほど為替リスクの影響が小さくなる。h=0 のときはヘッジなし、h=1 のときは完全ヘッジ、0<h<1 は部分ヘッジと呼ばれる。3 つの

---

[1] これはシーゲル・パラドックスと呼ばれる現象である。対数リターンをとれば消滅する。また、時間間隔を小さくとるほど近似のズレが小さくなる。極限である連続時間では、近似のズレはなくなり、対数リターンと同様に和となる。

ヘッジについて、外貨建て資産のリターンに与える影響を見てみる。

h=0 のヘッジなしのリターン R^{UH} は、さきほど示したように、現地通貨建てリターンと通貨リターンの和として以下のように表される。

$$\text{ヘッジなしリターン } R^{UH} = R^L + s \tag{6.3}$$

一方、h=1 の完全ヘッジでは、1年後の自国通貨建てリターンのうち通貨リターンのみを完全に相殺するようにフォワード契約の売りを行う[2]。日本の投資家が米国株へ投資する場合には、為替リスクにさらされた米国株の総額と同額の1年後のドル売り／円買いの先渡契約を結べばよい。そのとき、完全ヘッジ・リターン R^H は以下のようになる。

$$\text{完全ヘッジのリターン } R^H = R^L + f \tag{6.4}$$

$$\text{フォワード・プレミアム率 } f \equiv \frac{F - S_0}{S_0}$$

すなわち、完全ヘッジのリターン＝現地通貨リターン＋フォワード・プレミアム率となり、通貨リターンは消滅するが、**フォワード・プレミアム率**（直物レートと先物レートの差の％表示）が追加されるのである。

ヘッジ比率が 0<h<1 の部分ヘッジのリターンは、以下のように表される。

$$\begin{aligned}\text{部分ヘッジリターン} &= R^L + (1-h)s + hf \\ &= (1-h)(R^L + s) + h(R^L + f) \\ &= (1-h)R^{UH} + hR^H\end{aligned} \tag{6.5}$$

すなわち、ヘッジしない場合に比べて、ヘッジ比率 h だけ為替リスクが減少し、h だけのフォワード・プレミアム率が付加することになる。これを書き換えると、ヘッジしないリターン R^{UH} と完全ヘッジ・リターン R^H との加重平均と表すこともできる。

以上の為替リスクのヘッジは、為替のフォワード契約を用いた場合について説明したが、外国リスクフリー資産を利用することによってまったく同じヘッジを行うことができる。すなわち、日本の投資家の場合で、ドル売り／円買い

---

[2] 株式のような現地通貨建てリターンにリスクのある資産へ投資する場合には、1年後の資産価値が現時点では確定しないため、厳密には先渡契約を用いて完全ヘッジすることは不可能である。しかし、期間が短い、あるいは現地通貨建てリターンの変動が小さいときには、ほぼ完全ヘッジを実現することができる。また、期間が長い場合でも、現地通貨建ての価値の変動にあわせてそれと同額分となるように先渡契約の額を変化させることができれば、ほぼ完全ヘッジが達成できる。先渡しではなく先物を用いる必要がある。

のフォワード契約の代わりに、米国のリスクフリー資産を借り入れてそれを円に換えて日本のリスクフリー資産へ投資すればよい。保有するドル建ての米国資産における為替リスクが、米国リスクフリー資産の借り入れによって相殺されるからである。保有する外国資産総額に対する外国リスクフリー資産の借入額がヘッジ比率hとなり、部分ヘッジ・リターンは以下のようになる。

$$部分ヘッジ・リターン = R^L + (1-h)s + h(r-r^*) \tag{6.6}$$

外国為替市場では後述する有名な**カバー付きの金利平価**が成立するため、フォワード・プレミアム率は内外のリスクフリー・レートの差（$r-r^*$）に等しくなる。よって、(6.6) 式は部分ヘッジ・リターンを表す (6.5) 式と同一である。

グローバル投資におけるヘッジ比率の決定は、グローバル投資の重要なテーマの1つである。詳細は4節で説明する。

2 国際分散投資の利益

2.1 国際分散投資の利益

国際分散投資は、機関投資家、個人投資家にとって近年ますます重要な運用手法となっている。投資家はなぜ国際分散投資をすべきなのか。それは、国際分散投資により、国内資産だけからなるポートフォリオに比べて分散化の効果が大きくなるからである。平均・分散アプローチに基づく投資家を考えれば、国際分散投資により国内資産のみからなる効率的フロンティアを拡大する効果が期待できる。外国資産と国内資産との相関が小さいほど国際分散投資のメリットは大きくなる。

図6-1は、国際分散投資のメリットを図式化し、国内株式のみへの投資（国内株式のみ）と外国株式投資も含む投資（国際株式）における分散化の効果を比較したものである。第3章で説明したように、ポートフォリオに組み入れる銘柄数が増えるほど、ポートフォリオのリスクは低下していく。十分に銘柄数を増やしていくと、これ以上リスクが減少しなくなる状態になる。この残ったリスクは、国内株式のみでは分散化できないリスクを表す。国内株式のみによる分散化の場合に比べて、外国株式へ投資対象を拡大すると、分散化の利益が大きくなり、国内株式のみに比べてリスクがより低下することになる。それは、

国内株式のみでは分散できないリスクの一部が国際分散投資によって分散可能となるからである。

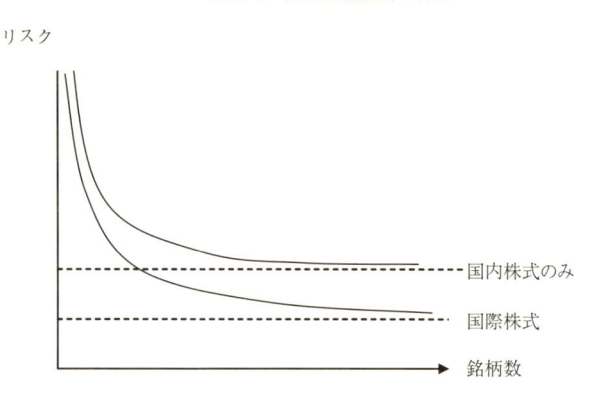

図6-1 国際分散投資の利益

リスク

国内株式のみ
国際株式

銘柄数

2.2 資産タイプ多様化の影響

国際分散投資においては投資対象は様々なタイプがある。先進諸国の株式や債券をはじめ、近年では商品投資、REIT などの不動産投資、ヘッジファンドなどの**オルタナティブ投資**が注目されている。また、中国・インド・ロシアなどの新興国市場（**エマージング市場**[解説]））の株式や債券も、重要性が高まっている。これらの資産は、一般的に先進国の株式や債券との相関が低く、国際分散投資に組み入れると、同じ期待リターンを得るためのリスクが大きく減少する効果がある。国際分散投資のメリットは、投資対象資産のタイプを多様化することによってより大きくなる。

2.3 国際的な資産リターン間の相関係数の決定要因

先に述べたように、国際分散投資の利益の大きさは国内資産と外国資産との相関の程度に依存する。相関が小さいほど分散化の利益は大きくなる。海外資産との相関に影響を与える要因としては、**マクロ経済の相互依存度**、**国際資本市場の統合度**などがあげられる。近年の経済のグローバル化による国際的な相互依存度の高まり、主要国間におけるマクロ経済政策の協調、各国資本市場の

統合の進展は、各国資産間の相関を高め、国際分散投資の利益を縮小する働きがある。

経済のグローバル化とは、経済のボーダーレス化にともない、多国籍企業の活動の進展や、各国の企業が原料・部品調達や販売先をグローバルな市場に求める行動を指す。例えば、自動車産業は国内で生産し世界へ輸出するスタイルから、現地に工場を建てたり部品をグローバルに調達する方向にシフトした。その結果、各企業の株価は、国内要因だけでなく世界に共通の要因や国を超えた同業種に共通の影響を受けるのである。また、EU、北米、東アジアなどの地域の相互依存関係の高まりも同様の影響を与える。

マクロ経済の相互依存度については、先進国間で協調的なマクロ経済政策が行われている点があげられる。例えば、2000年代の世界的な低金利は、日米欧の協調的な利下げによって実現されている。各国の政策協調によって、各国独自の市場要因が希薄化する効果がある。

国際資本市場の統合度も相関に大きな影響を与える。完全に国際資本市場が統合されている状況とは、各国投資家が外国資産への投資をする際に取引の障壁が一切ないことを表す。取引の障壁とは、取引規制、取引コスト、税金、情報などである。国際資本市場が完全に統合されているならば、ある国で発生したニュースが外国の資本市場に直ちに伝わり、投資家のグローバルな取引行動が資産価格に共通の影響を与える。また、十分な裁定取引が行われるため、異なる国の資産であっても、同一資産には同一価格が成立する。また、類似のリスク資産には、類似のリスクプレミアムが国際資本市場において決定される。このことについては4節の国際CAPMで詳述する。しかし、現実の国際資本市場には様々な取引障壁があるため、各国のニュースが外国資産の価格へ部分的にしか反映されない。それが各国に特有の証券価格の動きを生み出し、各国資産間の相関を低くする。しかし、近年において非居住者による金融取引に対する規制の緩和、取引コストの低下、情報収集コストの低下が進行している。各国の資産価格は独立に決定されるのではなく、統合されたグローバルな市場において決定される。その結果、各国資産間の相関が高まる効果がある。

各国の資産間の相関は、市場環境の変化により時間を通じて大きく変動する。1987年のブラック・マンデーや2007年以降の金融危機など、世界的に市場が

大きく変動する（ボラティリティが大きい）時期には、各国の資産間の相関が一時的に高まる[3]。このような相関の一時的上昇は国際分散投資のメリットを大幅に低下させるため、ボラティリティの時間的な変動に注意する必要がある。

2.4 国際分散投資の新たな手法

伝統的な国際分散投資の方法として、国単位での分散化すなわちカントリー・アロケーションが考えられてきた。しかし、カントリー・アロケーションによる国際分散投資には限界がある。国際的に分散化されたポートフォリオとは、各国株式インデックス（MSCIなど）のポートフォリオかというと、必ずしもそうではない。例えば、EU圏、北米圏など経済統合の進んだ国の中で分散化をしても、相関が高いため分散化の効果が小さくなる。また、相関係数の決定要因のところで述べたが、経済のグローバル化の進行により、カントリー・アロケーションや銘柄選択において、意図しない業種の偏りやスタイルの偏りが発生する可能性がある。業種の分散が十分ではないと、いくらカントリー・アロケーションで十分に分散化しても、国際分散投資のリスク低減が不十分となる。カントリー要因が低下する一方で業種要因の重要性が高まっていることが、多くの実証研究により近年明らかになっている。したがって、国際的に分散化されたポートフォリオの作成には、ファクター・モデルの利用が有益である。カントリー以外のファクターとして、地域、業種、スタイル（バリュー、グロース、規模など）が考えられる。これがファクター・モデルの国際版であるグローバル・ファクター・モデルであり、広く普及している。債券においても、グローバルな利回り曲線の水準や傾きなどをファクターとして用いたモデルが利用されている。

3 為替レートの決定

為替レートは時間を通じて大きく変化する。この節では、為替レートがどのように決定されるのかを説明する。為替レートの決定については、長期理論と

---

[3] このことは、Longin-Solnik［1995］による主要8カ国の株式市場の30年間（1960年代～1990年代）のボラティリティと相関係数の変動についての統計的な分析などにより広く知られている。

短期理論に分けて考えることが有用である。

3.1　長期理論──購買力平価（PPP）説

2008年12月末の円／ドルの為替レートは90.3円／ドルであった。この90.3円という水準はどのようにして決まるのであろうか。為替レートは異なる2通貨の交換比率であるが、別の見方として円とドルの通貨の価値（購買力）の比率と考えるのが**購買力平価**（Purchasing Power Parity、略して**PPP**）説である。ある国の物価は複数の消費財のバスケットの価値、すなわち複数財の価格の加重平均として表される。1単位の通貨で買える財の量は通貨の購買力と呼ばれ、物価の逆数で表される。財の移動が完全自由で輸送コストがないとき、為替レートは財の内外価格差がなくなるように決定されると考えるのが購買力平価説である。いいかえると、平均的な財のバスケットのドル建ての価値を円建ての価値に等しくするように為替レートが決まると考えるのである。これは財市場についての無裁定条件である。

以上のことを数式を用いて説明しよう。日本の物価とアメリカの物価をそれぞれ P, P^* とし、為替レートを e 円／ドルとする。1円の購買力は $1/P$、1ドルの購買力は $1/P^*$ である。1円をドルに換えたとき（$=1/e$ ドル）の購買力は、$1/(eP^*)$、となる。購買力平価が成立していれば、この2つの通貨の購買力は等しくなる。

$$\frac{1}{P} = \frac{1}{eP^*} \tag{6.7}$$

(6.7) 式を変形して為替レート e について解くと、

$$e = \frac{P}{P^*} \tag{6.8}$$

すなわち、購買力平価に基づく為替レートは2国の物価水準の比に等しくなる。これを為替レートの絶対水準を決定するという意味で**絶対的PPP**と呼ぶ。上の式が成立するとき、為替レートの絶対水準が購買力平価で決定されているということを意味するので絶対的PPPと呼ぶ。このPPPの有名な適用例が、英国のエコノミスト誌が公表しているビッグマック指数[4]である。

---

[4] これはビッグマックの価格を国際比較することで、2国間の為替レートを算出するものである。

為替レートの絶対水準ではなく、その変化率に注目し、為替レートの変化率が両国のインフレ率の差で説明できるとき、**相対的PPP**と呼ぶ。相対的PPPは、為替レートの変化率s_tと両国のインフレ率π_tとπ_t^*より、以下のように表すことができる。

$$s_t = \pi_t - \pi_t^* \tag{6.9}$$

すなわち、為替レートの変化率は、自国と外国のインフレ率の差となることを示している。インフレ率の大きい国の通貨ほど減価するのである。(6.8)式の両辺の変化率をとれば(6.9)式が得られることから、絶対的PPPが成立していれば相対的PPPは成立する。しかし、絶対的PPPが成立してなくとも相対的PPPは成立する。

絶対的PPPが成立していれば、2国の物価が変動しないかぎり、為替レートは変動しない。また、自国(外国)の物価水準が上昇すれば、自国通貨安(高)となるように為替レートが変化する。物価は短期的には安定的で変動は小さい。PPPに基づけば、為替レートの変動は2国の物価変動の大きさに応じて小さいはずである。また、相対的PPPが成立していれば、為替レートの変動は2国のインフレ格差分に等しいはずである。このことは長期的にはある程度成立すると広く受け入れられている。少なくとも長期の為替レート水準を決定するアンカー(錨)となっている。

しかし、現実には、為替レートは2国の物価変動の大きさを大幅に超えて短期的に大きく変動する。すなわち、短期的にはPPPは成立しない。短期での貿易による裁定は不十分だからである。長期では、2国間の財の裁定取引により、購買力平価が成立するように為替レートが決まると期待される。しかし、購買力平価は長期でも成立するとは必ずしもいえないことに注意する必要がある。その主な理由は、貿易の取引コストの存在、貿易財も完全代替ではないこと、非貿易財の存在、国際間での消費バスケットの違いとその時間を通じた変化、である。

3.2 実質為替リスク・名目為替リスク

為替リスクを考えるとき、実質為替リスクと名目為替リスクを区別することは重要である。私たちが日々観察する外国為替市場において決定される為替レ

ートが名目為替レートである。**名目為替リスク**とは、名目為替レートの変動によって生じるリスクである。一方、実質為替レートとは、名目為替レートを2国の物価水準で調整したものである。実質為替レートXと名目為替レートSの関係は以下のように表すことができる。

$$X = S \times \frac{P^*}{P} \tag{6.10}$$

S：名目為替レート、P：国内物価、P^*：外国物価

実質為替レートの変動が**実質為替リスク**である。したがって、実質為替リスクとはPPPから乖離するリスクと考えることができる。もし実質為替リスクがないならば、PPPが成立することを意味し、為替レートの変動は常に2国間のインフレ格差に等しくなるからである。その場合は、投資家にとっては財の消費に影響がないため、外国資産への投資において為替リスクは無視してもよい。だから、投資家が関心を持つのは実質為替リスクなのである。各国のインフレ格差の変動は短期的にはごく小さい。よって、(6.10) 式より短期においては実質為替レートの変動≒名目為替レートの変動となる。しかし、現実にはPPPは少なくとも短期においては成立しない。それゆえ、投資家にとって外国資産への投資において実質為替リスクが重要となる。

3.3 短期理論——カバーなしの金利平価

少なくとも短期においては、購買力平価では為替レートの変動を説明できない。それに対して、日々の国際的な資産取引によって生じる各国通貨への需給が均衡するように為替レートは決定されると考えるのが短期理論である。

短期理論の説明の準備として、外国為替市場の無裁定条件を表す**カバー付きの金利平価**を説明する。カバー付きの金利平価とは、国内のリスクフリー資産への投資のリターンが為替リスクを先物為替でカバーした外国リスクフリーへの投資のリターンと等しくなるように、フォワードレートが決まることを表している。式を用いて以下のように表すことができる。

$$1 + r = \frac{F}{S}(1 + r^*) \tag{6.11}$$

(6.11) 式を変形すると、以下の近似式が得られる。

$$\frac{F-S}{S}(\equiv f) \approx r - r^* \tag{6.12}$$

（6.12）式の左辺は**フォワード・プレミアム率**fを表している。（6.12）式は、S, r, r^*が与えられたときのノー・フリーランチ定理に基づくフォワードレートFの決定式とみなすことができる。すなわち、フォワードレートはフォワード・プレミアム率が内外金利差に等しくなるように決定される。カバー付きの金利平価は直物為替レートを決定する均衡条件ではないのである。

次に、外国為替市場の均衡条件を考える。簡単化のため、投資家はリスク中立的であると仮定する。このときの外国為替市場の均衡条件は、国内のリスクフリー資産への投資のリターンが、為替リスクをヘッジせずに外国リスクフリー資産に投資したときの期待リターンと等しくなることになる。すなわち、以下の式が成立する。

$$1 + r = \frac{E(S_{t+1})}{S_t}(1 + r^*) \tag{6.13}$$

（6.13）式はカバー付きの金利平価を表す（6.11）式と似ているが、右辺の分子がフォワードレートではなく将来の為替レートの期待値である点で異なっている。それゆえ（6.13）式は、不確実性下での投資家の選好を反映した外国為替市場の均衡条件となるのである。（6.13）式を変形すると、

$$E(S_{t+1}) = S_t \frac{1+r}{1+r^*} \tag{6.14}$$

（6.14）式をリターンベースに直すと、

$$E(s_{t+1}) \approx r - r^* (= f_t) \tag{6.15}$$

これは、為替レートの期待変化率が内外金利差に等しいことを意味し、**カバーなしの金利平価**と呼ばれる。これを外国為替市場の均衡条件として解釈すると、為替レートの期待変化率が内外金利差に等しくなるように現在の為替レートが決まると考えられる。内外金利差は、カバー付きの金利平価が成立しているときには、フォワード・プレミアム率に等しいから、為替レートの期待リターンがフォワード・プレミアム率に等しいということもできる。このとき、投資家はリスク中立的と仮定しているから、**為替のリスクプレミアム**はゼロとな

っている。

　他の条件が一定で、rが上昇したときの影響を考えてみよう。その場合には、国内リスクフリー資産で運用したほうが外国リスクフリー資産で運用するより魅力的になる。このままではドルから円への資金のシフトが続く不均衡となる。そのような資本移動が止まるように、現時点の為替レートが円高($S_t↓$)となることにより、通貨の期待リターンが上昇し($E(S_{t+1})/S_t↑$)、新しい均衡状態が達成されるのである。

3.4　カバーなしの金利平価の実証 —— フォワード・プレミアム・パズル

　カバーなしの金利平価は現実の外国為替市場で成立しているであろうか。カバーなしの金利平価の成立を検証するには、(6.15)式より為替レートの変化率s_tをフォワード・プレミアム率f_t、あるいは内外金利差$(r_t - r_t^*)$で回帰させる以下の推定式を推定すればよい。

$$s_t = a + bf_t + e_t \tag{6.16}$$

カバーなしの金利平価が成立しているときにはb=1となるはずであるから、b=1かどうかを統計的に検証するのである。

　カバーなしの金利平価の実証は、これまで数多く行われてきた。結論として、ほとんどすべての研究で統計的に有意にbが1より小さく、多くの研究でbがマイナスであることが得られている。これは、フォワード・プレミアム率(＝内外金利差)ほど将来通貨が減価しない、または逆に増価することを示している。この現象は、**フォワード・プレミアム・パズル**(フォワード・ディスカウント・パズルとも呼ぶ)と呼ばれている[5]。

　このような実証結果を説明しうる仮説としては、①為替のリスクプレミアムが時間を通じて変動する、②市場の非効率性、の2つの考え方がある。①は為替のリスクプレミアムが経済環境の変化に応じてシステマティックに大きく変動することを示している。②は、投資家の過剰反応、金利差の変化に鈍い投資家の存在、通貨当局の介入などによると考えるもので、外国為替に対するアクティブ運用の有効性が示唆される。しかし、現在までフォワード・プレミア

---

[5] フォワード・プレミアム・パズルの代表的なサーベイ論文には、Froot-Thaler [1990]、福田・齋藤 [1997] がある。

ム・パズルを統一的に説明する理論はなく、依然としてパズルのままである。

3.5 為替のリスクプレミアム

前述のように、カバーなしの金利平価は、すべての投資家がリスク中立的としたときの外国為替市場の均衡条件であり、為替のリスクプレミアムはゼロとなる。ポートフォリオ理論で想定している投資家はリスク回避的であるので、自国のリスクフリー資産への投資に比べて、為替リスクをともなう外国リスク・フリー資産への投資へのリターンには、為替リスクに対する市場の報酬であるリスクプレミアムが生じると考えるのが自然である。**為替のリスクプレミアム**は、為替ヘッジせずに外国リスクフリー資産へ投資したとき、期待リターンから自国リスクフリー資産のリターンを引いたもの（＝為替の期待変化率から内外金利差を引いたもの、すなわちカバーなしの金利平価からの乖離）として、以下のように定義することができる。

$$SRP \equiv r^* + E\left[\frac{S_1 - S_0}{S_0}\right] - r = r^* + E(s) - r \tag{6.17}$$

為替のリスクプレミアム SRP は、分散化によって除去できない為替リスクに対するプレミアムと考えることができる。経済全体において、為替リスクは分散化ではゼロにできないためである。

為替のリスクプレミアムは、株式や債券などの通常の危険資産に対するリスクプレミアムと異なる点がある。それは、通常の危険資産のリスクプレミアムがどの投資家にとってもプラスであるのに対し、為替のリスクプレミアムはどの国の通貨建てのリターンで考えるかによって異なることである。すなわち、ある国の為替レート（S_0）が対米ドルでプラスのリスクプレミアムとなることは、ドルからその国の為替レートをみると（$1/S_0$）、マイナスのリスクプレミアムとなることを意味する。例えば、日本の投資家にとってドルがプラスのリスクプレミアムであるとすれば、米国投資家にとっての円はマイナスのリスクプレミアムとなる。

為替リスクをともなう外国資産への投資にもかかわらず、マイナスのリスクプレミアムとは奇異に感じられるかもしれない。また、為替リスクは、デリバティブや外国リスクフリー資産の利用によって容易にヘッジすることができる

ので、為替のリスクプレミアムはゼロと考えられるかもしれない。しかし、為替リスクは、世界全体で集計するとどうしてもヘッジすることのできない部分が生じる。各国の投資家は、外国投資に対するネットポジションやリスク回避度が異なり、集計すると均衡においてプラス、あるいはマイナスのリスクプレミアムが生じるのである。例えば、日本はこれまでの長期にわたる経常黒字を蓄積した結果、多額の対外純資産となっている。そのため、日本の投資家全体で、対外純資産額に相当する多額の外国通貨建て資産を為替リスクのヘッジなしに持たざるをえない。その結果、日本の投資家が外国資産への投資において負担する為替リスクにはプラスのプレミアムが生じる。

為替のリスクプレミアムも、国際資産市場の均衡において他の資産のリスクプレミアムと同時に決定される。したがって、為替のリスクプレミアムを決定する要因は、他の資産と同様に想定する均衡モデルに依存する。国際CAPMに基づく為替のリスクプレミアムの決定については次節で説明する。一方、多くの実証研究から、為替のリスクプレミアムは時間を通じて変動し、一部分は予測可能であることが明らかになっている。

4 国際CAPM

この節では、為替のリスクプレミアムを含む危険資産のリスクプレミアムを決定する市場均衡モデルである**国際CAPM**について述べる。

4.1 国際CAPMの概要

各国の投資家が国際分散投資を行った結果、均衡において国際資産市場で証券のリスクプレミアムや為替のリスクプレミアムがどのように決定されるのかを考えてみる。また、為替リスクは投資家の最適なポートフォリオの決定や資産価格にどのような影響を与えるであろうか。このような国際資産市場におけるプライシングについての問題を考えるために、最もシンプルな均衡モデルとして、第3章で扱ったCAPMを国際的なモデルに拡張する。これがブルーノ・ソルニック（Solnik [1973]）によって初めて定式化された**国際CAPM**（International Capital Asset Pricing Model, 略して**ICAPM**）である。国際

CAPMからはCAPMと類似のインプリケーションが導き出される。最大の違いは、証券のプライシングにおいて為替リスクが影響を与える点にある。

4.2　国際CAPMの前提

第3章のCAPMを国際CAPMへ拡張してみる[6]。

市場には（K+1）国が存在していると考えよう。したがって、第1国（例えば米国）を基準とすれば、為替レート（対米ドルレート）はK個あることを意味する。各国の投資家は、自国通貨で測ったポートフォリオのリターンに関心を持つ。各国の投資家は自国通貨建てのリターンに関心があるため、為替リスクの影響は国ごとに異なる。

為替レートについては、短期的には購買力平価（PPP）は成立しないと考える。したがって、各国の投資家は実質為替リスクに直面する。現実には少なくとも短期的にはPPPが成立せず、実質為替レートが為替変動の主要な要因であることは、先に述べたとおりである。1節で述べたように、為替リスクは、異なる国の投資家に異なる影響を与える。その結果、同一国内の投資家間では効率的フロンティアは同一であるが、異なる国の投資家間では実質為替リスクが存在するために効率的フロンティアは異なる。もし実質為替リスクがないならば、PPPが成立することを意味し、為替レートの変動は常にインフレ格差に等しくなる。その場合には、たとえ為替レートの変動があっても為替リスクが存在しない第3章のCAPMと同じ状況となる。

また、国内CAPMと同じように、国際資本市場は完全であることが想定される。これは、投資家の国際分散投資における制約は一切なく、国際金融市場は統合化されていることを意味する。したがって、国際的な資本移動により、どんな新しい情報も瞬時に価格に反映される。このように、国際CAPMは統合された国際金融市場を前提としている。これはモデルの本質をわかりやすくするための簡単化の仮定であり、現実には取引コストや取引制約が存在するために国際資本市場は分断されている。国際資本市場に対する制約を入れた国際CAPMも多くある。国際資本市場が分断化されているならば、同じリスク特性を持つ証券に対し各国固有の要因がプライシングに影響を与えることになり、

---

[6] 本節で説明するモデルは、Solnik [1973]、Serita [1991] および Adler-Dumas [1983] に基づいている。

モデルもより複雑になる。

4.3 各国投資家のポートフォリオの自国通貨建てリターン

最も単純な場合として、A 国と B 国の 2 国が存在し、各国に 1 つ危険資産とリスクフリー資産が存在するケースについて考えてみる。A 国の投資家は、自国通貨建てのポートフォリオ・リターンに関心を持っている。A 国の投資家のポートフォリオの自国通貨建てリターンR_P^Aは次のように表される。

$$R_P^A = w_1 R_A + w_2(R_B + s) + w_3(R_{BF} + s) + w_4 R_{AF} \tag{6.18}$$

R_A ：A 国の危険資産リターン
R_B ：B 国の危険資産リターン
R_{AF}：A 国のリスクフリー・レート
R_{BF}：B 国のリスクフリー・レート
s ：通貨リターン

各資産のリターンはすべて現地通貨建てのリターンで定義してある。1 節で説明したように、B 国資産のリターンを A 国通貨建てリターンに直すために、B 国通貨建てリターンに通貨リターンが加えられている。

A 国投資家の自国通貨建てのポートフォリオ・リターンの期待値と分散は、以下のようになる。

$$E(R_P^A) = w_1 E(R_A) + w_2(E(R_B) + E(s)) + w_3(R_{BF} + E(s)) + w_4 R_{AF} \tag{6.19}$$

$$\begin{aligned}Var(R_P^A) &= w_1^2 Var(R_A) + w_2^2(Var(R_B) + Var(s) + 2Cov(R_B, s)) + w_3^2 Var(s) \\ &+ 2w_1 w_2(Cov(R_A, R_B) + Cov(R_A, s)) + 2w_2 w_3(Cov(R_B, s) + Var(s)) \\ &+ 2w_1 w_3(Cov(R_A, s) + Var(s))\end{aligned} \tag{6.20}$$

為替リスクの影響として、期待リターンの (6.19) 式おいては、通貨の期待リターン、分散において危険資産と為替レートとの共分散および、為替レートの分散が影響していることがわかる。

B 国投資家の自国通貨建てポートフォリオ・リターンR_P^Bも、(6.18) 式と同様に以下のように表すことができる。

$$R_P^B = w_1(R_A - s) + w_2 R_B + w_3 R_{BF} + w_4(R_{AF} - s) \tag{6.21}$$

B 国投資家にとって外国資産である A 国危険資産および A 国リスクフリー資

産のリターンに、通貨リターンがA国投資家の場合とは逆にマイナスで付加されている。このように、A国とB国の投資家では、ポートフォリオの期待リターンと分散が為替リスクの影響で異なることがわかる。したがって、効率的フロンティアもA国投資家とB国投資家では異なる。

4.4 世界マーケット・ポートフォリオ

各国投資家がそれぞれ最適ポートフォリオを選択するという条件の下で市場均衡が成立するとき、個々の証券のリスクプレミアムや為替のリスクプレミアムが決定される。国際CAPMにおいても中心的な役割を果たすのは、CAPMと同様、マーケット・ポートフォリオである。国際CAPMにおいて、マーケット・ポートフォリオは**世界マーケット・ポートフォリオ**になる。世界マーケット・ポートフォリオとは、すべての資産を含み、それらを時価総額に比例した投資比率で保有したときのポートフォリオである。世界マーケット・ポートフォリオは、その投資比率はどの国の通貨で測っても等しくなるため、どの国の投資家にとっても共通である。

世界マーケット・ポートフォリオは為替レート変動の影響を受けるため、為替変動の影響を排除した世界マーケット・ポートフォリオについて考える必要がある。それが**ヘッジされた世界マーケット・ポートフォリオ**である。そのリターンは、各国の（現地通貨建てリターン＋先物プレミアム率）の時価総額加重平均に等しくなる。

国際CAPMから得られるインプリケーションは3つである。投資家の最適ポートフォリオに関するもの（第1定理）と、個別証券のリスクプレミアムの決定に関するもの（第2定理）、および為替リスクプレミアムに関するものである。

(1) 国際CAPMの第1定理——分離定理

各国の投資家の最適ポートフォリオは、2つの資産の組み合わせにより決定される。これは、国際CAPM版の分離定理である。

第6章　グローバル投資　173

> **国際 CAPM の第 1 定理（分離定理）**
> 　各国の投資家の最適ポートフォリオは以下の 2 つの資産のみの組み合わせで決定することができる。
> ・自国リスクフリー資産
> ・為替リスクを最適にヘッジした世界マーケット・ポートフォリオ

　第 3 章のオリジナル CAPM における分離定理（リスクフリー資産＋市場ポートフォリオ）と似ているが、マーケット・ポートフォリオが異なっている。先述のように、国際 CAPM では異なる国の投資家間では為替リスクにより効率的フロンティアが異なるため、接点ポートフォリオも異なる。接点ポートフォリオは（為替リスクをヘッジしない）世界マーケット・ポートフォリオではなく、為替リスクを最適にヘッジした世界マーケット・ポートフォリオになり、各国ごとに異なる。最適な為替ヘッジについては、完全ヘッジやヘッジなしではなく、部分ヘッジである。最適なヘッジ比率は各国の投資家の特性によって異なる[7]。

　第 1 定理が示す 2 資産による分離定理は、為替リスクを最適にヘッジした世界マーケット・ポートフォリオを、ヘッジされた世界マーケット・ポートフォリオおよび n 個の外国リスクフリー資産に分解することにより、合計 n+2 資産による分離定理と考えることもできる。

(2) 国際 CAPM の第 2 定理

　次に、個々の資産のリスクプレミアムがどのように決定されるかをみてみる。導出は、第 3 章の証券市場線と同様に、各投資家の最適ポートフォリオ条件を用いればよい。その結果、以下のような CAPM と類似した国際 CAPM 版の証券市場線を導出することができる。国際 CAPM では、個別証券のリスクプレミアムは為替リスクの影響を受ける点が CAPM と異なる。

---

[7] フィッシャー・ブラックがすべての国の投資家に共通のヘッジ比率（ユニバーサル・ヘッジ）を提示したこともあるが、ブラックの前提はさらに追加の厳しい仮定が必要になるため、一般的には各国投資家に共通の最適ヘッジ比率は存在しない。

> **国際CAPMの第2定理（証券市場線）**
>
> 個々の危険資産のリスクプレミアムは、世界マーケット・ポートフォリオに対するベータによって以下のように決定される。
>
> $$E(R_i) = R_{iF} + \beta_i^W [E(R_W) - R_{MF}]$$
>
> $$\beta_i^W \equiv \frac{Cov(R_i, R_W)}{Var(R_W)}$$
>
> (6.22)
>
> R_i ：証券 i の現地通貨建てリターン
> R_{iF} ：証券 i の存在する国のリスクフリー・レート
> R_W ：ヘッジされた世界マーケット・ポートフォリオのリターン
> R_{MF} ：各国のリスクフリー・レートの加重平均
> β_i^W ：証券 i の世界マーケット・ベータ
> 　（リターンはすべて自国通貨建て表示）

β_i^W は、証券 i の世界マーケット・ベータと呼ばれ、世界マーケット・ポートフォリオに対するベータを表している。国際CAPMの下では唯一のリスクのメジャーとなる。世界マーケット・ベータが大きいほど、個別資産 i のリスクプレミアムは大きくなる。第2定理より個別資産の期待リターンを推定することができる。期待リターンの推定には、①世界マーケット・ベータ、②世界マーケット・ポートフォリオのリスクプレミアム、③各国リスクフリー・レートが必要となる。

4.5　為替リスクプレミアムの決定

国際CAPMでは、各国の外国資産への取引にともなう為替の需給が均衡するように、為替レートおよび為替のリスクプレミアムが決定されると考える。詳細は脚注6で示した参考文献に譲るが、為替のリスクプレミアムは、対外純資産の大きさ、為替リターンの分散、為替レートと世界マーケット・ポートフォリオの共分散[8]の影響を受けることを示すことができる。すなわち、対外純資産が大きいほど投資家が回避できない為替リスクにさらされる資産が大きく

---

[8]　(n＋1) カ国の場合には為替レートは n 個ある。したがって、為替レートの分散は n 個の為替レートの分散の加重平均、為替レートと世界マーケット・ポートフォリオの共分散も n 個の加重平均となる。加重平均のウェイトは各国の対外純資産の世界全体の時価総額に占める割合を示す。

なり、為替のリターンの分散が大きいほど為替リスクの大きさ自体が大きくなり、為替レートと世界マーケット・ポートフォリオとの共分散がプラスで大きいほどシステマティック・リスクが大きくなることを意味するからである。以上のことをまとめると以下のようになる。

為替のリスクプレミアムに影響を与える要因
・対外純資産の大きさ
・為替リターンの分散
・為替レートと世界マーケット・ポートフォリオとの共分散

4.6 国内CAPMとの比較

　国際CAPMでは、すでに述べたように統合された国際資本市場を前提としている。そのため、各国投資家は世界マーケット・ポートフォリオを保有することができ、各国の国内マーケット・ポートフォリオはもはや効率的ポートフォリオではない。また、世界マーケット・ベータがあれば個別資産のリスクプレミアムの違いをすべて説明することができるため、国内版の証券市場線（3.20）式は成立せず、国内マーケット・ポートフォリオに対するベータには十分な説明力はなくなる。

4.7 国際CAPMの実証

　国際CAPMが成立していれば第1定理の分離定理が成立し、各国投資家の危険資産のポートフォリオは世界マーケット・ポートフォリオとなるはずである。しかし、現実の各国投資家のポートフォリオは世界マーケット・ポートフォリオとは大きく異なり、後述のようなホームバイアスと呼ばれる自国資産に偏っている状況が生じている。これだけを見れば国際CAPMは不成立のように見えるが、ホームバイアスが生じているからといって、国際CAPMが全面的に否定されているとはかぎらない。プライシングについても検討する必要がある。

　国際CAPMの第2定理が示すように、すべての資産は証券市場線の上に存

在するはずである。国際 CAPM の検証とは、第3章の CAPM の実証のところで示したのと同じように、各国証券のリスクプレミアムが世界マーケット・ベータにより十分に説明されているかどうかを調べるものである。また、国内 CAPM との比較で、世界マーケット・ベータに加えて国内マーケット・ベータを用いても説明力を持たないかどうかを調べるものや、世界マーケット・ベータ以外のファクター、例えばグローバル・バリューファクターや規模ファクターなどの有効性を調べるものもある。これまでの多くの実証研究の結果をもまとめると、世界マーケット・ベータが説明力を持つものの、国内マーケット・ベータも説明力を持つ、すなわち市場の分断が生じていることを示すものが多い[9]。

為替のリスクプレミアムについては、フォワード・プレミアム・パズルのところで説明したように、現在まではっきりとした結論が出ていない。

4.8 国際 CAPM の拡張 —— グローバル・マルチファクター・モデル

ここまでは CAPM を拡張した国際 CAPM を説明してきた。国際的な市場均衡モデルにおいても、第4章と同様のマルチファクター・モデル、すなわち**グローバル・マルチファクター・モデル**を考えることができる。世界マーケット・ベータ以外のファクターについて調べると、ファーマとフレンチ[1998]が示したようにバリュー株効果が国際的にも存在することが明らかになっている。これは、国際的なバリューファクターの存在を示唆している。代表的なグローバル・マルチファクター・モデルとして、以下のようなファーマ＝フレンチの3ファクター・モデルのグローバル版がある。

$$E(R_{it}) = a_i + \beta_i^W R_{Wt} + \beta_i^{HMLW} HMLW_t + \beta_i^{SMBW} SMBW_t + e_i \qquad (6.23)$$

$HMLW_t$：世界 HML ファクター
$SMBW_t$：世界 SMB ファクター

4.9 ホームバイアス

国際 CAPM が成立しているならば、各国の投資家の最適な危険資産ポート

---

[9] 国際 CAPM の実証研究および後述のホームバイアスについての詳しいサーベイ論文には Karolyi-Stultz [2003] がある。

フォリオは、世界マーケット・ポートフォリオに近いはずである。しかし、実際の各国投資家のポートフォリオは自国通貨建て資産に大きく偏っている。このように、世界マーケット・ポートフォリオに比べて、各国投資家の最適ポートフォリオにおいて自国資産のウェイトが大きく偏っている状態は**ホームバイアス**と呼ばれる。国際分散投資における有名なパズルである。

表6-2は、主要8カ国の株式保有について、外国株式の割合とホームバイアス尺度を1993年と2003年について示したものである。ホームバイアスの尺度は、その定義は表の注釈にあるように、0のときにはホームバイアスはなし、値が大きいほどホームバイアスが深刻となることを意味する。この表から、どの国でも1993年から2003年にかけてホームバイアスは緩和されているものの、依然として深刻であることがわかる。日本については、外国株式保有割合が2003年でも10%に満たず、8カ国の中でもホームバイアスの程度が最も大きくなっている。

表6-2 各国のホームバイアス

	(1) 外国株式の割合 (%)		(2) 株式のホームバイアス	
	1993	2003	1993	2003
オーストラリア	11.26	17.20	0.89	0.82
カナダ	26.00	30.27	0.73	0.69
フランス	12.86	28.15	0.87	0.71
ドイツ	23.75	44.70	0.75	0.54
日本	3.59	9.97	0.95	0.89
スイス	40.13	47.52	0.59	0.51
英国	23.16	29.51	0.75	0.68
米国	10.25	14.32	0.84	0.74
平均	18.88	27.71	0.80	0.70

注) 外国株式の割合 = 外国株式の総額 / その国の株式保有総額
　　株式のホームバイアス = $1 - (1)/(1-A)$
　　A = その国の株式時価総額 / 世界株式時価総額
出所) Sørensen et.al. [2007] Table 2 より抜粋

4.10 ホームバイアスを説明する仮説

ホームバイアスを説明する仮説には様々なものが存在する。有力なものとして、①国際金融取引に対する規制、②情報のアクセスしやすさの違い、③国際CAPMの限界、などがあげられる。

第1の国際的な金融取引への規制は、国際資本移動を制限し、国際資本市場

を分断化する効果がある。具体的な規制には、取引の法的制約、国内取引に比べて高い取引コスト、内外投資家間での差別的な税制、などがあげられる。各国は、現在まで20年以上にわたり国際金融取引に対する規制を大きく緩和してきた。その結果、フローとしての国際的な資本取引は大きく増加している。しかし、ストックとしての外国資産の保有比率が低いままなのである。依然として残存する規制は存在するが、これほど大きなホームバイアスを説明するには、現状よりはるかに厳しい規制や取引コストが必要となる。

第2の情報のアクセスのしやすさの違いとは、国内投資家は外国投資家に比べて情報のアクセスが有利であることを示す。その結果、外国資産への投資が国内資産に比べて抑制されるのである。これは、現存するホームバイアスを説明する有力な要因の1つと考えられている。また、近年では行動ファイナンスのアプローチとして、投資家の自国資産への自信過剰（過度な楽観的予想）と外国資産に対する曖昧性忌避（外国資産のリターンに対する不確実性を回避する傾向）も説明力を持つことが実証研究で示されている。

第3の国際CAPMの限界とは、より現実を説明するモデルの可能性を指摘するものである。ホームバイアスの議論の前提には、各投資家の最適ポートフォリオが世界マーケット・ポートフォリオに近いというものがあるが、これは前述のように国際CAPMの成立を前提としている。それに対して、モデルの拡張や仮定を現実に近づけることにより、ホームバイアスが生じることを示すことが可能となる。具体的には、ダイナミックなポートフォリオ理論への拡張や非貿易財の存在をモデルに入れることにより、最適ポートフォリオにおける自国資産のウェイトが上昇することが説明できる。前者のモデルでは自国消費財価格、人的資本価値に対するリスクをヘッジしたいというニーズが生じ、後者のモデルでは、非貿易財を生産する企業の株式は自国投資家による保有割合が高くなるからである。

しかし、どれもある程度ホームバイアスを説明することができるものの、これまでのホームバイアスの時間的変化や、いまなお大きなバイアスが残存する状況を説明するには、不十分である。依然として重要なパズルのままであり、現在も多くの研究が進行中である。

第6章のキーワード

為替リスク　　ヘッジ付きリターン　　ヘッジ比率
為替のリスクプレミアム　　国際分散投資の利益
購買力平価（PPP）　　名目為替リスク　　実質為替リスク
カバー付きの金利平価　　カバーなしの金利平価
フォワード・プレミアム・パズル　　国際CAPM
世界マーケット・ポートフォリオ　　分離定理
世界マーケット・ベータ　　グローバル・マルチファクター・モデル
ホームバイアス

第6章の要約

- 為替変動にともなうリスクは**為替リスク**と呼ばれる。
- 外国資産を保有する場合の自国通貨建てリターンは、現地通貨建てリターンと通貨リターンに分解することができる。
- 為替リスクは**為替のフォワード契約**などを用いて、ヘッジすることができる。
- 為替リスクを含む外国資産総額に対するフォワード契約の金額の比率は、**ヘッジ比率 h** と呼ばれ、式で表すと以下のようになる。

$$\text{ヘッジ比率 h} = \frac{\text{為替フォワード契約の想定元本}}{\text{為替リスクにさらされた資産総額}}$$

- 国際分散投資により、国内資産のみからなる効率的フロンティアを拡大する効果が期待できる。これが国際分散投資の利益である。
- 国際分散投資の有効性は、国内資産と外国資産との相関の程度に依存する。相関が小さいほど分散化の利益は大きくなる。海外資産との相関に影響を与える要因としては、**マクロ経済の相互依存度**、**国際資本市場の統合度**などがあげられる。
- 為替レート決定の長期理論として、円とドルの通貨の価値（購買力）の比率として決まると考える**購買力平価**（Purchasing Power Parity、略して **PPP**）説がある。
- カバーなしの金利平価とは、為替レートの期待変化率が内外金利差に等しいことを意味し、投資家がリスク中立であるときの短期における外国為替市場の均衡条件を表す。現実にはカバーなしの金利平価は成立せず、フォワード・プレミアム率（＝内外金利差）ほど将来通貨が減価しない、または逆に増価することを示している。この現象は、**フォワード・プレミアム・パズル**と呼ばれている。
- 投資家がリスク回避的であるとき、為替リスクプレミアムが生じる。第3章で扱った CAPM を国際的なモデルに拡張したものが国際 CAPM である。CAPM との最大の違いは、証券のプライシングにおいて、為替リスクが影

響を与える点にある。
- 異なる国の投資家では、ポートフォリオの期待リターンと分散が為替リスクの影響で異なる。したがって、効率的フロンティアも異なる国の投資家間で異なる。
- 世界マーケット・ポートフォリオとは、すべての資産を含み、それらを時価総額に比例した投資比率で保有したときのポートフォリオである。為替変動の影響を排除した世界マーケット・ポートフォリオは、**ヘッジされた世界マーケット・ポートフォリオ**と呼ばれる。
- **国際CAPMの第1定理（分離定理）**
  各国の投資家の最適ポートフォリオは以下の2つの資産のみの組み合わせで決定することができる。
  ・自国リスクフリー資産
  ・為替リスクを最適にヘッジした世界マーケット・ポートフォリオ
- 国際CAPMにおける最適な為替ヘッジは、完全ヘッジやヘッジなしではなく、部分ヘッジである。また、最適なヘッジ比率は、各国の投資家の特性によって異なる。
- **国際CAPMの第2定理（証券市場線）**
  個々の危険資産のリスクプレミアムは、世界マーケット・ポートフォリオに対するベータによって以下のように決定される。
  $$E(R_i) = R_{iF} + \beta_i^W [E(R_W) - R_{MF}]$$
  $$\beta_i^W \equiv \frac{Cov(R_i, R_W)}{Var(R_W)}$$
- 為替のリスクプレミアムに影響を与える要因は以下の3つである。
  ①対外純資産の大きさ
  ②為替リターンの分散
  ③為替レートと世界マーケット・ポートフォリオとの共分散
- 世界マーケット・ポートフォリオに比べて、各国投資家の最適ポートフォリオにおいて自国資産のウェイトが大きく偏っている状態は、**ホームバイアス**と呼ばれる。国際分散投資における有名なパズルである。

第7章
デリバティブの評価理論

この章の目的

　この章では、最初にオプション評価理論について説明する。第5章でリスクニュートラル・プライシングの考え方を学んだが、リスク中立確率（ないしは状態価格ベクトル）の値がわからなければ、証券の理論価格を具体的に計算することはできない。オプション評価の際に、このリスク中立価格をどのように求めるのかを理解するのが、第1のポイントである。

　次に、オプションの複製という課題を取り上げる。そこでの重要なポイントは、コール・オプションの満期日のペイオフが、資金の借り入れ（レバレッジ）と株式への投資の組み合わせを時間の経過とともに調整していくことによって複製可能であること、ならびにオプションの複製に必要とされる初期資金の大きさがオプションの理論価格を与えることである。これによって、オプションの理論価格を求める方法に、(1) リスク中立化法と、(2) オプションの複製による方法、の2通りがあることを学ぶ。プット・オプションについても、2通りの方法で理論価格を求める。

　次に、オプション評価の考え方を、より単純なデリバティブであるフォワード契約に適用してみる。ほとんどのテキストでは、フォワード契約の評価を先に行ったあとでオプション評価の問題が取り扱われるが、説明の順序を逆にすることによってデリバティブ評価理論に対する理解がより深まるはずである。特に、オプションの評価には原資産価格の確率モデルが不可欠であるが、フォワード契約の場合にはどんな確率モデルを仮定しても同じ評価値が得られるという重要な事実も、ここで明らかになる。

　デリバティブの理論は有名なブラック・ショールズのオプション公式から始まったといってよい。ただ、ブラック・ショールズの理

論を本格的に学習するには確率微分方程式という数学的道具を使いこなす必要があり、これは本書の水準を超える。ただ、二項モデルによるオプション評価法で（一定の規則に則して）時間の刻みを十分細かくしていけば、ブラック・ショールズ公式に解が収束していくことが知られている。そこで、この章ではブラック・ショールズ公式そのものの直感的な理解を図る。

本章の最後では、アメリカン・オプションの評価法について説明する。

1 オプションの評価——二項モデルによる説明

1.1 株価のツリー

今日から2年間の株価の動きが図7-1で表されるとしよう。今日の株価は100円である。この株価は1年後に倍額の200円になるか、半額の50円になるかである。1年後から2年後にかけても、株価は倍増、半減のどちらかになる。したがって、今日から2年後の株価は、400円、100円、25円の3通りになる。このように、価格の時間的な動きを上昇・下落の2個の分岐の連鎖で表すモデルのことを**二項モデル**と呼ぶ。

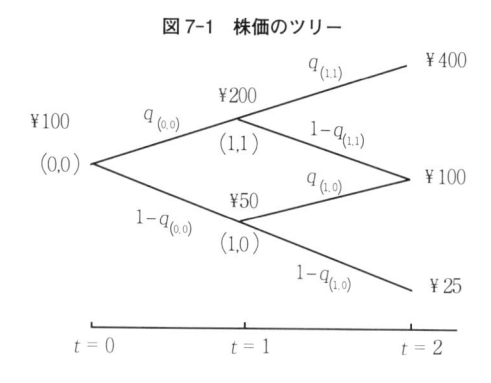

図7-1 株価のツリー

¥100 (0,0) — $q_{(0,0)}$ → ¥200 (1,1) — $q_{(1,1)}$ → ¥400
¥200 (1,1) — $1-q_{(1,1)}$ → ¥100
¥100 (0,0) — $1-q_{(0,0)}$ → ¥50 (1,0) — $q_{(1,0)}$ → ¥100
¥50 (1,0) — $1-q_{(1,0)}$ → ¥25

$t=0$　　$t=1$　　$t=2$

図7-1のように、1年を1期とするツリーで株価の動きを表現するのは非現実的すぎると思われるであろう。しかしながら、時間の刻みを小さくしていけば、現実の株価のプロセスにいくらでも近づけることができる。そのことを断っておいたうえで、二項モデルを使ってデリバティブ評価理論の説明を進めていく。

1.2 オプションのツリー

上記の株式を原資産（対象資産）とするコール・オプションを考える。このオプションは今日から2年後に満期を迎えるヨーロピアン・オプションで、権利行使価格は100円とする。このオプションの満期日の価値を図7-2の右端に

示す。2年後に株価が400円になれば、100円を権利行使価格として支払って株式1単位を受け取る。株式を市場で売却すれば400円が手に入るので、オプションの価値は300円である（このとき、オプションは**イン・ザ・マネー**）。一方、2年後に株価が100円ないし25円に下落するときは、権利を行使すると損になるので、オプションの価値はゼロである（このとき、オプションは**アット・ザ・マネー**、ないし**アウト・オブ・ザ・マネー**）。2年後のペイオフ（あるいは価値）がこのように与えられたオプションの今日の理論価値を求めるというのが、これから考える問題である。以下では、1年のリスクフリー・レートを25％と仮定して説明を進める[1]。

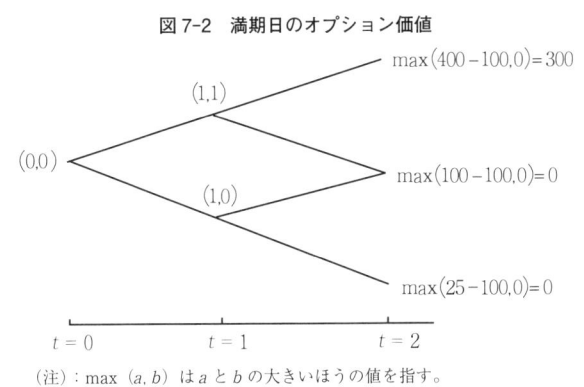

図7-2　満期日のオプション価値

（注）：max (a, b) は a と b の大きいほうの値を指す。

1.3　リスク中立確率を求める

図7-1で $t=0$ での分岐点を $(0,0)$、$t=1$ での2個の分岐点を上から $(1,1)$ と $(1,0)$ と名づけた。各分岐点で株価が（上側の枝に沿って）上昇するリスク中立確率をそれぞれ $q_{(0,0)}$, $q_{(1,1)}$, $q_{(1,0)}$ で表すことにする。定理5.1' より、株式、オプション、リスクフリー・レートの間でノー・フリーランチの条件が成立するためには、(5.18) 式にならって、分岐点 $(0,0)$ で

$$100 = \frac{1}{1+0.25}[q_{(0,0)} \times 200 + (1-q_{(0,0)}) \times 50] \tag{7.1}$$

---

[1] 25％のリスクフリー・レートは現実の数字としては異常に高いが、計算をできるだけ簡単にして説明をわかりやすくするためにこの数値を用いた。

分岐点 (1,1) で

$$200 = \frac{1}{1+0.25}[q_{(1,1)} \times 400 + (1-q_{(1,1)}) \times 100] \tag{7.2}$$

分岐点 (1,0) で

$$50 = \frac{1}{1+0.25}[q_{(1,0)} \times 100 + (1-q_{(1,0)}) \times 25] \tag{7.3}$$

が成立しなければならない。この3本の等式から、各分岐点におけるリスク中立確率は

$$q_{(0,0)} = q_{(1,1)} = q_{(1,0)} = 0.5 \tag{7.4}$$

と、簡単に計算される。

1.4 オプション価格を求める

オプションのツリーを表す図7-2に、ノー・フリーランチの条件であるリスク中立割引公式 (5.18) 式を適用することによって、オプションの価格が求められる。ただし、この作業は時間の進行とは逆向きに進める必要がある。まず分岐点 (1,1) で、オプションの価格が

$$\begin{aligned}C_{(1,1)} &= \frac{1}{1+0.25}[q_{(1,1)} \times 300 + (1-q_{(1,1)}) \times 0] \\ &= \frac{1}{1+0.25}[0.5 \times 300 + 0.5 \times 0] = 120\end{aligned} \tag{7.5}$$

と計算される。同様に、分岐点 (1,0) では

$$\begin{aligned}C_{(1,0)} &= \frac{1}{1+0.25}[q_{(1,0)} \times 0 + (1-q_{(1,0)}) \times 0] \\ &= \frac{1}{1+0.25}[0.5 \times 0 + 0.5 \times 0] = 0\end{aligned} \tag{7.6}$$

となる。最後に、分岐点 (0,0) で

$$\begin{aligned}C_{(0,0)} &= \frac{1}{1+0.25}[q_{(0,0)} \times 120 + (1-q_{(0,0)}) \times 0] \\ &= \frac{1}{1+0.25}[0.5 \times 120 + 0.5 \times 0] = 48\end{aligned} \tag{7.7}$$

が得られる。以上の計算結果を図7-3にまとめて表す。

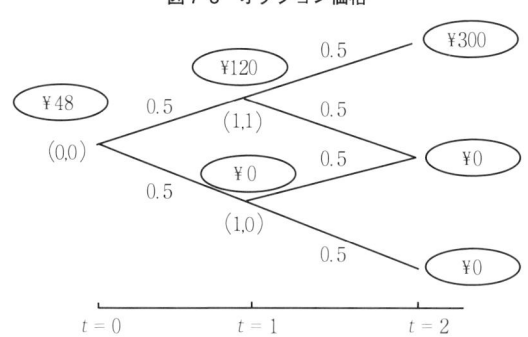

図 7-3　オプション価格

```
         ¥120 ―0.5― ¥300
   ¥48 ―0.5―(1,1)
  (0,0)   0.5   0.5   ¥0
    0.5
         ¥0  ―0.5―
        (1,0)
              0.5   ¥0

   t = 0    t = 1    t = 2
```

1.5　オプション価格の意味

こうして求めたオプション価格の持つ意味について、あとで繰り返し検討することになるが、ここでは次の4点を指摘しておきたい。

① オプションが市場で取引されている場合、いま計算したオプション価格は、理論モデルからはじき出した、オプションの市場価格に対する「予想値」である。一方、市場価格のないオプションについて時価評価が必要なとき、いま計算したオプション価格がオプションの評価値にほかならない。この意味で、「オプション価格モデル」と「オプション評価モデル」という用語があまり区別なく用いられる。

② 次節のオプションの複製で明らかになるが、オプション評価モデルで求めているのはオプションの「製造原価」と考えることもできる。このことを前項①に照らせば、オプション評価理論では製造原価＝市場価格と考えていることになる。市場価格が製造価格に等しいということは、オプションを提供する金融機関にマージンが発生しないことを意味するが、これは市場が効率的であれば裁定取引によって利ざやを得ることができないからである。

③ オプションの価格を計算する際に各枝の分岐確率 $q_{(0,0)}$, $q_{(1,1)}$, $q_{(1,0)}$ を用いたが、これらの確率はリスク中立確率であって、株価の上昇・下落について投資家の頭の中で想定されている確率ではない。いい方を変えれば、図7-3に示されたオプションの価値は株価の将来の動き（上昇・下落の確

率)に対する投資家の予想に依存しない。この性質は、オプション評価理論の客観性を高めることに大いに貢献している。

④ より実践的なモデルであるブラック・ショールズ・モデルでは、前項③で話題にした株式の上昇・下落の確率は株式の期待収益率(期待上昇率)に置き換えられる[2]。つまり、ブラック・ショールズ・モデルにおいては、オプション価格は原資産株式の期待収益率をどう想定するかに依存しない。他方で、株式の上昇・下落に関するリスク中立確率はオプション価格を大きく左右する。実は、このリスク中立確率は株価変動の幅(株価のボラティリティ)の大きさから決定される[3]。

株式の期待収益率をパラメータとして与えなくてもオプションの理論価格が計算できるというのが、ブラック・ショールズ・モデルの最大の利点である。この利点ゆえに、ブラック・ショールズ・モデルは学会誌への発表から時を経ずしてオプション・トレーダーに必須のモデルになったといっても過言ではない。

デリバティブ取引を支えるインフラとしてオプション評価理論の実務的重要性が飛躍的に増す一方で、オプション評価理論の有用性や適切な利用方法をめぐって多くの議論が行われている。それらの議論の中には、オプション評価理論の本質に対する理解不足からくる誤解も数多く見受けられる。これらの誤解の大半は、上記4つのポイントを正しく理解していれば陥ることのないものである。本章を読み進むにあたっては、これらのポイントを正しく理解することを心がけてほしい。

2 オプションの複製

確率をまったく用いないでオプションの評価を行うこともできる。その方法

---

[2] 図7-1では、どの分岐点においても株価は100%上昇、50%下落のどちらかである。投資家が想定する上昇確率をpで表すと、株式の期待収益率は$1.0p - 0.5(1-p) = 1.5p - 0.5$となる。このように、上昇確率$p$は期待収益率の大きさを直接左右する。

[3] 二項モデルでは株価ツリーの枝の開く角度の大きさ(上昇時の変化率−下落時の変化率)が株価のボラティリティを与える。

とは、オプションの複製という方法である。オプションを複製する方法が見つかれば、それに要する費用がオプションの価値になる。このようにオプションの製造原価を求めるアプローチは、以下のように進めることができる。

2.1 分岐点 (1, 1) でのオプションの複製

現在、$t=1$ の分岐点 $(1,1)$ にいるとする。図7-2によれば1年後のオプション価値は300円か0円になるが、このオプションと同一のペイオフを株式とリスクフリー資産から複製する方法を考えてみよう。

いま、株式を Δ 単位持ち、リスクフリー資産に B 円投資することを考える。このポートフォリオの現在の価値は $200\Delta+B$ であるが、1年後の時点（$t=2$）ではポートフォリオの価値は図7-4のように変化する。

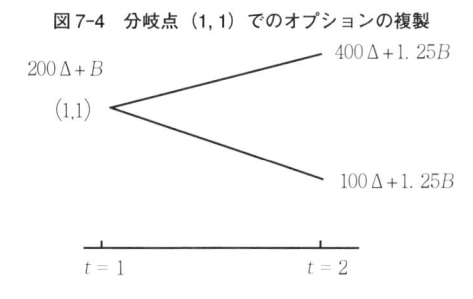

図7-4 分岐点 (1, 1) でのオプションの複製

```
                         400Δ + 1.25B
200Δ + B   <
  (1,1)                  100Δ + 1.25B

  t=1          t=2
```

$t=2$ におけるポートフォリオの価値を同時点のオプション価値に合わせるように Δ と B を選べば、オプションのペイオフを複製できることになる：

$$400\Delta + 1.25B = 300 \tag{7.8}$$
$$100\Delta + 1.25B = 0 \tag{7.9}$$

この連立方程式を解けば、

$$\Delta = 1, \quad B = -80 \tag{7.10}$$

が得られる。

(7.10) は、株式を1単位購入して80円分のリスクフリー資産をショートすることを示す。株式を1単位購入するために必要な資金は200円なので、リスクフリー資産を80円分ショートする（借り入れる）と、自己資金として用

意すべき金額は200－80＝120円である。これが複製ポートフォリオの現在時点での価値、つまり分岐点 (1, 1) におけるオプションの製造原価である：

$$200\Delta + B = 200 \times 1 - 80 = 120 \tag{7.11}$$

オプションの市場価格がこの製造原価から乖離していれば、市場にフリーランチが存在することになる。

以上の分析から、オプション取引に関して次のような示唆が得られる。いま、ある金融機関が顧客の求めに応じてコール・オプションを売ったとしよう。$t=2$ で株価が100円ないし25円になれば、金融機関側に支払債務は発生しない。しかし、株価が400円に上昇すれば、オプションはイン・ザ・マネーになり、金融機関は顧客に300円の金額を支払わねばならなくなる。現在、分岐点 (1, 1) にいるとすると、(7.8) 式より、株式を1単位購入して、同時に借り入れを80円行っておけば、株価が400円に上昇したときは、(株式を売却するとともに借入金の元利合計を返済することによって) 300円が手元に残るので、この資金を支払債務にあてればよい。つまり、現在時点で上記のポートフォリオ・ポジションをとることによって、顧客に売ったオプションから発生する支払債務を完全にヘッジすることができる。(7.11) 式はそのヘッジコストが120円であることを示している。この意味で、オプションを提供する (販売する) 金融機関側にとって、オプションの製造コストは分岐点 (1, 1) においては120円である[4]。

2.2 分岐点 (1, 0) でのオプションの価値

$t=1$ で分岐点 (1, 0) にいるときは、1年後のオプション価値が (株価の上昇・下落にかかわらず) 0となるので、ヘッジ・ポジションをとる必要はない。つまり、分岐点 (1, 0) におけるオプション価値は0である。

---

[4] オプションの市場価格が製造原価120円を超えているときは、オプションを複製して市場価格で売れば、確実に利益を稼ぐことができる。反対に、オプションの市場価格が製造原価120円よりも安いときは、オプションを市場から購入すると同時に、オプションの複製と逆のポジションをとる (株式を1単位空売りして、売却代金のうち80円をリスクフリー・レートで運用する) ことによって、確実に利益を手にすることができる。

2.3 分岐点 (0, 0) でのオプションの価値

図7-5　分岐点 (0, 0) でのオプションの複製

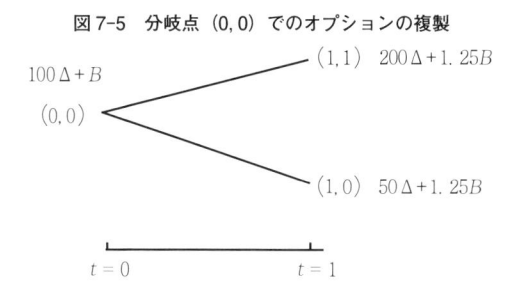

```
                       (1,1)  200Δ+1.25B
100Δ+B  ─────
 (0,0)       ─────
                       (1,0)  50Δ+1.25B

        t=0            t=1
```

　初期時点でのオプションの価値も、分岐点 (1, 1) で行ったのと同じようにヘッジコストから計算できる。この場合、複製ポートフォリオの価値の動きは図7-5のようになるが、分岐点 (1, 1) と (1, 0) におけるオプション価値はそれぞれ120円、0円なので、Δ, B は次式を満たすように決めればよい：

$$200\Delta + 1.25B = 120 \quad (7.12)$$
$$50\Delta + 1.25B = 0 \quad (7.13)$$

この連立方程式を解くと、

$$\Delta = 0.8, \ B = -32 \quad (7.14)$$

となる。また、分岐点 (0, 0) でのオプションの製造コスト（ヘッジ・コスト）は

$$100\Delta + B = 100 \times 0.8 - 32 = 48 \quad (7.15)$$

と求められる。

　以上のように、オプションの製造原価は3つの分岐点において、図7-3に示したオプション価格と一致する。

2.4　2年を通してのオプションの動的複製

　オプション複製のプロセスを初期時点からたどって図7-6に整理した。オプションを複製するために初期時点で用意する自己資金は48円である。これに借入金32円を加えた合計で株式を0.8単位購入する（¥48+¥32=0.8×¥100）。1年後に株価が200円に上昇すれば、株式保有量を1単位に増やし、その際に

不足する資金は追加で借り入れる（その結果、借入残高は80円になる）。1年後に株価が50円に下落すれば株式を全部売却して、その資金で借入金を返済する。

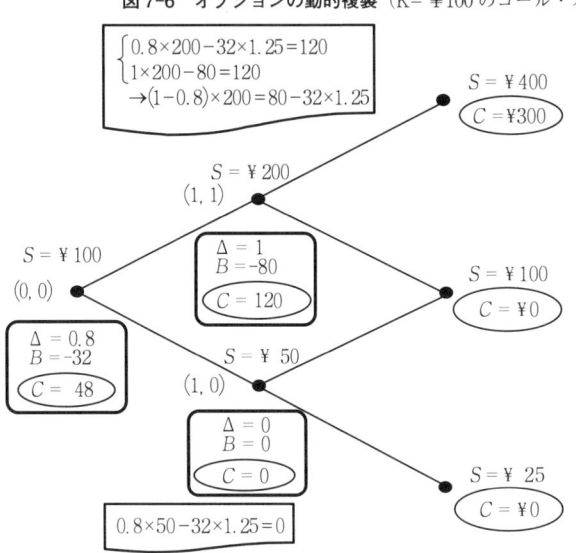

図7-6　オプションの動的複製（K=¥100のコール・オプション）

$$\begin{cases} 0.8 \times 200 - 32 \times 1.25 = 120 \\ 1 \times 200 - 80 = 120 \end{cases}$$
$$\rightarrow (1-0.8) \times 200 = 80 - 32 \times 1.25$$

$S = ¥400$, $C = ¥300$

$S = ¥200$ (1, 1)

$\Delta = 1$, $B = -80$, $C = 120$

$S = ¥100$ (0, 0)

$S = ¥100$, $C = ¥0$

$\Delta = 0.8$, $B = -32$, $C = 48$

$S = ¥50$ (1, 0)

$\Delta = 0$, $B = 0$, $C = 0$

$S = ¥25$, $C = ¥0$

$0.8 \times 50 - 32 \times 1.25 = 0$

分岐点 (1, 1) で複製ポートフォリオにリバランスをかけているのであるが、リバランス直前のポートフォリオの価値は

$$0.8 \times ¥200 - ¥32 \times 1.25 = ¥120 \tag{7.16}$$

リバランス後のポートフォリオの価値は

$$1 \times ¥200 - 80 = ¥120 \tag{7.17}$$

となる。両式の左辺同士を等号で結んで整理すると、

$$(1-0.8) \times ¥200 = ¥80 - ¥32 \times 1.25 \tag{7.18}$$

が得られる。(7.18) の左辺は株式を追加購入するための資金額を表し、右辺はそれを借入金の増額でまかなっていることを示している（この計算を図7-6の欄外に示す）。

分岐点 (1, 0) では複製ポートフォリオのポジションを解消している。実際、

株式を市場で売却して借入金を返済すると、

$$0.8 \times ¥50 - ¥32 \times 1.25 = 0 \tag{7.19}$$

となり、ポジションはゼロに解消される。

　分岐点 (1, 1) では、複製ポートフォリオの中身は株式 1 単位と借入金 80 円である。ここから株価が 400 円に上昇すれば、$t=2$ で複製ポートフォリオを解消することによって

$$1 \times ¥400 - ¥80 \times 1.25 = ¥300 \tag{7.20}$$

の資金が生まれ、オプションの支払債務額にぴったり一致する。また、$t=2$ で株価が 100 円に下落すれば、複製ポートフォリオを解消することによって

$$1 \times ¥100 - ¥80 \times 1.25 = 0 \tag{7.21}$$

となる。

　株式と借り入れを組み合わせたこの戦略は、オプションの $t=2$ での価値 (¥300, ¥0, ¥0) を正確に複製する。また、$t=1$ ではポートフォリオにリバランスをかけているだけなので、オプションの複製に投入した自己資金は初期時点の 48 円だけである。したがって、48 円がオプションの製造原価 (ヘッジ・コスト) に相当する。

　株式の購入単位 Δ の変化に注目すると、コール・オプションの場合、株価が上昇すれば Δ を高め、株価が下落すれば Δ を低めるという「順張り戦略」になる。この Δ の意味については 7 節で詳しく説明する。

2.5　2 年を通してのオプションの静的複製

　初期時点で株式とリスクフリー資産からなるポートフォリオを構築して、そのポジションを 2 年間買い持ち (バイ・アンド・ホールド) することによって (¥300, ¥0, ¥0) という $t=2$ におけるオプション価値を複製できないか、考えてみよう。

　初期時点で株式 Δ 単位、リスクフリー資産 B 円の複製ポートフォリオに投資して、途中のリバランスなしで 2 年間、このポートフォリオを買い持ちする。このポートフォリオの初期時点での価値は $100\Delta + B$ であるが、2 年後にはポートフォリオの価値は株価の動きに応じて図 7-7 のように変化する。そこで、$t=2$ におけるポートフォリオの価値を同時点のオプション価値に合わせるた

めには、

$$400\Delta + 1.25^2 B = 300, \tag{7.22}$$
$$100\Delta + 1.25^2 B = 0, \tag{7.23}$$
$$25\Delta + 1.25^2 B = 0 \tag{7.24}$$

が成り立てばよいのであるが、この3本の方程式を同時に満たす解 (Δ, B) は存在しない。

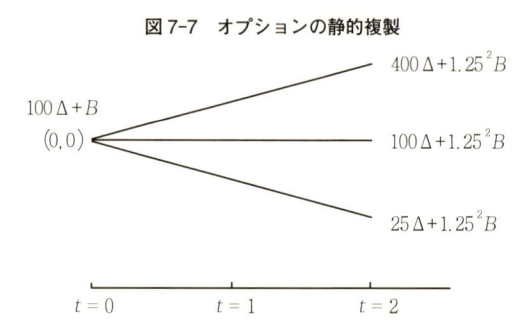

図7-7 オプションの静的複製

```
                               ─── 400Δ+1.25²B
          100Δ+B  ─────────────── 100Δ+1.25²B
           (0,0)
                               ─── 25Δ+1.25²B

           t = 0      t = 1       t = 2
```

さきほどの複製戦略では、$t=1$ でポートフォリオにリバランスをかけて状態に応じて複製ポートフォリオの中身を調整したが、期間2年のオプションの場合にはこの種の動的戦略が必要になる。この点がオプション契約とフォワード契約の決定的な違いになるが、それは4節で学ぶ。

3　プット・オプションの評価

3.1　満期日におけるプット・オプションの価値

権利行使価格が100円、2年後が満期のヨーロピアン・プット・オプションを考える。このオプションの満期日の価値を図7-8に示す。$t=2$ の株価が400円ないし100円のときはオプション価値はゼロである。オプションがイン・ザ・マネーになるのは、$t=2$ の株価が25円のときである。このときは市場価格25円の株式を権利行使価格100円で売れるのであるから、オプションの価値は75円となる。

図7-8　満期日のプット・オプション価値

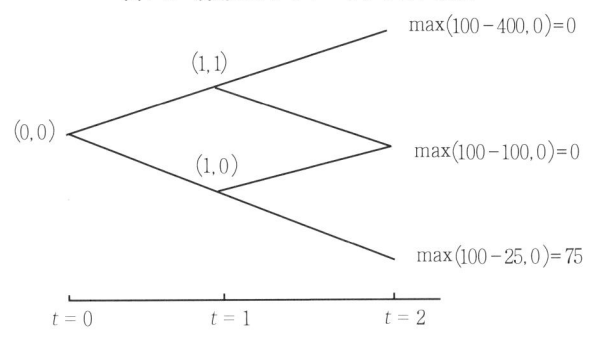

```
                          max(100−400,0)=0
              (1,1)
(0,0)
                          max(100−100,0)=0
              (1,0)

                          max(100−25,0)=75

  t = 0       t = 1       t = 2
```

3.2　リスク中立化法によるプット・オプションの評価

（7.5）式〜（7.7）式にならって、リスク中立確率 $q_{(0,0)} = q_{(1,1)} = q_{(1,0)} = 0.5$ を用いてプット・オプションの価値を求める。

分岐点 (1, 1) でのオプションの価格は、

$$P_{(1,1)} = \frac{1}{1+0.25}\left[q_{(1,1)} \times 0 + (1-q_{(1,1)}) \times 0\right] = 0 \tag{7.25}$$

分岐点 (1, 0) では

$$\begin{aligned}P_{(1,0)} &= \frac{1}{1+0.25}\left[q_{(1,0)} \times 0 + (1-q_{(1,0)}) \times 75\right] \\ &= \frac{1}{1+0.25}\left[0.5 \times 0 + 0.5 \times 75\right] = 30\end{aligned} \tag{7.26}$$

となる。これらの値より、分岐点 (0, 0) でのオプション価格は

図7-9　プット・オプション価格

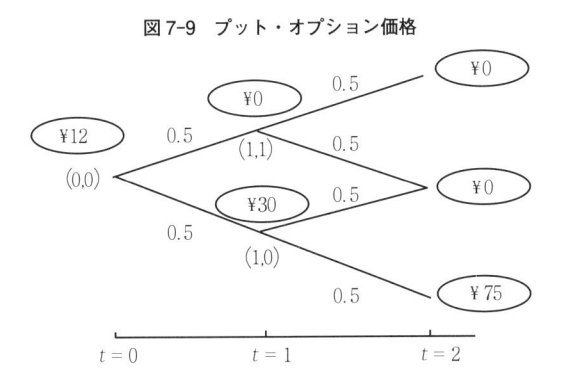

```
                       0.5        ¥0
              ¥0
        0.5        (1,1)  0.5
  ¥12                             ¥0
              0.5        0.5
  (0,0)            ¥30
        0.5        (1,0)
                       0.5        ¥75

  t = 0       t = 1       t = 2
```

$$P_{(0,0)} = \frac{1}{1+0.25}[q_{(0,0)} \times 0 + (1-q_{(0,0)}) \times 30]$$
$$= \frac{1}{1+0.25}[0.5 \times 0 + 0.5 \times 30] = 12 \quad (7.27)$$

となる。この結果を図7-9に表す。

3.3　動的複製によるプット・オプションの評価

プット・オプションの動的複製戦略を図7-10に示す。導出の方法はコール・オプションの場合と同様である。

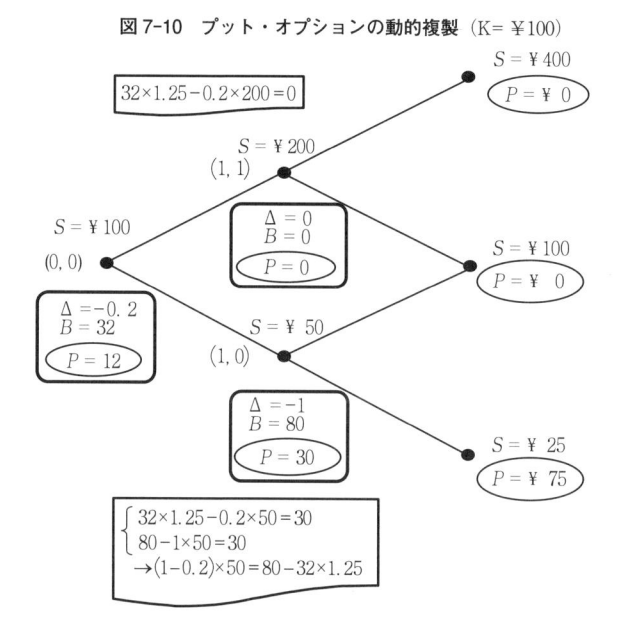

図7-10　プット・オプションの動的複製（K=¥100）

```
                                              S = ¥400
                                              P = ¥ 0
        32×1.25-0.2×200=0
                          S = ¥200
                          (1, 1)
                                Δ = 0
                                B = 0
  S = ¥100                      P = 0
  (0, 0)                                      S = ¥100
                                              P = ¥ 0
        Δ =-0.2
        B = 32       S = ¥50
        P = 12       (1, 0)
                      Δ = -1
                      B = 80
                      P = 30                  S = ¥25
                                              P = ¥75
        ⎧ 32×1.25-0.2×50=30
        ⎨ 80-1×50=30
        ⎩ →(1-0.2)×50=80-32×1.25
```

　分岐点（1,1）ではオプションのヘッジ戦略を立てる必要がないので、$\Delta=0, B=0$ でオプションの製造原価も0である。

　分岐点（1,0）では次の連立方程式が成り立つように複製ポートフォリオを求める：

$$\begin{cases} 100\Delta + 1.25B = 0 \\ 25\Delta + 1.25B = 75 \end{cases} \tag{7.28}$$
$$\tag{7.29}$$

これより

$$\Delta = -1, \ B = 80 \tag{7.30}$$

が得られる。この複製ポートフォリオの価値は

$$50\Delta + B = 30 \tag{7.31}$$

となる。

分岐点 $(0,0)$ では次の連立方程式が成り立つように複製ポートフォリオを求める：

$$\begin{cases} 200\Delta + 1.25B = 0 \\ 50\Delta + 1.25B = 30 \end{cases} \tag{7.32}$$
$$\tag{7.33}$$

これより

$$\Delta = -0.2, \ B = 32 \tag{7.34}$$

が得られ、複製ポートフォリオの価値は

$$100\Delta + B = 12 \tag{7.35}$$

となる。

コール・オプションは「株式ロング＋借り入れ」で複製できたが、プット・オプションは「株式ショート＋貸し付け」で複製する。株式の購入単位 Δ の変化に注目すると、プット・オプションの場合も、株価が上昇すれば株式を買い戻し、株価が下落すれば株式のショート・ポジションを増やすという「順張り戦略」になる。

4　フォワード契約の評価とフォワード価格

4.1　フォワード契約[解説]

図7-1の株式を対象にしたフォワード契約を考えて、リスク中立化法ならびに取引複製法で評価してみよう。契約は $t=0$ 以前に締結されており、オプションの例に合わせて、契約の満期日は今日から2年後、満期日における株式の受渡価格は100円とする。

オプション契約では、オプションの買い手側に契約を破棄する権利が付与さ

図 7-11　満期日におけるフォワード契約（ロング）の価値

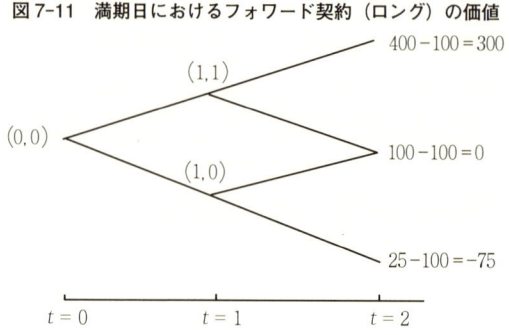

```
                              400 - 100 = 300
              (1,1)
  (0,0)                       100 - 100 = 0
              (1,0)
                              25 - 100 = -75

  t = 0       t = 1    t = 2
```

れるが、フォワード契約の場合には、買い手と売り手は満期日に取引を実行しなければならない。満期日におけるフォワード契約のペイオフ（価値）を買い手側（ロング・サイド）から見ると、図7-11の右端のようになる。

　図7-11をコール・オプションの満期日のペイオフ（図7-2）と比較すると、株価が25円に下落したときのペイオフだけが異なっている。フォワード契約の場合、株価が25円に下落しても、買い手側は株式を受渡価格100円で売り手側から買わなければならない。この場合、買い手側に75円の損失が発生する。これに対してコール・オプションの場合には、買い手は株式の売買を中止して損失を防ぐことができたわけである。

　フォワード売り手側（ショート・サイド）のペイオフは、図7-11の数字を逆符号にした（-300, 0, 75）になる。これをプット・オプションの満期日のペイオフ（図7-8）と比較すると、株価が400円に上昇したときのペイオフだけが異なっている。フォワード契約の場合、株価が400円になっても、売り手側は株式を100円で買い手側に売らなければならない。この場合、売り手側に300円の損失が発生する。プット・オプションの場合にはこの損失をゼロにすることができる。

　株式を今日から2年後に買いたい投資家が普通に買いの契約を結ぶには、フォワード取引のロング・ポジションをとればよい。この場合、2年後の株価が100円より安くなると損が出るが、この損失の発生を防ぐために考え出された取引がコール・オプションである。

同様に、株式を今日から2年後に売りたい投資家が普通に売りの契約を結ぶには、フォワード取引のショート・ポジションをとればよい。この場合、2年後の株価が100円より高くなると損が出るが、この損失の発生を防ぐために考え出された取引がプット・オプションである。

以下では、デリバティブ評価法のよい復習にもなるので、上記フォワード契約の評価を行ってみる。

4.2 リスク中立化法によるフォワード・ロングの評価

取引の対象とする株式はこれまでと同じ株式（図7-1）なので、リスク中立確率は変わらない。つまり $q_{(0,0)} = q_{(1,1)} = q_{(1,0)} = 0.5$ である。したがって、分岐点 $(1,1)$ において、フォワード・ロング・ポジションの価値は、

$$F_{(1,1)} = \frac{1}{1+0.25}\left[q_{(1,1)} \times 300 + (1-q_{(1,1)}) \times 0\right] = 120 \quad (7.36)$$

と計算される。また分岐点 $(1,0)$ では

$$F_{(1,0)} = \frac{1}{1+0.25}\left[q_{(1,0)} \times 0 + (1-q_{(1,0)}) \times (-75)\right] = -30 \quad (7.37)$$

となる。これらの値より、分岐点 $(0,0)$ におけるフォワード・ロングの価値は

$$F_{(0,0)} = \frac{1}{1+0.25}\left[q_{(0,0)} \times 120 + (1-q_{(0,0)}) \times (-30)\right]$$

図7-12 フォワード契約（ロング）の価値

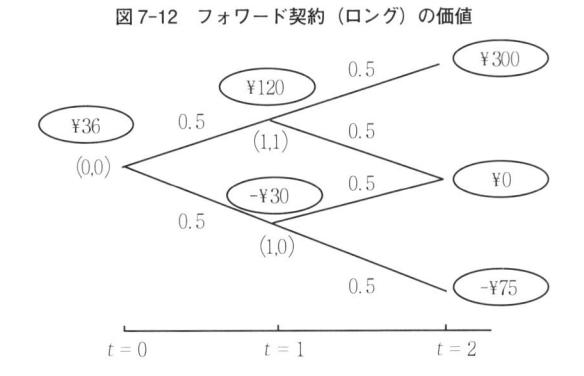

$$= \frac{1}{1+0.25}[0.5 \times 120 + 0.5 \times (-30)] = 36 \qquad (7.38)$$

となる。この結果を図7-12にまとめる[5]。

4.3 フォワード契約の複製

フォワード契約の複製方法を図7-13に示す。複製ポートフォリオ (Δ, B) の求め方は前と同じなのでここでは繰り返さないが、どの分岐点でも $\Delta = 1$ であることに注目してほしい。つまり、フォワード契約（ロング）を複製するには株式の保有量を常に1単位にしておけばよい。

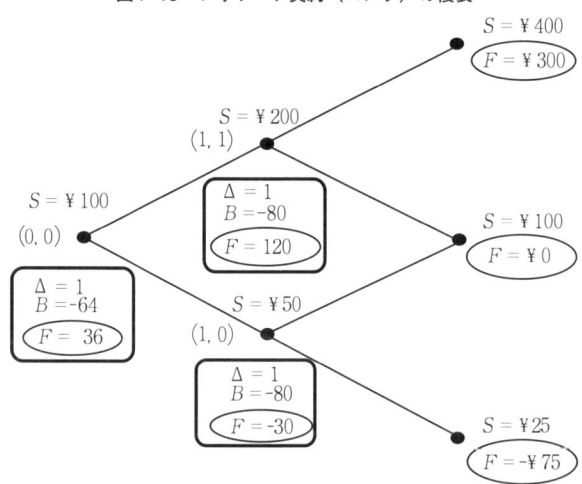

図7-13　フォワード契約（ロング）の複製

```
                                        S = ¥400
                                        F = ¥300
                   S = ¥200
                   (1, 1)
  S = ¥100      Δ = 1
  (0, 0)         B = -80           S = ¥100
                 F = 120            F = ¥0
   Δ = 1         S = ¥50
   B = -64       (1, 0)
   F = 36       Δ = 1
                 B = -80
                 F = -30
                                        S = ¥25
                                        F = -¥75
```

図7-13を簡単に説明する。初期時点で株式を1単位購入し（$\Delta = 1$）、購入代金100円のうち64円は借り入れでまかなう（$B = -64$）。1年後に株価が上昇しても下落してもポートフォリオにリバランスはかけないで、株式1単位をそのまま持ち続ける。したがって、分岐点 (1, 1) でも分岐点 (1, 0) でも借入金

---

[5] ここでは、$t=0$ より前に締結した（受渡価格100円の）フォワード契約を時価評価する話をしている。一方、今日新たに結ばれるフォワード契約を考えると、分岐点 (0, 0) での価値を0にする価格が受渡価格になる。後者の価格（市場で成立するフォワード価格）についての議論はあとで行う。

の残高は、

$$¥64 × 1.25 = ¥80 \tag{7.39}$$

（$B = -80$）になる。$t=2$ でこの借入金残高は

$$¥80 × 1.25 = ¥100 \tag{7.40}$$

になるが、株価が 400 円になれば複製ポートフォリオから $400-100=300$ 円が生まれる。株価が 100 円になれば複製ポートフォリオの価値は $100-100=0$、株価が 25 円になれば複製ポートフォリオの価値は $25-100=-75$ となる。つまり、$(300, 0, -75)$ というフォワード・ロングの満期日のペイオフが複製できている。

複製ポートフォリオの価値を各分岐点で求めると、分岐点 $(1,1)$ では

$$1 × ¥200 - ¥80 = ¥120 \tag{7.41}$$

分岐点 $(1,0)$ では

$$1 × ¥50 - ¥80 = -¥30 \tag{7.42}$$

分岐点 $(0,0)$ では

$$1 × ¥100 - ¥64 = ¥36 \tag{7.43}$$

となる。この 3 個の値がフォワード契約の各分岐点における価値になる。これはリスク中立化法で求めた結果（図7-12）と合致する。

フォワード・ショートの価値は、各分岐点における F の値の符号を逆にしたものになる。ショート・ポジションを複製するには、初期時点で株式を1単位空売りして、$t=2$ で株式を買い戻せばよい。

4.4 フォワード契約を静的に複製できる理由

なぜ、フォワード契約の場合には $t=0$ で作ったポートフォリオを買い持ちするだけで満期日（$t=2$）のペイオフを複製できたのか。これを図7-14を使って説明する。

初期時点で (Δ, B) のポートフォリオを構築して $t=2$ まで買い持ちすると、$t=2$ におけるポートフォリオ価値は、株価が $(400, 100, 25)$ の3通りになるのに応じて図の右端のようになる。これをフォワードの満期日のペイオフに合わせるための条件は、

$$400\Delta + 1.25^2 B = 300 \tag{7.44}$$

図7-14 フォワード（ロング）の静的複製

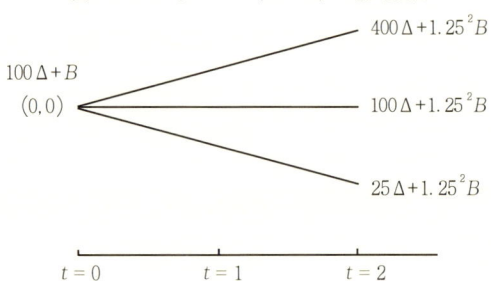

```
                          400Δ+1.25²B
100Δ+B
(0,0)                     100Δ+1.25²B

                          25Δ+1.25²B

   t=0      t=1     t=2
```

$$100\Delta + 1.25^2 B = 0 \tag{7.45}$$
$$25\Delta + 1.25^2 B = -75 \tag{7.46}$$

である。方程式3本に対して未知変数が2個なので、この連立方程式は普通は「解なし」となるのであるが（オプションの場合がそうであった）、いまの場合は

$$\Delta = 1, \ B = -64 \tag{7.47}$$

と置けば、(7.44) 〜 (7.46) 式が同時に成立することがわかる。

4.5 確率モデル変更の影響

実は、$t=1$ 以降の株価の確率モデルを変更しても、今日の株価が100円であればフォワード契約の価値や複製方法は変わらない。これを次に確かめてみる。

図7-1で与えた株価のツリーを変更して、株価の1年当たりの変化は±50%と仮定してみる（図7-15）。

各分岐点において株価が上昇するリスク中立確率をそれぞれ $q'_{(0,0)}, q'_{(1,1)}, q'_{(1,0)}$ で表すと、

$$q'_{(0,0)} = q'_{(1,1)} = q'_{(1,0)} = \frac{3}{4} \tag{7.48}$$

となり、各分岐点において株価が上昇する確率は3/4、下落する確率は1/4であることがわかる。これを確かめるために、各分岐点で1年後の株価の期待値を求めてリスクフリー・レートで割り引くと、分岐点 (0,0) で

第 7 章　デリバティブの評価理論　　205

図 7-15　株価のツリー

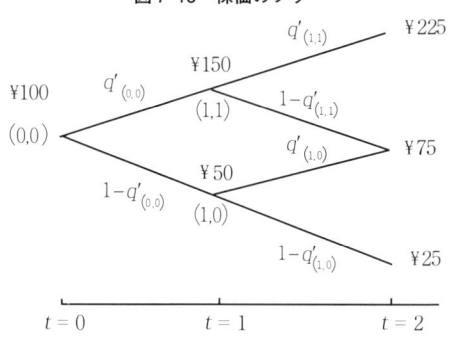

```
¥100             ¥150           ¥225
(0,0)   q'(0,0)  (1,1)  q'(1,1)
                        1-q'(1,1)
                                 ¥75
        1-q'(0,0) ¥50   q'(1,0)
                  (1,0)
                        1-q'(1,0) ¥25

t=0             t=1             t=2
```

$$100 = \frac{1}{1+0.25}\left[\frac{3}{4}\times 150 + \frac{1}{4}\times 50\right] \tag{7.49}$$

分岐点 (1, 1) で

$$150 = \frac{1}{1+0.25}\left[\frac{3}{4}\times 225 + \frac{1}{4}\times 75\right] \tag{7.50}$$

分岐点 (1, 0) で

$$50 = \frac{1}{1+0.25}\left[\frac{3}{4}\times 75 + \frac{1}{4}\times 25\right] \tag{7.51}$$

となり、各分岐点での株価と一致する。

　各分岐点でフォワード契約の価値をリスク中立化法で求めた結果を図 7-16 に示す。計算式は次の通りである：

$$F_{(1,1)} = \frac{1}{1+0.25}\left[\frac{3}{4}\times 125 + \frac{1}{4}\times (-25)\right] = 70 \tag{7.52}$$

$$F_{(1,0)} = \frac{1}{1+0.25}\left[\frac{3}{4}\times (-25) + \frac{1}{4}\times (-75)\right] = -30 \tag{7.53}$$

$$F_{(0,0)} = \frac{1}{1+0.25}\left[\frac{3}{4}\times 70 + \frac{1}{4}\times (-30)\right] = 36 \tag{7.54}$$

　初期時点のフォワード・ロングの価値は図 7-12 と同じ 36 円になることが確認できる。

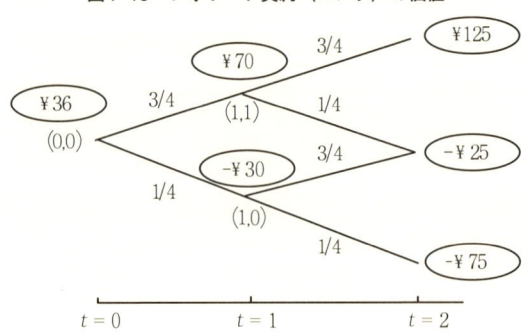

図7-16 フォワード契約（ロング）の価値

4.6 確率モデル変更後のフォワード契約の複製

フォワード契約の複製方法を図7-17に示す。図7-13と同様に、初期時点で株式を1単位購入し（$\Delta=1$）、購入代金100円のうち64円は借り入れでまかなう。この複製ポートフォリオを満期まで買い持ちすれば、フォワード・ロングの満期日のペイオフ（125, -25, -75）が複製できる。この複製ポートフォリオを作るために初期時点で必要な自己資金は$100-64=36$円なので、これが$t=0$におけるフォワード・ロングの価値である。

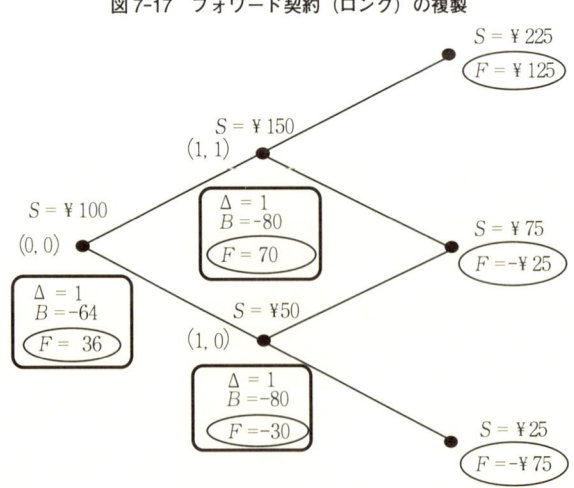

図7-17 フォワード契約（ロング）の複製

初期時点で（Δ, B）のポートフォリオを構築して$t=2$まで買い持ちすると、$t=2$におけるポートフォリオ価値は、株価が（225, 75, 25）の3通りになるのに応じて図7-18の右端のようになる。これをフォワードの満期日のペイオフに合わせるための条件は、

$$225\Delta + 1.25^2 B = 125 \tag{7.55}$$
$$75\Delta + 1.25^2 B = -25 \tag{7.56}$$
$$25\Delta + 1.25^2 B = -75 \tag{7.57}$$

である。

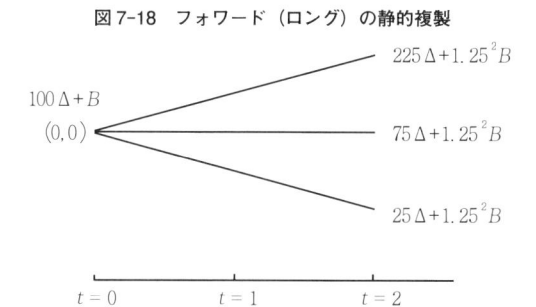

図7-18 フォワード（ロング）の静的複製

```
                         225Δ+1.25²B
        100Δ+B
         (0,0)  ─────── 75Δ+1.25²B
                         
                         25Δ+1.25²B

        t=0      t=1      t=2
```

（7.55）～（7.57）を満たす解は

$$\Delta = 1, \quad B = -64 \tag{7.58}$$

で、これよりフォワード・ロングの初期時点での価値は$100\Delta + B = 100 - 64 = 36$円となる。

4.7 オプション契約では静的複製が不可能な理由

なぜフォワード契約の場合には静的複製が可能で、オプション契約では不可能なのか。その原理を数式を用いて説明しよう。

いま、契約の満期日をT（今日からT年後）、受渡価格（オプションの場合は権利行使価格）をKで表す。リスクフリー・レートはr_f、今日の株価はS_0、満期日の株価はS_Tとする。

$t=0$で構築する複製ポートフォリオを（Δ, B）とすると、満期日にこのポートフォリオの価値は$S_T\Delta + (1+r_f)^T B$になる。一方、フォワード・ロングの満

期日のペイオフは $S_T - K$ なので、ペイオフを複製するには等式

$$S_T \Delta + (1+r_f)^T B = S_T - K \tag{7.59}$$

をすべての S_T の値について成立させる (Δ, B) を探せばよい。これは容易で、

$$\Delta = 1, \ B = -\frac{K}{(1+r_f)^T} \tag{7.60}$$

がその答えである。

　オプション契約の場合には、満期日のペイオフが $\max(S_T - K, 0)$ となる（コール・オプションを仮定）。したがって、(7.59) 式は

$$S_T \Delta + (1+r_f)^T B = \max(S_T - K, 0) \tag{7.61}$$

となる。この等式をすべての S_T の値について成立させる (Δ, B) を探さなければならないが、横軸を S_T とした図を考えると、左辺は傾きが Δ の直線であるのに対して右辺は $S_T = K$ の点で折れ曲がった折れ線になる。図7-19を見ればわかるように、(Δ, B) をどのように選んでも2つのグラフを一致させることはできない。

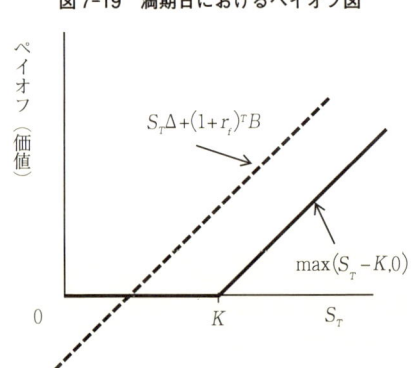

図7-19　満期日におけるペイオフ図

　フォワード契約の場合には、満期日のペイオフが $S_T - K$ と直線になるので、静的複製ポートフォリオの満期日の価値をフォワード契約の満期日のペイオフに完全に一致させることができる。オプションの場合に初期時点で構築したポートフォリオの買い持ちによって満期日のペイオフを複製することができないのは、オプションのペイオフが直線でない（非線形である）からなのである。

4.8 リスク中立化法による検討

フォワード契約について、リスク中立化法による原理的な検討も行ってみよう。ツリーの各分岐点にリスク中立確率が与えられる。このリスク中立確率を用いて満期日のフォワード契約のペイオフの期待値を求めて、それをリスクフリー・レートで割り引いた現在価値がフォワード契約の価値になる。これを数式で表現すると、

$$F_0 = \frac{1}{(1+r_f)^T} E_0^Q [S_T - K] \tag{7.62}$$

$$F_t = \frac{1}{(1+r_f)^{T-t}} E_t^Q [S_T - K] \tag{7.63}$$

となる。ただし、F_0 は初期時点での契約価値、F_t は途中の t 時点での契約価値である。$E_t^Q[\cdot]$ は期待値演算を表すが、上添字の Q はリスク中立確率を用いた期待値であることを、下添字の t は時点 t で入手される情報に基づく条件付き期待値であることを示す。

一方、株式についても「株価＝割引現在価値の期待値」が成り立つので、

$$S_0 = \frac{1}{(1+r_f)^T} E_0^Q [S_T] \tag{7.64}$$

$$S_t = \frac{1}{(1+r_f)^{T-t}} E_t^Q [S_T] \tag{7.65}$$

である。

いま、(7.62) 式を

$$F_0 = \frac{1}{(1+r_f)^T} E_0^Q [S_T] - \frac{K}{(1+r_f)^T} \tag{7.66}$$

と書き直してみると、右辺の第1項は (7.64) 式に一致するので、

$$F_0 = S_0 - \frac{K}{(1+r_f)^T} \tag{7.67}$$

となる。同様に (7.63) 式は、(7.65) 式を利用して

$$F_t = S_t - \frac{K}{(1+r_f)^{T-t}} \tag{7.68}$$

と書き直せる。

いま検討中のフォワード契約のデータ ($S_0 = 100, K = 100, T = 2, r_f = 0.25$) を (7.67) 式に代入すると

$$F_0 = 100 - \frac{100}{(1+0.25)^2} = 36 \tag{7.69}$$

となり、前に得られた結果と一致する。

コール・オプションの場合は (7.62) 式に相当する式が

$$C_0 = \frac{1}{(1+r_f)^T} E_0^Q [\max(S_T - K, 0)] \tag{7.70}$$

となる。これと (7.64) 式を組み合わせても、フォワードの場合のような単純化を行うことはできない。オプションの場合には、満期日の株価 S_T の確率分布の形状を定めないかぎり、(7.70) 式の右辺を計算することができない。

本章の冒頭で、「オプションの評価には原資産価格の確率モデルが不可欠であるが、フォワード契約の場合にはどんな確率モデルを仮定しても同じ評価値が得られる」と述べたが、これは以上の理由による。フォワード契約に比べて、オプション契約の評価には、「リスク中立化法」や「ペイオフの動的複製」といったより深い原理が必要とされる。それゆえにこそ、ブラック・ショールズ・モデルは1997年度のノーベル経済学賞の受賞対象に選ばれたわけである。オプション評価を複雑にする根本の原因がオプション・ペイオフの非線形性にあることを理解できれば、本章の主要な目的は達成されたというべきである。

4.9 フォワード契約の時価評価額

ある株式を今日から T 年後に受渡価格 K で売買するというフォワード契約を持っている場合、ロング・サイドの投資家であればその価値（あるべき時価評価額）は

$$F_0 = S_0 - \frac{K}{(1+r_f)^T} \tag{7.71}$$

ショート・サイドの投資家であれば

$$F_0' = \frac{K}{(1+r_f)^T} - S_0 \tag{7.72}$$

であることを、ここまでの展開で導出した。ただし、S_0 は今日の株価である。

この式は次のように解釈すればよい。ロング・サイドの投資家は、満期日に K 円を支払って株式1単位をもらう。満期日に支払う K 円の現在価値は $K/(1+r_f)^T$ である。また、満期日にもらう株式の今日の価値は S_0 である。今日の価値が S_0 の株式をもらって今日の価値が $K/(1+r_f)^T$ の資金を支出するのであるから、ロング・ポジションの今日時点における時価評価額は両者の差 (7.71) 式で与えられる。ショート・ポジションの時価評価額は、これを裏返しにした (7.72) 式になる。

これらの評価式では、株価の将来の確率的な動きを記述するパラメータは何も含まれないことに留意してほしい。実は、コール・オプションの評価式は (7.71) 式を若干修正したものに、プット・オプションの評価式は (7.72) 式を若干修正したものになる。ただし、オプションの評価式は株価の動きを記述する確率モデルに依存して決まるものであり、確率モデルのパラメータ（特にボラティリティ）が評価式に含まれることになる。

4.10 市場フォワード価格

ここまでは、ある受渡価格のフォワード契約を所与としてその評価を行う問題を考えてきた。$t=0$ より以前の日に締結した（受渡価格 K 円の）フォワード契約を時価評価する話をしてきたと考えればよい。

今日、新たにフォワード取引を行う（フォワード契約を結ぶ）状況を考えると、売り手・買い手の双方にとって、結ばれるフォワード契約の評価値がゼロになるところに受渡価格が定まる。そこで (7.71) 式の左辺を0に等しいとおいて K の値を求めると、

$$K = S_0(1+r_f)^T \tag{7.73}$$

が得られる。つまり、満期日が T 年後のフォワード契約が今日結ばれるとき、受渡価格は今日の株価に $(1+r_f)^T$ を掛けた値になる。これを記号 f_0 で表し、今日の**市場フォワード価格**と呼ぶ：

$$f_0 = S_0(1+r_f)^T \tag{7.74}$$

(7.74) 式は先物のキャリー公式と呼ばれる公式である。フォワードで株式を売るには、今日資金を S_0 円借りて株式を買い、満期日に相手に株式を渡せばよい。株式と交換に借入金の元利合計 $S_0(1+r_f)^T$ を買い手からもらえば、収

支トントンになる。つまり、市場で決まるフォワード価格（受渡価格）は、今日の株価に満期までの金利を上乗せした値に等しい。

5　リスク中立確率による解法と複製ポートフォリオによる解法の関係

ここで、二項モデルの1期分についてオプション評価の2つの解法の関係を整理してみよう。図7-20に示すように、今日の株価をS、今日のオプション価格をCで表す。1期後に株価はSのu倍、ないしはd倍になるとする。また、株価がu倍になったときのオプション価値をC_u、d倍になったときのオプション価値をC_dとする。リスクフリー・レートはr_fで表す。

図7-20　1期のオプションの複製

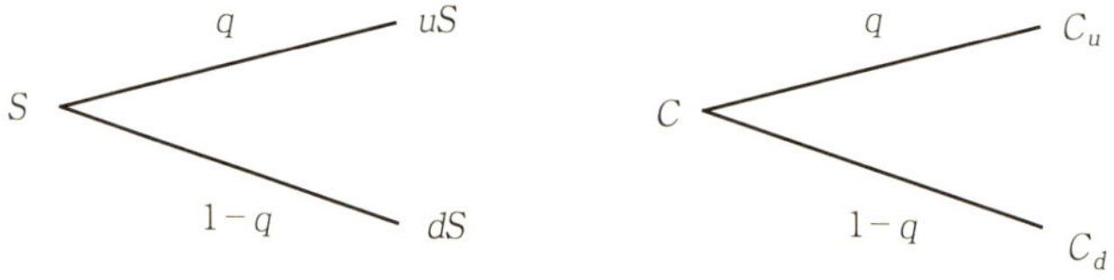

5.1　リスク中立化法

株価がu倍になるリスク中立確率をqと表して、株価のツリーにリスク中立化原理を適用すると

$$S = \frac{quS + (1-q)dS}{1+r_f} \tag{7.75}$$

となるので、これからリスク中立確率が

$$q = \frac{1+r_f - d}{u - d} \tag{7.76}$$

と求まる。

このqを用いて、オプションのツリーにリスク中立化原理をあてはめると

$$C = \frac{qC_u + (1-q)C_d}{1+r_f}$$

$$= \frac{1}{1+r_f}\left\{\frac{(1+r_f)-d}{u-d}C_u + \frac{u-(1+r_f)}{u-d}C_d\right\} \tag{7.77}$$

というオプションの評価式が得られる。

5.2 複製による解法

いま、株式 Δ 単位とリスクフリー資産 B 円でオプションの1期後の価値を複製しようとすると、連立方程式

$$\begin{cases} \Delta uS + (1+r_f)B = C_u & (7.78) \\ \Delta dS + (1+r_f)B = C_d & (7.79) \end{cases}$$

から

$$\Delta = \frac{C_u - C_d}{(u-d)S} \tag{7.80}$$

$$B = \frac{uC_d - dC_u}{(1+r_f)(u-d)} \tag{7.81}$$

と求まる。この複製ポートフォリオの今日の価値を求めれば、それがオプションの今日の価値になる。つまり、

$$\begin{aligned} C &= \Delta S + B \\ &= \frac{C_u - C_d}{u-d} + \frac{uC_d - dC_u}{(1+r_f)(u-d)} \end{aligned} \tag{7.82}$$

この式を整理すると

$$\begin{aligned} C &= \frac{(1+r_f)(C_u - C_d) + (uC_d - dC_u)}{(1+r_f)(u-d)} \\ &= \frac{1}{1+r_f}\left\{\frac{(1+r_f)-d}{u-d}C_u + \frac{u-(1+r_f)}{u-d}C_d\right\} \end{aligned} \tag{7.83}$$

となり、(7.77) 式と一致する。

複数の期間にまたがる場合でも、ツリーの1期分ごとに上記の作業を繰り返していくだけなので、リスク中立確率による解法と複製ポートフォリオによる解法は同一の結果をもたらす。

(7.80) 式で与えられる比率 Δ は、オプション・トレーダーの間でも、本章の記号通り「デルタ」と呼ばれる。式の右辺を見ればわかるように、二項モデ

ルでは、Δはツリーの1ステップ当たりでみたオプション価格の上下幅と株価の上下幅の比率で定義される。一般化していうと、デルタはオプションの原資産価格に対するエクスポージャーを表すリスク指標である。つまり、原資産価格が1円変化するとき、オプションの価格はΔ円変化する。オプションの動的複製で確認したように（図7-6、図7-10）、デルタの値は原資産価格の変動にともなって変化する。オプションのデルタについては7節でより詳しく論じる。

6 ブラック・ショールズの公式

デリバティブ評価理論の基本的な構造は以上の通りである。さきにも述べたが、図7-1のように1年を1期とするツリーで株価の動きを表現するのは非現実的にすぎるが、時間の刻みを十分小さくすれば二項モデルはきわめて実用性の高い解法となる。実際、評価公式が存在しないアメリカン・オプションや、ヨーロピアン・タイプでもペイオフの構造が複雑なオプション（**エキゾチック・オプション**[解説]と呼ばれる）を評価する際に、二項モデルがよく用いられる。

しかしながら、オプションの評価といえば**ブラック・ショールズ公式**がその代名詞になっているほどであり、また、オプション評価理論はブラック・ショールズ公式から始まったといってよい。

このブラック・ショールズ公式、ないしはブラック・ショールズ・マートン・モデルは、1973年にフィッシャー・ブラック、マイロン・ショールズ、ロバート・マートンという3人のファイナンス学者によって考え出された理論で、その独創性と金融実務に与えたインパクトの大きさに対して1997年度ノーベル経済学賞が授与された[6]。

彼らのモデルは連続時間の確率微分方程式という数学的道具を用いて書かれていたため、当時は多くのファイナンス学者の理解を超えるものであった。そこで彼らの理論から高度な数学的技法の部分を除去してオプション評価理論の本質を洗い出したのが、前節までに説明してきた二項モデルである。二項モデ

---

[6] 不幸にしてフィッシャー・ブラックはその2年前に他界したが、彼が生きていれば3人共同で受賞したはずである。

ルによるオプション評価法は、ジョン・コックス、マーク・ルビンスタイン、ステファン・ロスという3人の学者の共同論文として、1979年に発表された。

以下ではブラック・ショールズ公式について要点を説明する。

6.1 ブラック・ショールズ公式

ブラック・ショールズ公式とは、配当のないヨーロピアン・オプションの評価式であり、以下の2つの公式を指す：

$$C(S_0, K, \sigma, r_f, T) = S_0 N(d_1) - \frac{K}{(1+r_f)^T} N(d_2) \tag{7.84}$$

$$P(S_0, K, \sigma, r_f, T) = \frac{K}{(1+r_f)^T} N(-d_2) - S_0 N(-d_1) \tag{7.85}$$

ただし

$$d_1 \equiv \frac{\log(S_0/K(1+r_f)^{-T})}{\sigma\sqrt{T}} + \frac{1}{2}\sigma\sqrt{T} \tag{7.86}$$

$$d_2 \equiv \frac{\log(S_0/K(1+r_f)^{-T})}{\sigma\sqrt{T}} - \frac{1}{2}\sigma\sqrt{T} \tag{7.87}$$

$C(S_0, K, \sigma, r_f, T)$はヨーロピアン・コールの評価式、$P(S_0, K, \sigma, r_f, T)$はヨーロピアン・プットの評価式である。オプション価値を決めるパラメータは5つあり、以下の通りである：

S_0 = 今日の株価

K = オプションの権利行使価格

σ = 株価のボラティリティ[7]（標準偏差、年率）

r_f = リスクフリー・レート（年表示）

T = オプションの満期日までの時間（年表示）

---

[7] 株式収益率（対数リターン）の標準偏差がボラティリティσである。ブラック・ショールズ公式では、株価は連続時間の確率過程である幾何ブラウン運動に従うことを前提としている。幾何ブラウン運動に従うとき、株式収益率の分布はどの期間をとっても正規分布となり、標準偏差は単位時間当たりσで一定となる。ブラック・ショールズ公式において、σだけが直接観察できないパラメータで、その値を推定する必要がある。過去の株式収益率データを用いて算出された標準偏差は**ヒストリカル・ボラティリティ**と呼ばれている。

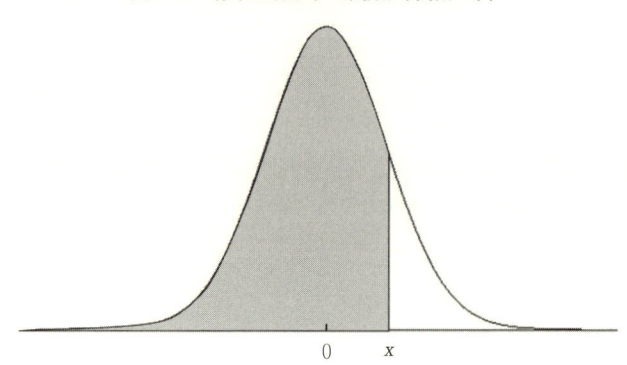

図7-21 標準正規分布の累積分布関数 N(x)

関数 $N(x)$ は標準正規分布の累積分布関数である。標準正規分布は図7-21のような形状をしている。$N(x)$ はこの分布に従う確率変数の実現値が x を下回る確率を表し、影の部分の面積に相当する。

ブラック・ショールズの公式は大変複雑な数式に見えるが、(7.84) 式は (7.71) 式と、(7.85) 式は (7.72) 式と同じ構造をしている。この点を、まず (7.84) 式について説明しよう。

(7.84) 式を次のように書き直してみる：

$$C(S_0, K, \sigma, r_f, T) = \frac{1}{(1+r_f)^T} [S_0 N(d_1)(1+r_f)^T - KN(d_2)] \tag{7.88}$$

確率 $N(d_2)$ はコール・オプションが満期日に権利行使されるリスク中立確率を示す。$KN(d_2)$ はこの確率に権利行使価格 K を掛けたものである。一方、$S_0 N(d_1)(1+r_f)^T$ は、

$$Z = \begin{cases} S_T, & S_T > K \text{ のとき} \\ 0, & S_T \leq K \text{ のとき} \end{cases} \tag{7.89}$$

で定義される確率変数のリスク中立確率を用いた期待値を表す[8]。

---

[8] いいかえると、$S_0 N(d_1)(1+r_f)^T - KN(d_2)$ は

$$Y = \begin{cases} S_T - K, & S_T > K \text{ のとき} \\ 0, & S_T \leq K \text{ のとき} \end{cases}$$

で定義される確率変数のリスク中立確率を用いた期待値に相当する。

コール・オプションの買い手は、満期日にオプションがイン・ザ・マネーになったときにだけ、K円支払って株式1単位をもらう。この事象が起こる確率を考えて満期日のペイオフの期待値を計算し、それを現在価値に割り引いたのが（7.88）式である。一方、投資家がフォワードの買いを行った場合は、満期日に必ずK円支払って株式1単位をもらうことになるので、フォワード・ロングの評価式は（7.88）式の確率$N(d_1)$と$N(d_2)$の項を1に置き直した式になり、これが（7.71）式である。

　満期日にコール・オプションがイン・ザ・マネーになる確率$N(d_2)$はd_2と単調増加の関係にある。このd_2を定義するのが（7.87）式である。この式のおおよその意味は次の通りである。$S_0/K(1+r_f)^{-T}$はコール・オプションが今日時点でどの程度イン・ザ・マネーであるか（イン・ザ・マネーネス）を直接表す指標である。このイン・ザ・マネーネスを、満期日の株価の確率分布を描いてその標準偏差$\sigma\sqrt{T}$に対する倍率で表現したのが$\log(S_0/K(1+r_f)^{-T})/\sigma\sqrt{T}$である。$d_1$と$d_2$はこれに$\sigma\sqrt{T}/2$を足したり引いたりして定義される。

　プット・オプションの評価式（7.85）も同じように解釈できる。ただし、コールがイン・ザ・マネーになる確率が$N(d_2)$であるので、プットがイン・ザ・マネーになる確率は$1-N(d_2)$となる。図7-21の分布は0を中心に左右対称であるから、コールの評価式と公式の形をそろえるには$1-N(d_2)$の代わりに$N(-d_2)$と書けばよい。

　オプションの今日の価値が$\Delta \times S_0+B$で与えられることを思い出して(7.84)式と対照させると、コール・オプションを複製するために今日買い入れるべき株式は$N(d_1)$単位で、借り入れるべき金額は$K(1+r_f)^{-T}N(d_2)$である。また、プット・オプションの場合は、今日空売りすべき株式は$N(-d_1)$単位、リスクフリー資産で運用すべき金額は$K(1+r_f)^{-T}N(-d_2)$である。

計算例7.1　ブラック・ショールズの公式

　株価指数が9000ポイントのときに、満期日まで半年、権利行使価格8500ポイントのコール・オプションとプット・オプションの価値をブラック・ショールズ公式を使って計算してみる。ただし、株価指数のボラティリティは年率20%、リスクフリー・レートは3%とする。

パラメータ値は $S_0=9000$, $K=8500$, $\sigma=0.20$, $r_f=0.03$, $T=0.5$ である。これより

$$K(1+r_f)^{-T} = 8500 \times 1.03^{-0.5} = 8375.3$$

$$d_1 = \frac{\log\left(\frac{9000}{8375.3}\right)}{0.20 \times \sqrt{0.5}} + \frac{1}{2} \times 0.20 \times \sqrt{0.5} = 0.5087 + 0.0701 = 0.5794$$

$$d_2 = \frac{\log\left(\frac{9000}{8375.3}\right)}{0.20 \times \sqrt{0.5}} - \frac{1}{2} \times 0.20 \times \sqrt{0.5} = 0.5087 - 0.0701 = 0.4380$$

である。このとき、標準正規分布の累積確率は

$$N(d_1) = N(0.5794) = 0.7188, \quad N(-d_1) = N(-0.5794) = 0.2812$$
$$N(d_2) = N(0.4380) = 0.6693, \quad N(-d_2) = N(-0.4380) = 0.3307$$

と求められる。これらの結果より、ヨーロピアン・コールの価値は

$$C = 9000 \times N(0.5794) - 8375.3 \times N(0.4380) = 864$$

ヨーロピアン・プットの価値は

$$P = 8375.3 \times N(-0.4380) - 9000 \times N(-0.5794) = 239$$

となる。

ちなみに、ボラティリティを $\sigma=0.30$ と仮定すると $C=1088, P=463$ と計算される。

6.2 プット・コール・パリティ

ヨーロピアン・タイプのプットは、同一満期で同一権利行使価格のコールを用いて複製することができる。それには、コール1単位の買いと株式1単位のショートを組み合わせ、リスクフリー資産に $K/(1+r_f)^T$ 円だけ投資すればよい。

その理由を説明するために満期日の株価を S_T で表す。リスクフリー資産は満期日に残高が K 円になっている。満期日にコールがアウト・オブ・ザ・マネー（$S_T < K$）のときは、この残高から株式の買い戻し資金を出せば、手元に $(K - S_T)$ 円が残る。一方、コールがイン・ザ・マネーのときは、残高 K 円を使ってコールを権利行使し、手に入る株式でショートポジションを解消すれば、手元には何も残らない。つまり、上記のポジションを今日組めば、満期日に

$S_T < K$ ならば $(K - S_T)$ 円、$S_T > K$ ならば 0 円のポジション価値になる。これはプットを 1 単位買ったのと同じことになる。

ノー・フリーランチの原理より、このポジションを今日組むために必要な資金がプットの今日の価値に等しくなければならない。したがって、同一満期・同一行使価格・ヨーロピアンタイプのプットとコール価格の間には以下の等式が成立する。

$$P = C - S_0 + \frac{K}{(1+r_f)^T} \tag{7.90}$$

これは**プット・コール・パリティ**と呼ばれる重要な関係式である。

この式を

$$C = P + S_0 - \frac{K}{(1+r_f)^T} \tag{7.91}$$

と書き直せば、今度はコールの静的複製に対応する式になる。この式の右辺は、プット 1 単位、株式 1 単位の買いと $K/(1+r_f)^T$ 円の借金を組み合わせたポジションの作成を示唆している。実際、このポジションを満期日まで「買い持ち」すれば、プットがイン・ザ・マネー ($S_T < K$) のときは、持っている株式を使ってプットを権利行使し株式の売却代金 K 円で借金を返せば、手元のポジション価値は 0 になる。一方、プットがアウト・オブ・ザ・マネー ($S_T > K$) のときは、株式を市場で売って借金を返せば手元に $S_T - K$ 円が残る。これは、コール 1 単位を持っているのとまったく同じ効果を得ることになる。

この式は、株価の確率モデルが何であっても成立する裁定式であるので、ブラック・ショールズ・モデルが想定する世界でも当然成立しなければならない。それを確かめるために (7.84) 式を (7.90) 式の右辺に代入すると、

$$\left\{ S_0 N(d_1) - \frac{K}{(1+r_f)^T} N(d_2) \right\} - S_0 + \frac{K}{(1+r)^T} = \frac{K}{(1+r)^T}(1 - N(d_2)) - S_0(1 - N(d_1))$$

となるが、$1 - N(d_i) = N(-d_i)$ ($i = 1, 2$) であるので、プットのブラック・ショールズ公式 (7.85) に一致する。

6.3 オプション価値と株価の関係

図 7-22 と図 7-23 に、ブラック・ショールズの公式を用いてオプション価値

と株価の関係を書いた図を示す。

コール・オプションの場合は、株価 S_0 とオプション価値 C の関係は右上がりの曲線になる（図7-22）。株価がほとんど0のときは満期日にイン・ザ・マネーになる確率も0に近いので、オプションの価値は原点から出発する曲線になる。また、株価が十分高いとき、オプションは満期日にほぼ確実にイン・ザ・マネーで終わるので、図の右端方向でコール・オプションの買いはフォワードの買いと同じことになる。ここでフォワード買いポジションの価値評価式

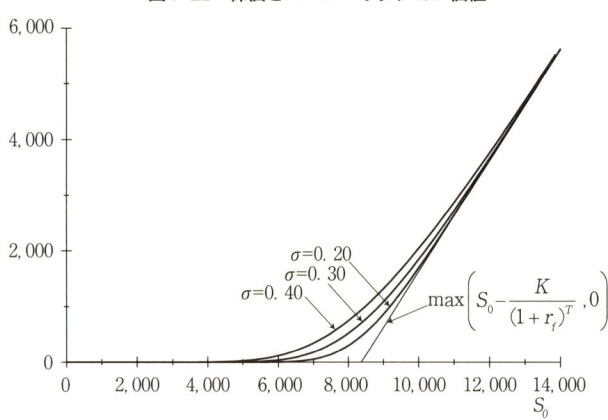

図7-22　株価とコール・オプション価値

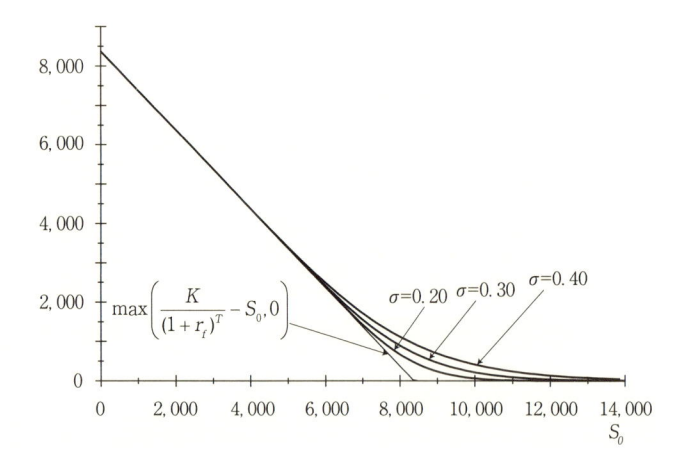

$$\max\left(S_0 - \frac{K}{(1+r_f)^T}, 0\right)$$

（$\sigma=0.20$、$\sigma=0.30$、$\sigma=0.40$）

図7-23　株価とプット・オプション価値

$$\max\left(\frac{K}{(1+r_f)^T} - S_0, 0\right)$$

（$\sigma=0.20$、$\sigma=0.30$、$\sigma=0.40$）

は

$$S_0 - \frac{K}{(1+r_f)^T}$$

で与えられるので、オプションの価値はこの（傾き 45 度の）直線に漸近する。

　プット・オプションの場合は、株価 S_0 とオプション価値 P の関係は右下がりの曲線になる（図7-23）。株価が 0 に近いときは、オプションは満期日にほぼ確実にイン・ザ・マネーになる。したがって、株価が 0 近辺のときのプットの価値は、フォワード売りポジションの価値

$$\frac{K}{(1+r_f)^T} - S_0$$

に漸近する。この直線の y 切片は $K/(1+r_f)^T$ である。また、株価が十分大きくなれば満期日にイン・ザ・マネーで終わる確率はどんどん小さくなるので、オプション価値は 0 に近づいていく。

7 オプションのギリシャ文字（Greeks）、インプライド・ボラティリティ

7.1 オプションの感応度分析

　ブラック・ショールズ公式には、オプション価値に影響を与えるパラメータが S_0, K, σ, r_f, T の 5 つある。オプションの価値はこれら 5 つのパラメータの変化によって高くなったり低くなったりする。したがって、これらの影響をとらえる「**感応度分析**」は、オプションのトレーダーだけではなく、オプションを使って運用を行う者や運用をバックアップするリスク管理者にとって不可欠の知識となる。個々のパラメータの変化がオプション価格に与える変化は、デルタ、ガンマ、セータなどのギリシャ文字で呼ばれている。

① **デルタ**

　はじめに今日の株価 S_0 の影響について考える。図 7-22 と図 7-23 にオプション価値と株価の関係を図示したが、この曲線の接線の傾きを測れば、株価がわずかに変化したときのオプション価値の変化量 $\partial C/\partial S_0$, $\partial P/\partial S_0$ がわかる。以前、オプションを動的に複製する際の株式保有量をギリシャ文字 Δ で表したが、

この Δ はオプション価値曲線の接線の傾きそのものであるから、この感応度は「**デルタ**」と呼ばれる。

コールのデルタ Δ^{Call} は以下のようになることが知られている。

$$\Delta^{Call} \equiv \frac{\partial C}{\partial S_0} = N(d_1) \tag{7.92}$$

同様に、プットのデルタ Δ^{Put} は以下のようになる。

$$\Delta^{Put} \equiv \frac{\partial P}{\partial S_0} = -N(-d_1) = N(d_1) - 1 \tag{7.93}$$

すなわち、プットのデルタは、コールのデルタから1を引いたものに等しくなる。$0 < N(d_1) < 1$ であるので、コールのデルタは正、プットのデルタは負の値をとる。なお、

$$\Delta^{Put} = \Delta^{Call} - 1 \tag{7.94}$$

は、プット・コール・パリティの公式 (7.90) からブラック・ショールズ・モデルに依拠することなく導くことができる。

デルタが S_0 の水準によってどのように変化するかを、さきの計算例について図7-24に示す。図に見るように、コールのデルタは0から1に向かって単調増加する。また、アット・ザ・マネー近辺で0.5程度となる。コールのデルタを1だけ下方に平行移動すれば、プット・デルタの図が得られる。

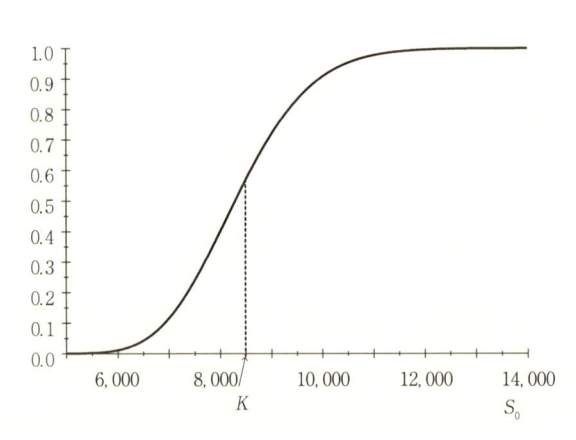

図 7-24　コールのデルタ

なお、行使価格 K の上昇は株価 S_0 の減少とほぼ同じ影響をオプション価値に与える。すなわち、K の上昇でコールの価値は低下し、プットの価値は上昇する。

② **ロー**

リスクフリー・レート の変化の影響は「**ロー**」（ρ）と呼ばれる。リスクフリー・レート r_f の上昇（下落）は、行使価格 K の現在価値を低める（高める）。r_f のオプション価値に対する影響は、ほとんどこのルートに支配される。すなわち、r_f の上昇で行使価格 K の現在価値が低くなるので、コールの価値は上昇し、プットの価値は低下する。

なお、プット・コール・パリティの公式（7.90）より

$$\rho^{Put} = \rho^{Call} - \frac{T \cdot K}{(1+r_f)^{T+1}} \tag{7.95}$$

となる。

③ **ガンマ**

今日の株価 S_0 の変化がデルタに与える影響をつかまえるには、デルタを S_0 で偏微分すればよい。これは、オプション価値を S_0 で2回偏微分することになる（$\partial^2 C/\partial S_0^2$, $\partial^2 P/\partial S_0^2$）。この感応度は「**ガンマ**」（$\Gamma$）と呼ばれる。すなわち、

$$\Gamma^{Call} = \frac{\partial \Delta^{Call}}{\partial S_0} = \frac{\partial^2 C}{\partial S_0^2} > 0 \tag{7.96}$$

$$\Gamma^{Put} = \frac{\partial \Delta^{Put}}{\partial S_0} = \frac{\partial^2 P}{\partial S_0^2} > 0 \tag{7.97}$$

プット・コール・パリティの公式（7.90）より

$$\Gamma^{Put} = \Gamma^{Call} \tag{7.98}$$

となる。

ガンマと株価の関係を図7-25に示す。ガンマは常にプラスの値をとり、アット・ザ・マネー近辺で最大となる。これは、アット・ザ・マネー近辺でデルタの変化が大きくなることを意味する。

ガンマは、オプションを動的に複製するときに発生する複製誤差（ないしは

図 7-25　コールのガンマ（× 1000）

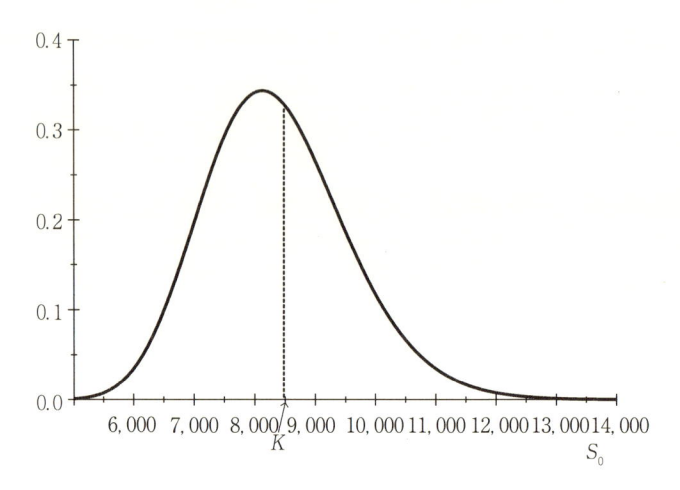

ヘッジ・エラー）に深くかかわる。オプションを動的に複製するには、株価の変動に応じてデルタを変化させることが必要となる。しかし、現実には、取引コスト削減の点からリバランスをそれほど頻繁に行えないために複製誤差が生じる。ガンマが大きいほど、この複製誤差が大きくなる。また、株価のボラティリティ σ は、ブラック・ショールズ・モデルでは一定と仮定されたが、現実のマーケットでは σ は時間的に変動する。ガンマは、この σ の変動を通じても複製誤差を増幅させることが知られている。

　以上の説明からわかるように、デルタとガンマは、オプション投資戦略のポジションを原証券価格の変動リスクに対してヘッジするときに用いられる計数になる。原証券価格の変化の方向（ディレクション）に対してヘッジをかけるのが「**デルタヘッジ**」である。しかし、原証券価格が短期間に大きく変動するときは、デルタに対してヘッジをしていてもヘッジが有効に機能しない。このときには、デルタだけでなくガンマも中立にする「**デルタガンマヘッジ**」が使われる。

④　ベガ

　ボラティリティ σ の変化がオプション価格に与える影響 $\partial C/\partial \sigma$, $\partial P/\partial \sigma$ は、

「**ベガ**」と呼ばれる[9]。コールは株価上昇に対する保険を、プットは株価下落に対する保険を提供する金融商品と考えることができるので、原資産のボラティリティが大きいほどオプションの価値も高くなる。したがって、コールでもプットでも、株価のボラティリティが大きくなるとオプション価値は増大する。つまり、ベガは常にプラスの値になる。これとプット・コール・パリティ式を組み合わせると、

$$\frac{\partial C}{\partial \sigma} = \frac{\partial P}{\partial \sigma} > 0 \tag{7.99}$$

である。

⑤ セータ

オプションを買い持ちしていると、他の条件を一定とすれば、オプション価値は時間の経過とともに減価する。満期日までの残存期間の短縮は、ボラティリティ σ の低下と同じで、コールとプットの価値を低める。満期日までの時間が短くなると、満期日株価の分布は標準偏差が小さくなるからである。

満期までの残存期間 T の変化がオプション価値に与える影響 $-\partial C/\partial T$, $-\partial P/\partial T$ は、「**セータ**」(θ) と呼ばれる。一般にセータはマイナスの値になる[10]。すなわち、

$$-\frac{\partial C}{\partial T} < 0, \quad -\frac{\partial P}{\partial T} < 0 \tag{7.100}$$

以上のパラメータ変化の影響をまとめると、以下の表7-1のようになる。

表7-1 オプション価値の変化

パラメータ	感応度	コール価格への影響	プット価格への影響
S_0	デルタ	+	−
K		−	+
σ	ベガ	+	+
T	セータ	−	−
r	ロー	+	−

---

[9] オプションの感応度のうち、「ベガ」だけはギリシャ文字ではない。この感応度をギリシャ文字の「カッパ」(κ) で表すオプションのテキストもある。

[10] イン・ザ・マネーのプットでは、セータがプラスとなる場合がある。それは T の減少が行使価格の現在価値を高める効果を持つためである。

7.2 インプライド・ボラティリティ

ブラック・ショールズ公式の5つのパラメータのうち、ボラティリティσだけが観察できない変数である。このボラティリティを、オプション評価モデルを用いて市場で成立するオプションの取引価格から逆算することができる。このように逆算されたボラティリティは、オプション価格に織り込まれたボラティリティという意味で、**インプライド・ボラティリティ**（IV）と呼ばれる。

オプション価格が与えられれば、ブラック・ショールズ公式はσに関する非線形の方程式を与える。この方程式をニュートン法などの数値計算法を利用して簡単に解くことができる[11]。

オプション市場では、同一の原証券に対して、行使価格や満期日の異なる複数のオプションが同時に取引されている。現実の市場でブラック・ショールズ公式が完全に成立しているならば、これら個々のオプションから求められるIVはすべて等しいはずである。しかし、コールとプットでは、異なる行使価格間で、また異なる満期日間で、算出されるIVが異なるのが現実である。この現象は「**ボラティリティ・スキュー**」（ボラティリティのゆがみ）と呼ばれ、株価が対数正規分布に従うという仮定を内包するブラック・ショールズ・モデルでは説明しきれない現象である。このボラティリティ・スキューを説明するためのオプション評価モデルの開発は、現在まで非常に盛んに行われてきた。オプションの上級教科書にはこのテーマがぎっしり詰まっている。

IVは市場が予想するボラティリティであるから、投資家にとっても政策当局者にとってもきわめて有益な情報となる。世界の代表的なオプション取引所では、複数のオプション価格から算出されるIVを指数化してボラティリティ・インデックスと呼ばれる指数を算出、公表している。算出の手法も、ブラック・ショールズ公式を用いるものから、モデル依存度を最小限に抑えたものまで、複数存在する。後者の代表としては、シカゴ・オプション取引所のVIX指数が有名である。

---

[11] ニュートン法は、仮の解の候補を繰り返し入れ替えて真の解に近づけていく数値計算法の1つであり、ごく簡単な計算プログラムに組むことができる。また、IVをエクセル（マイクロソフト社）の「ゴールシーク」機能を用いて簡単に算出することもできる。ブラック・ショールズ公式はσと単調増加の関係にあるので、オプションの取引価格が裁定を許す異常な領域にないかぎり、解となるσは一意に存在することが保証される。

8　二項モデルによるアメリカン・オプションの評価

アメリカン・オプションの場合には、権利行使のタイミングを選ぶのがオプションの買い手にとって重要な意思決定となる。ヨーロピアン・オプションの場合にはこのタイミング選択の問題がないのでブラック・ショールズ公式のような便利な評価式が存在するが、アメリカン・オプションについては正確な評価公式は存在しない。そうした場合に二項モデルがその有用性を大いに発揮する。実際、二項モデルを用いたアメリカン・オプションの評価方法は、以下に説明するようにごく簡単である。

8.1　リスク中立化法の適用

図7-1の株式を対象にする満期日まで2年のアメリカン・プット・オプションを考えてみる。権利行使価格は$K=¥125$とする。リスクフリー・レートは25%で、リスク中立確率は(7.4)式で求めたように、どの分岐点においても0.5である。

オプションの価値を求めるには、ツリーの右から左に向かってリスク中立化法を適用していけばよいのであるが、アメリカン・オプションでは各分岐点で権利行使の有無を決定する作業を行うのが、ヨーロピアン・オプションの評価との違いである。

各分岐点でアメリカン・オプションの価値は、

$$P_t = \max(\hat{P}_t, K - S_t) \tag{7.101}$$

と与えられる。ここで、S_tはその分岐点での株価、$\hat{P}_t$はオプションをそのまま持ち続けた場合の価値である。権利行使をする場合のペイオフは$K - S_t$、権利行使をせずにオプションをそのまま持ち続けた場合の価値は$\hat{P}_t$であるから、この2つの金額のうち大きいほうを各分岐点で選べばよい。

図7-26にアメリカン・オプションの評価を示す。各分岐点の欄外に$\hat{P}_t$を求める算式を示してある。分岐点(1, 1)ではオプションはアウト・オブ・ザ・マネーなので、権利行使しないほうがよい。よって、この分岐点でのオプション価値は$P_{(1,1)} = \hat{P}_{(1,1)} = ¥10$となる。これに対して分岐点(1, 0)では、権利行使

した場合のペイオフは¥75 で、そのまま持ち続けた場合の価値 $\hat{P}_{(1,0)}$ = ¥50 を超えるので、分岐点 (1, 0) では権利行使をするべきである。これを受けて、分岐点で (1, 0) でのオプション価値は $P_{(1,0)}$ = ¥75 となる。最後に、分岐点 (0, 0) では権利行使をした場合のペイオフ¥25 よりもそのまま持ち続けた場合の価値 $\hat{P}_{(0,0)}$ = ¥34 のほうが大きいので、$P_{(0,0)}$ = ¥34 で権利行使はしない。

このように、いまの例では権利行使を行うべきタイミングは分岐点 (1, 0) に限られる(権利行使が起きる分岐点を○印で囲んである)。初期時点では権利行使は行わないが、初期時点におけるオプションの評価値は分岐点 (1, 0) での権利行使を織り込んで34 円となる。

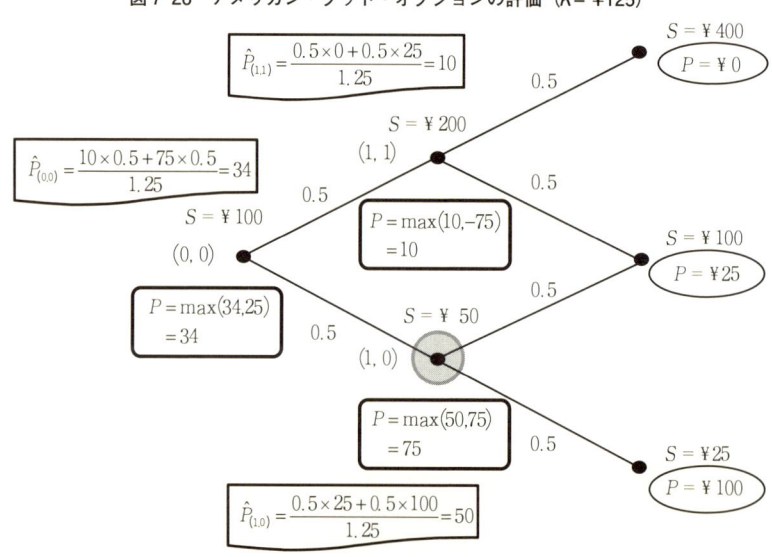

図7-26 アメリカン・プット・オプションの評価 (K = ¥125)

$$\hat{P}_{(1,1)} = \frac{0.5 \times 0 + 0.5 \times 25}{1.25} = 10$$

$$\hat{P}_{(0,0)} = \frac{10 \times 0.5 + 75 \times 0.5}{1.25} = 34$$

$$\hat{P}_{(1,0)} = \frac{0.5 \times 25 + 0.5 \times 100}{1.25} = 50$$

S = ¥400, P = ¥0
S = ¥200 (1, 1)
S = ¥100 (0, 0)
$P = \max(10, -75) = 10$
S = ¥100, P = ¥25
$P = \max(34, 25) = 34$
S = ¥50 (1, 0)
$P = \max(50, 75) = 75$
S = ¥25, P = ¥100

8.2 満期前権利行使のタイミング

コール・オプションの場合、原資産株式にオプションの満期日まで配当がないならば、満期前に権利行使するべきでないことが知られている。一方、プット・オプションの場合には、配当の有無にかかわらず、オプションが大きくイン・ザ・マネー側になれば権利行使をするほうが投資家にとって有利になる。

このあたりの一般法則の解説は、専門的なデリバティブのテキストに譲りたい。ただ、二項ツリーを書いて、上の手続きに従って数値計算を行えば、権利行使に関する結論は必ず一般法則に合致する。

第7章のキーワード

二項モデル　　オプションの複製　　動的複製　　静的複製
デルタ（Δ）　　フォワード契約の複製　　市場フォワード価格
エキゾチック・オプション　　ブラック・ショールズ公式
標準正規分布の累積分布関数　　プット・コール・パリティ
感応度分析　　ロー（ρ）　　ガンマ（Γ）　　ベガ　　セータ（θ）
インプライド・ボラティリティ（IV）　　アメリカン・オプション

第7章の要約

- 価格の時間的な動きを上昇・下落の2個の分岐の連鎖で表すモデルのことを**二項モデル**と呼ぶ。
- 株価のボラティリティが与えられれば、二項モデルの株価ツリーが特定化され、リスク中立確率を求めることができる。リスク中立確率を用いてリスク中立割引公式にあてはめれば、様々なデリバティブの評価を行うことができる。これは、満期におけるペイオフから現在へさかのぼって（バックワードに）計算すればよい。コール・オプションとプット・オプションの価値は、一般的に以下のように表すことができる。

$$C_0 = \frac{1}{(1+r_f)^T} E_0^Q [\max(S_T - K, 0)]$$

$$P_0 = \frac{1}{(1+r_f)^T} E_0^Q [\max(K - S_T, 0)]$$

ただし、E^Q はリスク中立確率に基づく期待値を表す。
- リスク中立確率をまったく用いないでオプションの評価を行うこともできる。その方法とは、**オプションの複製**である。オプションを複製する方法が見つかれば、それに要する費用（製造原価）がオプションの価値になる。
- オプションを複製する場合には、株式とリスクフリー資産を用い、株式の購入単位（Δ）を株価の変動に応じて変動させる**動的複製**を行う必要がある。
- フォワード契約は、満期日のペイオフが株価の線形関数（直線）になるため、株式の購入単位（Δ）を一定とする静的複製によって複製することができる。
- 現時点における新規フォワード契約の受渡価格 K は、$K = S_0(1+r_f)^T$ となり、**市場フォワード価格**と呼ばれる。
- 連続時間モデルの下での代表的なオプション評価式が**ブラック・ショールズ公式**である。ブラック・ショールズ公式とは、配当のないヨーロピアン・オプションの評価式であり、5つのパラメータ S_0, K, σ, r_f, T を持つ次の2つの公式を指す。

$$C(S_0, K, \sigma, r_f, T) = S_0 N(d_1) - \frac{K}{(1+r_f)^T} N(d_2)$$

$$P(S_0, K, \sigma, r_f, T) = \frac{K}{(1+r_f)^T} N(-d_2) - S_0 N(-d_1)$$

ただし、

$$d_1 \equiv \frac{\log(S_0/K(1+r_f)^T)}{\sigma\sqrt{T}} + \frac{1}{2}\sigma\sqrt{T}$$

$$d_2 \equiv \frac{\log(S_0/K(1+r_f)^T)}{\sigma\sqrt{T}} - \frac{1}{2}\sigma\sqrt{T}$$

- ブラック・ショールズ公式も、二項モデルに基づく評価式と同様にリスク中立割引公式を表している。すなわち、リスク中立確率を用いて満期でのペイオフの期待値をリスクフリー・レートで割り引いたものに等しい。
- ブラック・ショールズ公式において、5つのパラメータそれぞれの微小な変化がオプション価格に与える影響を分析するのは**感応度分析**と呼ばれ、オプションに関連する運用戦略やリスク管理に不可欠の知識である。
- 株価がわずかに変化したときのオプション価値の変化量は、動的複製を行う際の株式保有量Δに等しく、**デルタ**と呼ばれる。今日の株価の変化がデルタに与える影響は**ガンマ**（Γ）と呼ばれ、プラスの値をとる。ボラティリティの変化がオプション価格に与える影響は**ベガ**と呼ばれ、プラスの値をとる。満期までの期間の変化がオプション価格に与える影響は**セータ**（θ）と呼ばれ、マイナスの値をとる。また、リスクフリー・レートの変化がオプション価値に与える影響は**ロー**（ρ）と呼ばれる。
- オプション評価モデルを用いて、市場で取引されている現実のオプション価格からボラティリティを逆算することができる。このように逆算されたボラティリティは、オプション価格に織り込まれたボラティリティという意味で、**インプライド・ボラティリティ**（IV）と呼ばれる。
- **アメリカン・オプション**については正確な評価公式は存在しない。そうした場合に二項モデルがその有用性を大いに発揮する。

第8章 市場の効率性

この章の目的

　この章では、現代ファイナンス理論の中核をなすCAPM、APTやリスクニュートラル・プライシングなどの理論モデルで現実の資産市場をどの程度理解することができるか、という問題を扱う。ファイナンスは社会科学の中でもとりわけ豊富なデータが用意されている学問分野であり、膨大な実証研究の蓄積がある。そして、これらの実証研究の大半が、現代ファイナンス理論と現実のマーケットの動きの間の整合性を問うことに向けられてきた。この章では、市場の価格効率性という側面に焦点をあてて、ファイナンス理論から導き出される検証可能な命題をまとめ、主要な実証研究の概略について説明する。

1 市場の効率性の定義

1.1 効率的市場仮説とは

現実のマーケットが理論と整合的であることを市場が**効率的**であると呼び、「市場は効率的である」という仮説を**効率的市場仮説**と呼ぶ。市場が効率的というのは、現実の市場がほぼ理論通りに動くという意味なので、効率的市場仮説はファイナンスにとって大変重要なテーマである一方で、この仮説をめぐっては理論的な混乱も広く存在する。

市場の効率性に関する実証研究は具体的テーマが広範囲に存在し、実証方法の種類もきわめて多岐にわたるので、本書ではこの仮説が何を意味し、何を意味しないかを明らかにすることに重点を置き、実証研究の具体的内容については、その分野の専門書に譲りたい[1]。

ウィリアム・シャープは、効率的な市場を次のように定義している[2]。

効率的市場の定義

効率的な市場とは、すべての証券の市場価格が常にその投資価値に等しい市場である。

市場が効率的ならば、株式、債券、その他あらゆる金融資産には、いついかなるときでも、その投資価値を正しく反映した価格がつく。反対に、市場が効率的でなければ、証券価格はその本源的価値から離れがちになる。その場合には、投資家にとって価格の偏り（ミスプライシング）を利用して大きな投資収益を上げる可能性が開ける。

1.2 価格効率性と資源配分の効率性

上で述べたように、市場の効率性というのは証券価格の正しさを問う概念であるが、それは次の意味で、**経済の生産性**と密接につながっている。市場は、

---

[1] Campbell–Lo–Mackinlay ［1997］がこの分野で世界標準のテキストである。
[2] Sharpe–Alexander–Bailey ［2004］を参照。

投資家が将来に対する予想や判断を表明する場である。どの事業プロジェクトが成功するか、どんな技術が将来開花するか、どの新製品が消費者の心をつかみ、どの新製品は失敗に終わるか。多数の投資家のこうした意見を集約して、証券価格に正確に織り込むのが効率的な市場である。市場がこの意味で効率的ならば、証券価格は企業価値の最大化をめざして意思決定を行う企業経営者に重要な情報を伝え、経済資源の有効利用を促進する。反対に、証券価格が誤謬の産物であれば、市場は経営者の意思決定をミスリードする。その場合には、資源の有効利用を阻害し、経済の生産性を大きく損ねることになる。

資源の最大限の有効利用のことを、経済学では**資源配分の効率性**（Allocational Efficiency）と呼ぶ。これと区別するために、上で定義した効率性を**価格効率性**（Price Efficiency）と呼ぶことにしよう。市場の効率性は、本来は、資源配分の効率性と価格効率性の両方を意味する言葉であるが、ファイナンスで市場の効率性というときは、市場の価格効率性のことを指す。

2 ウィーク型、セミストロング型、ストロング型の効率性

2.1 市場の情報効率性

市場が（価格）効率的であれば、情報は迅速かつ完全に証券価格に織り込まれるはずである。では、迅速かつ完全に織り込まれる情報はどんな情報で、織り込まれない情報はどんな情報であるか。この問いかけによって、市場の効率性の程度を段階的に分けて検証できるようになる。この方向での検証は、特定の情報に注目して、証券価格がその情報を織り込むスピードやその正確さを問うことになるので、**市場の情報効率性**と呼ぶ。

市場の情報効率性の定義

市場がある情報に関して効率的であるとは、その情報に基づいた投資戦略をどのように策定しても、過大な投資収益を平均的に稼ぐことができないことをいう。

2.2 情報効率性の３つのタイプ

上の定義に従う場合、どんな情報を問題にするかが問われることになるが、ハリー・ロバーツ［1967］とユージン・ファーマ［1970］は、次のように情報を３つの種類に分けて市場の効率性を検証することを提案した。

(1) ウィーク型の効率性　今日の証券価格が、過去の証券価格に関する情報を完全に織り込むかどうかを問う。ウィーク型の効率性が成り立てば、過去の証券価格のパターンを分析してそこから投資戦略を策定しても、過大な投資リターンを平均的に獲得することはできないことになり、いわゆる**テクニカル分析**の否定につながる。株価の**ランダム・ウォーク仮説**はウィーク型の効率性と関連する。

(2) セミストロング型の効率性　今日の証券価格が、過去の証券価格を含むあらゆる公開情報を迅速かつ完全に織り込むかどうかを問う。セミストロング型の効率性が成り立てば、企業の有価証券報告書や決算短信、増配や株式分割、M&Aのニュース、アナリストの業績予想などを分析してそこから投資戦略を策定しても、過大な投資リターンを平均的に獲得することはできないことになり、いわゆる**ファンダメンタル分析**の否定につながる。

(3) ストロング型の効率性　一部の投資家にしか知られていない情報でも、証券価格に迅速かつ完全に織り込まれるかどうかを問う。ストロング型の効率性が成り立てば、企業の内部情報でさえ瞬時に市場価格に織り込まれることになるので、インサイダー取引によって過大なリターンを獲得することも不可能ということになる。

3　市場の効率性と期待リターン

3.1　要求リターン

市場の効率性を実際に検証するには、何が正常なリターンで何が過大なリターンであるかを知る必要がある。そこで正常なリターンのことを、市場が要求するリターンという意味で、**要求リターン**と呼ぶことにしよう。リスクのない投資対象に市場が要求するリターンはリスクフリー・レートであるが、リスク資産に対してはリスクフリー・レートにリスクプレミアムを上乗せしたリター

ンを市場は要求する。

3.2 効率的市場の命題

市場が効率的ならば、市場の需給調整能力によって、投資家が高い要求リターンを求める証券の価格は低く、投資家が低い要求リターンで満足する証券の価格は高くなる。

効率的市場の命題

市場が効率的ならば、

$$\text{期待リターン} = \text{要求リターン} \tag{8.1}$$

が成立するところまで、個々の証券価格は調整される。

(8.1) 式左辺の期待リターンとは、リターンの平均的な実現値や、現在の株価をベースに計算されるリターンの予想値を指す。市場が効率的でなければ、期待リターンが要求リターンから乖離している証券が市場に存在する。期待リターンが要求リターンを上回る証券は価格が割安であり、期待リターンが要求リターンを下回る証券は価格が割高である。こうした割安、割高の証券を体系的に見つけることができる投資家は、要求リターン以上のリターンを平均的に獲得することができる。

3.3 要求リターンを決めるもの

(8.1) 式右辺の要求リターンの大きさを決めるのがリスクの価格理論であるが、これにはCAPM、APT、ICAPMなど複数の理論モデルがあり、どのモデルを使って要求リターンを計算するかで、市場の情報効率性に関する結論が左右される。この分野の大半の実証研究はこの問題を回避できない。つまり、検証は、(1) 市場が情報効率的であるという命題と、(2) 採用した資産価格モデルが妥当であるという命題、の双方を同時に検証することになる。逆にいえば、仮説に否定的な検証結果が出ても、その結果は市場の情報効率性を否定しているとも、採用した資産価格モデルが現実の証券価格に対する説明力を持たないことを示唆しているとも、どちらにも解釈できてしまう。市場の情報効率

性に関する実証結果を見るときは、このことを念頭に置く必要があることを明記したい。

3.4 ストロング型効率性とインサイダー取引

市場がストロング型効率性を満たすならば、企業の経営者がインサイダー情報を悪用して儲けようとしても、株式を市場で売買する直前に瞬時にその情報が価格に織り込まれてしまって、儲ける余地がないということになる。市場の効率性がこのレベルで成立すると考えるファイナンス学者はほとんどいない。セミストロング型、およびウィーク型の効率性も、文字通りに成立すると考えるのは妥当ではない。市場の効率性は程度の問題であり、現実の市場において情報がどの程度迅速かつ正確に証券価格に織り込まれるかを知ることが、ファイナンスにとって重要な課題である。

3.5 証券の市場価格の意味

需要（買い）と供給（売り）が市場で交錯して、証券の価格が決定される。この価格は、その証券が将来いかなる価値を持つようになるかについての、市場の多数意見を集約したものである。証券の価値に影響するあらゆる情報が市場取引の引き金になる。多数の証券アナリストやファンドマネジャーが日々変動する証券価格を不断にウォッチしていて、割安と思えば買い、割高と思えば売りの注文を市場に出す。投資収益を追い求める投資家のこうした利益追求行動が盛んであればあるほど、市場のミスプライスはすぐ発見され、発見者による発注と市場の需給調整能力によって、価格は正しい水準に修正される。

市場の効率性は、上記のメカニズムが現実の市場でどの程度強力に働いているかに左右され、取引コストや市場の制度設計、取引規制、投資家の目的関数、市場参加者の厚みや成熟度などに依存して決まる。

以下では、市場の情報効率性、広義の価格効率性、CAPMの現実妥当性というテーマに分けて、この分野で蓄積された膨大な研究の中から重要なポイントを拾い上げて解説する。

4 ウィーク型の効率的市場仮説と証券価格の時系列特性

4.1 マルチンゲール性

いま、(8.1)式右辺の要求リターンがゼロと仮定しよう。このとき、効率的市場では期待リターンがゼロとなるように証券価格が決まることになる。ウィーク型の効率的市場仮説の意味を考えるために、時点 t での証券価格を p_t とし、時点 t 以前に証券価格がどういう経路をたどったかに関する情報を I_t と表すことにすると、市場の要求リターンがゼロのとき、効率的市場の命題(8.1)式は

$$p_t = E(p_{t+1}|I_t) \qquad (8.2)$$

とも書ける。ここで、(8.2)式の右辺は、情報 I_t に基づく p_{t+1} の条件付き期待値を意味する。

マルチンゲール過程

(8.2)式を満たす経済時系列(確率過程)は、**マルチンゲール性**を持つという。

(8.2)式は、明日の価格に対する今日の予想値(期待値)が今日の価格に等しいことを示している。同じゲームを繰り返しプレイするプレイヤーを考えて、彼の稼ぎの合計額を p_t とすると、(8.2)式は1回当たりの稼ぎの期待値がゼロであることを意味する。つまり、(8.2)式は公平な(フェアな)ゲームの条件にほかならない。なお、マルチンゲールという確率用語は、マルチンゲール・システムと呼ばれるカジノ用語から援用されたものである[3]。

---

[3] マルチンゲールは、本来は、馬のまた綱(腹帯から前肢の間を通って手綱に続く馬具)のことである。マルチンゲール・システムと呼ばれるギャンブルの有名な古典的戦術は、負けた金額の倍額を次回の勝負に賭けていくという戦術で、主にルーレット、ブラックジャック、クラップス、バカラなど、配当倍率が1倍の賭けのゲームで使われる。100ドル賭けて負けたら次は200ドル、それでも負けたら次は400ドル、さらに負けたら800ドルというように倍々に賭けていくと、いつか1回でも勝てばその時点でそれまでの負け分のすべてを取り戻し、100ドルの儲けが出るという考えに基づいた戦術である。これはギャンブラーの古典的な戦術だが、負け続けると賭け金が幾何級数的に増加し、カジノ側の設定する賭け金の最高限度額に引っかかって破産に追い込まれる。

4.2 価格変化の予測不可能性

ところで、各時点で入手される情報に基づいて将来の価格変化を予測しても価格変化の期待値が常にゼロであるならば、価格は予測不可能ということができる。そして、価格が予測不可能ということは、価格が**ランダムに動く**、あるいは**価格変化の系列相関はゼロ**といいかえることもできる。つまり、市場がウィーク型の情報効率性仮説を満たし、今日の価格が過去の価格に含まれる情報を完全に織り込んで形成されるなら、価格の変化は完全にランダムで予測不可能ということになる。なお、いま述べた話をより深く理解したい読者は、章末の数学付録で詳しく説明しているので参照されたい。

証券に本源的な価値があるならば、中長期的には価格はその本源的価値の水準に近づいていくのではないか。また、そうであれば、価格はランダムではなく、むしろスムーズに本源的価値に近づいていくはずだという直感が働くかもしれない。本源的価値に向かって価格が少しずつゆっくりと調整されていくならば、過去の価格のパターンを見て将来の価格の方向をある程度予測できることになり、テクニカル分析が有効になる素地が生まれる。

しかしながら、この見方は正しくない。市場では、証券の本源的価値に関する新しい情報が絶えず発生する。情報効率的な市場では、新しい情報は、瞬時に、かつ完全に、価格に織り込まれていく。新しい情報とは、言葉の定義上、前もって予測不可能な情報（サプライズ）のことである。グッド・ニュース（歓迎すべきサプライズ）が来れば価格は上昇し、バッド・ニュース（歓迎されざるサプライズ）が来れば価格は下落する。グッド・ニュースとバッド・ニュースはランダムに発生するので、情報効率的な市場では証券価格はランダムに変動する。

スポーツ選手の好不調の波や、日々の天候・気温から、製品価格や物価水準、GDP（国内総生産）に至るまで、大多数の変数を時系列で追えば、それらの動きは完全にランダムではなく、時系列変化にプラスの相関やマイナスの相関があるのが普通である。これに対して、証券や金融資産の価格だけは特別である。情報効率的な市場で形成される証券価格や資産価格はランダムに動くはずで、もしランダムでなければそれは市場が情報効率的でない証拠になる。この命題を数学的な命題として最初に発表したのは有名な経済学者ポール・サミュ

エルソンであるが、長い間、この命題がウィーク型の効率的市場仮説の数学的な表現と考えられてきた。

4.3 効率的市場命題の注意点

しかしながら、この効率的市場の命題 (8.1) 式の解釈には注意を要する。(8.2) 式は、(8.1) 式で市場の要求リターンがゼロという仮定を置いて導かれた。実際には市場の要求リターンはゼロではなく、リスクフリー・レート＋リスクプレミアムであることに注意して、場合分けをして考えてみよう。

(1) 要求リターンが一定の場合　この場合は、やはり証券価格はランダムに動くことになる。
(2) リスクプレミアムが一定の場合　この場合は、リターンからリスクフリー・レートを差し引いた超過リターンがマルチンゲール性を有することになる。金利が確率的に動くと考えれば、この場合は証券の超過リターンの系列相関はゼロであるが、証券のリターンの系列相関はゼロとはかぎらないことになる。
(3) リスクプレミアムが確率変動する場合　この場合は、リターンと要求リターンの差がマルチンゲール性を有することになるが、証券のリターンや超過リターンに系列相関があっても不思議ではないことになる。
(4) 配当が支払われる場合　株式の配当や債券のクーポンのように、途中で現金の支払いがある場合には、(8.1) 式左辺の期待リターンにこのインカムゲインも含めて考える必要がある。

4.4 情報効率性の数学的表現

以上を次の式にまとめることができる。時点 t での金利を r_t、リスクプレミアムを π_t、時点 $t+1$ で受け取る配当を d_{t+1} と表すと、情報効率的な市場では、証券価格 p_t は次の式を満たすように決定される。

$$(1+r_t+\pi_t)p_t = E(p_{t+1}+d_{t+1}|I_t) \tag{8.3}$$

これを

$$p_t = E[(p_{t+1}+d_{t+1})-(r_t+\pi_t)p_t|I_t] \tag{8.4}$$

と書き直すと、右辺の期待値の中の変数がマルチンゲール性を有する変数であ

4.5　効率性の数学的表現の意味

（8.4）式の意味をもっと具体的に説明しよう。証券価格を配当込みで指数化して、その指数を買い、マネー・マーケット・ファンド（短期金利のロール運用）をショートするロング・ショート戦略の累積リターンを計算する。リスクプレミアム π_t がゼロのとき、（ウィーク型の）情報効率的な市場では、このロング・ショート・ファンドの指数値がマルチンゲール過程になる。つまり、（8.4）式は、この指数値の増分に系列相関がないことを意味する。また、リスクプレミアム π_t がゼロでなくても一定値であれば、やはりこの指数値の増分に系列相関は生まれない。しかしながら、リスクプレミアム π_t が確率的に変動するならば、短期金利だけでなくリスクプレミアム部分も控除した累積リターンがマルチンゲールになるだけで、証券のリターンや超過リターンに系列相関がないという命題は成立しない。

第3章の6節で述べたように、米国では、株式の6カ月以内のリターンにプラスの系列相関（株価モーメンタム）が存在することが知られている。これとは逆に、日本では、1カ月程度のリターンにはマイナスの系列相関（株価リバーサル）が存在する[4]。一方、3年から5年という長期のリターンを見ると、米国でも日本でも株価にマイナスの系列相関が存在する。これらを市場が情報効率的でない証拠と解釈する向きも多いが、理論的にいえば、短絡的にこう解釈して市場の非効率性を喧伝するのは早計である。

長期については、配当利回りが株式の将来のリターンに対してかなり強い予測力を持つことが知られている。この現象は、市場の要求リターン（将来のキャッシュフローに対する割引率）が時間をかけて緩やかに変動すると考えれば説明可能である。マクロ経済的な要因によって投資家の要求リターンが上昇すれば、足下の株価は下落し、その結果期待リターンが（要求リターンの上昇に見合う分だけ）上昇する。一方、株価が下落すれば、配当利回りは上昇し、過去の実現リターンは低下する。このように考えれば、株価が長期的にはリバー

---

[4] 日中（イントラ・デイ）などのように、もっと短い期間で観測すると、株価にはマイナスの相関があることが知られている。

サルないしはミーン・リバージョン（平均への回帰）の傾向を持つこと、ならびに配当利回りの上昇（低下）が将来の株価の上昇（下落）の予測要因となることは、市場の効率性と整合的に説明することもできるのである。

4.6 市場の効率性では解釈できない時系列特性

株価の時系列が統計的な癖を持つとするすべての結果が、市場の効率性と整合的かどうかは疑わしい。特に、株価の季節性（1月効果）や曜日効果[5]などについては、その統計的有意性が十分高ければ、効率的市場仮説への反証と解釈するのが自然と思われる。また、数カ月以内の株式リターンが米国ではプラスの系列相関、日本ではマイナスの系列相関を持つのはなぜか。これについても、まだ理論的に解明されていない。ただし、株価の系列相関は十分強い統計的有意性を持つにもかかわらず、実際にこれを利用した運用戦略を策定しても、ポートフォリオの売買回転率がきわめて高くなって、取引費用をカバーするだけの高いリターンを生むのは容易ではない。この意味で、ウィーク型の情報効率性仮説は、日米の株式市場ではおおむね成立していると考えてよいであろう。

5 セミストロング型の効率的市場仮説

5.1 セミストロング型の効率的市場仮説の実証研究

ウィーク型に比べてセミストロング型の情報効率性仮説は、すべての公開情報が瞬時にかつ完全に証券価格に織り込まれるという、より強い内容の主張を含むがゆえに、株価に関して賛否両論の研究が数多く発表されてきた。増益、増配、アナリスト予想の改訂（リビジョン）、増資、株式分割、自社株買い戻し、M&A などのニュースが、どの程度のスピードで、またファイナンス理論と整合的な水準に株価に織り込まれるかについては、数多くの実証研究がある。

膨大な実証研究の的になってきた米国の株式市場について総論的にいえば、この種の情報はニュース公表のインパクトを受けた瞬間、ほぼ完全に株価に織

---

[5] 日本でも米国でも、株式のリターンは1月が他の月よりも高いといわれる。これを「1月効果」と呼ぶ。「曜日効果」は、特定の曜日の株式リターンが高い（あるいは低い）という現象を指す。米国では、週末日のリターンが高く、月曜日のリターンが低いといわれる。日本では、月曜日よりも火曜日のリターンが低いという報告がある。

り込まれる。ニュースになる以前に徐々に株価に織り込まれることがあっても（これは、ストロング型の情報効率性が市場で成立していないことの証拠となる）、あとになって時間をかけて株価が調整していくということは、あまり見られないといっていいであろう。その意味で、セミストロング型の情報効率性仮説もおおむね成立するといえる。ただし、次の2点に注意すべきである。

5.2 実証研究についての2つの注意点

第1に、この分野の研究では、正常なリターン（要求リターン）を構成するリスクプレミアムの大きさを定義するうえで、CAPMを前提にするものが圧倒的に多い。CAPMをベンチマーク理論としてそれとの比較で現実を判断するわけであるから、現実が理論通りでなくても、市場の情報処理能力の効率性（情報効率性）を否定する結果なのか、CAPMが観測結果にバイアスをもたらしているだけなのかは識別できない。この問題を回避するには、APTやファーマ＝フレンチの3ファクター・モデルなど、リスクプレミアムを決定する複数の理論モデルをベンチマークにして、**アノマリー**（理論からの乖離）の有無を調べるべきである。

第2に、米国の株式市場でも実証研究の対象は大型株に集中する。小型株は流動性が低く、多くの投資家やアナリストの注目から取り残されている銘柄も多い。したがって、大型株に比べて小型株について市場の情報効率性が劣るとしても不思議ではない。また、日本では、株式分割による異常な株価上昇とその後の暴落が、少なくとも最近までは日常茶飯事であった[6]。こうした点を振り返ると、市場の情報効率性は程度の問題で、仮説が正しいか誤りかが問題なのではなく、むしろ投資家や市場の成熟度を測るものさしと考えるほうが有益である。

---

[6] 2001年の商法改正により株式分割が行いやすくなり、2005年の取引所による自粛要請までに1対10を超えるような大幅な分割比率の株式分割がしばしば行われた。株式分割後しばらくは新株の発行ができないため売りに回る株数が不足して株価が暴騰し、次の新株発行前後に暴落することが起こった。例えば、ライブドアは大幅な株式分割を繰り返し、2001年7月から2004年8月までの3年余りの間に1株が30,000株に増殖した。

6　情報と株価に関する他の研究

　情報と株価の関連について、株価の変動性（ボラティリティ）に注目した研究も多数発表されている。その中から代表的なものを3つあげよう。

6.1　株価変動の大きさとニュース発生頻度の関係
　株価を変動させるのが市場の外側で公開される情報であるとすれば、株価変動の大きさはニュースが発生する頻度にほぼ比例しなければならない。しかし、金曜の終値から月曜始値の株価変化の分散は（週末の間にも新しい情報が報道されているにもかかわらず）、1取引日当たりの株価変化の分散よりもはるかに小さいことが知られている。また、株価変動の中で、経済、産業、企業のニュースの発生によって説明される部分は半分以下という研究もある。これらの研究から、公開情報が市場に入れば市場の内部で情報が自己増殖して、株価に複雑で多様なインパクトを与えていることが推測される。

　1987年10月19日、いわゆるブラックマンデーにニューヨーク証券取引所で起きた株価の暴落は、全米企業時価総額の23％を1日で失うものであったが、この月曜日や週末の間に市場ファンダメンタルズの不調を伝えるニュースは何もなかった。この突然のマーケット・クラッシュは、ほんのわずかな情報が引き金になって、売りが売りを呼び、投資家の疑心暗鬼に相乗作用が働いて株価を大きく動かしたものと考えられているが、市場内部での情報の自己増殖がときにはこれほどの規模で起こりうることを物語っている。

6.2　配当変動との比較における過度の株価変動
　ロバート・シラー［1981］は、株価の変動が配当の変動よりもはるかに大きいことをもって、株式市場の非効率性の証拠と主張した。株価が将来支払われる配当の割引現在価値の期待値に等しいという理論が正しいとすれば、株価のボラティリティが配当のボラティリティよりもはるかに大きいという事実を説明できないというわけである[7]。

6.3 投資家の集団心理や熱狂が株価に与える影響

株式をはじめ、不動産や商品の価格が投資家の集団心理や熱狂に長い間支配されうることは、18世紀の南海泡沫事件[8]をはじめとして、米国での1960年代のオープン型投信ブーム（ゴーゴー・ファンド）の過熱、日本における1980年代後半の土地ならびに株式市場のバブル、1999〜2000年のITバブル、2003年以降の米国の不動産バブルなど、多くの歴史的事実が示すところである。皮肉な見方をすれば、人類の歴史はバブルに至るエネルギーの蓄積過程であり、そのエネルギーの混沌の中でこそ経済的革新や文化的創造が生まれるといえなくもない。しかしながら、バブルは必ず弾けるときが来ることも歴史が教えるところであり、市場のアービトラージの圧力が強いほど、ミスプライシングの矯正力が強く働く。この観点から補足すると、市場の価格効率性を論じるときには、株価水準に関するマクロ的価格効率性の問題と、個別株式の相対価格に関するミクロ的価格効率性の問題を切り分けることも重要なポイントである。

7 広義の価格効率性

7.1 ノー・フリーランチの理論から導かれる関係式に関する研究

株価以外についても、市場の効率性に関する研究が多数行われている。例えば、先物価格が先物の**キャリー公式**の通りについているか、オプションの**プット・コール・パリティ**が成立しているか、通貨について**カバー付き金利平価**が成立しているか、などを例としてあげることができる。これらはいずれも第5、

---

[7] このシラーの主張に対しては、配当のミーン・リバージョンや割引率（要求リターン）の時間的変動があれば、株価が配当よりも大きく変動することは理論と何ら矛盾しないと反論できる。また、配当割引モデルを前提にして実際に配当とそれに応じた株価の時系列をコンピュータに発生させて、シラーが観測したのと同じ現象が起きることを指摘し、シラーの主張の理論的欠陥を突いた議論もある。

[8] 18世紀初頭、英国の経済界と政界に大混乱をもたらした事件。英国のトーリー党は、1711年、財政危機から脱するために南海会社を設立して、国債の一部を引き受けさせ、スペイン領南アメリカとの奴隷貿易による利潤でそれをまかなわせようと目論んだ。南海会社は、実際の貿易をほとんど行わなかったのに、国債の大部分を引き受けて国民の人気を博し、猛烈な株式投機の対象となった。1720年前半に会社の株価はおよそ10倍に急騰し、これに刺激されて投機を目的とする実体のない「泡沫会社」が200以上も生まれた。しかし、1720年後半にはブームは崩壊し、南海会社の株価は暴落、ブームに乗って群生した泡沫会社はことごとく破産し、多数の投資家が破滅した。

7章で説明したノー・フリーランチの理論と観測可能な変数だけから導かれる関係式なので、裁定ポートフォリオによって実際に取引コストを上回るリターンが稼げるかどうかで、真偽が判定できる。この領域の研究結果は、デリバティブ市場の立ち上がり時期に関する研究を除けば、理論と現実が一致することを支持する結果を報告するものが圧倒的に多い。これらの研究も市場の価格効率性を検証しようとするものであるが、市場が新しい情報に反応するスピードを問題にする情報効率性とは区別して考えたほうがいい。

7.2 ノー・フリーランチとはならない近似的な裁定関係に関する研究

必ずしもノー・フリーランチとはならない、近似的な裁定関係を検証する研究も存在する。中でも有名なものは、**金利の期待仮説**[解説]（イールドカーブの金利予測力に関する仮説）の検証と、第6章で述べた**通貨に関するカバーなし金利平価**（内外金利差の為替レート予測力に関する仮説）の検証である。特に、後者については、**フォワード・プレミアム・パズル**と呼ばれるアノマリーが有名であり、まだ説得的な理論的説明が発見されていない。また、フィッシャー・ブラックとマイロン・ショールズ［1972］が共同で行ったブラック・ショールズ・モデルのアービトラージ実験も、彼ら自身が、論文に「市場効率性の研究」という題目をつけている。

7.3 限定的アービトラージ

現実の市場では裁定取引が十分に行われないために、しばしば価格がノー・フリーランチの原理から乖離することが生じる。裁定取引が十分に行われない原因には、取引費用の存在のほかに、論理的な行動原理を持たないノイズ・トレーダーと呼ばれる一群の投資家によって、市場の価格が理論価格から継続的に離れてしまう**ノイズ・トレーダー・リスク**の存在がある。裁定を行う投資家がリスク回避的であれば、ノイズ・トレーダー・リスクを恐れて裁定取引が十分には行われなくなってしまうのである。これは行動ファイナンスにおいて**限定的アービトラージ**と呼ばれている。

債券については、発行体が同じで、償還日やクーポンレートもほぼ同一の社債でも、既発債と新発債の最終利回りに格差が存在するといった現象や、逆に、

債券の最終利回りに格付けの違いに見合った格差がつかないといった現象は、市場の価格効率性が損なわれていることを示唆する。

株式についても、親会社が子会社の株式のほとんどを所有しているにもかかわらず、親会社の時価総額よりも子会社の時価総額のほうが大きいといった現象[9]や、会社型投信の発行株式の時価総額が、保有する投信ポートフォリオの時価総額を下回る現象（**クローズ型投信パズル**）などが、アノマリーとして知られている。

価格非効率性の多くは、市場の流動性不足に大いに関連している。しかし残念ながら、市場の流動性という問題は、一部の日中取引にかかわる現象の説明を除いて、ファイナンス理論にとってまだ未開拓の領域である。

8　CAPMアノマリー

最後に、第3章で述べたいわゆるCAPMアノマリーについて簡単にまとめておきたい。すでに指摘したように、CAPMは効率的市場仮説の検証において要求リターンのベンチマークとして用いられることが多い。そのため、実証的にCAPMが成立しているかどうかは大変重要な論点になる。

8.1　CAPMアノマリーのタイプ

CAPMに関する実証研究は、初期には肯定的な検証結果を示すものが多かったが、1970年代後半以降、否定的な結果を示す文献が多く登場するようになってきた。CAPMアノマリーと呼ばれるこれらの文献の多くでは、複数の株式ポートフォリオの間のリターン格差がベータの相違だけでは説明しきれず、株価収益率、株価純資産倍率、時価総額、株価モーメンタムなどが、ベータとは独立な要因として、ポートフォリオの平均リターンに影響を与えることが指摘されている。

---

[9] この「親子上場問題」は日本で有名になった問題であり、東京証券取引所はこの問題による株価の歪みを解消するために「TOPIX浮動株指数」を2005年に導入した。これについては、例えば小林［2000］、小林［2007］を参照。

8.2 CAPMアノマリーの解釈

今日では、ベータという単一のリスク指標がリスクプレミアムの大きさを決定するという最も古典的なCAPMは、実証的に支持されていないといってよいであろう。実際に、様々なスクリーニング基準で株式ポートフォリオを作る場合、ポートフォリオ間のリターン格差に対する説明力はベータだけではなく、複数の説明変数を用いるマルチファクター・モデルを使ったほうが良好な結果が得られることが多い。その代表例がファーマ＝フレンチの3ファクター・モデルである。また、APTに基づくロール＝ロス＝チェンのマクロファクター・モデルも、現実のリターンの説明力ではCAPMよりも優れている。しかし、ではどのモデルがベストかという問いに対しては、まだ誰もが認める結論は得られていない。また、CAPMも、多期間モデルに拡張すればリスクプレミアムを複数のリスクファクターで説明するモデルに形を変えることになり、CAPMが理論的に敗北するわけでもない。こうした事情で、今日でもCAPMは多くの場面で頻繁に利用されており、実務的にその重要性は失われていないのである。

9 まとめ

効率的市場仮説には、それを揶揄する有名なジョークがある。ファイナンスの教授と学生が大学の廊下を歩いていて20ドル札が落ちているのを見つけた。学生がそれを拾おうと腰をかがめると、教授はそれを制してこういった。「止したほうがいい。それがニセ札でなければ、誰かがとっくに拾っているよ」

このジョークにおける教授の揶揄的な位置が示唆するように、効率的市場仮説の教義に過度にとらわれるのは危険である。株式市場が完全に効率的であるとすべての投資家が信じれば、誰も企業の業績を予想しようとしなくなる。そうなれば、株価の価格発見機能は損なわれ、資源の効率的配分を阻害する。ファイナンスの実証研究は、株式市場に価格効率性や情報効率性に反するアノマリーが存在することを示している。おそらく、投資家が割安株や割高株を発掘し、市場平均以上のパフォーマンスを上げることは不可能ではないであろう。

しかしながら、他方で、人々が想像する以上に市場が効率的であることも、

過去のファイナンス研究が示してきた。誰でも簡単に儲かるような戦略はすでに株価に織り込まれている。あるいは一見儲かるようでも、取引コストや隠れたリスクで儲けが残らないことが多い。市場は十分に効率的で、アクティブ・マネジメントの果実は、他者を凌駕する情報収集力、分析力、創造力、そして決断力を持つ投資家のみが手にすることが可能なものと考えるのが妥当である。

第8章のキーワード

効率的市場仮説　　資源配分の効率性　　価格効率性
市場の情報効率性　　ウィーク型の情報効率性
セミストロング型の情報効率性　　ストロング型の情報効率性
期待リターンと要求リターン　　マルチンゲール過程
ランダム・ウォーク　　金利の期待仮説　　限定的アービトラージ
ノイズ・トレーダー　　CAPMアノマリー

第8章の要約

- 効率的な市場とは、すべての証券の市場価格が常にその投資価値に等しい市場である。
- **市場の情報効率性**：市場がある情報に関して効率的であるとは、その情報に基づいた投資戦略をどのように策定しても、過大な投資収益を平均的に稼ぐことができないことをいう。
- 市場の情報効率性には、ファーマらの分類により、**ウィーク型**、**セミストロング型**、**ストロング型**の3タイプがある。
- **ウィーク型の効率性**とは、今日の証券価格が、過去の証券価格に関する情報を完全に織り込むかどうかを問うものである。株価の**ランダム・ウォーク仮説**はウィーク型の効率性と関連し、**テクニカル分析**の否定を意味する。
- **セミストロング型の効率性**とは、今日の証券価格が、過去の証券価格を含むあらゆる公開情報を迅速かつ完全に織り込むかどうかを問うものである。セミストロング型の効率性は**ファンダメンタル分析**の否定を意味する。
- **ストロング型の効率性**とは、一部の投資家にしか知られていない情報でも、証券価格に迅速かつ完全に織り込まれるかどうかを問うものである。
- 市場が効率的ならば、

    期待リターン＝要求リターン

  という等式が成立するところまで、個々の証券価格は調整される。
- $p_t = E(p_{t+1}|I_t)$ を満たす経済時系列（確率過程）は**マルチンゲール性**を持つという。これは、明日の価格の期待値が今日の価格に等しいことを意味している。
- 市場がウィーク型の情報効率性仮説を満たし、今日の価格が過去の価格に含まれる情報を完全に織り込んで形成されるなら、価格の変化は完全にランダムで予測不可能ということになる。
- 情報効率性を一般化した数式で表現すると、以下のようになる。

    $(1 + r_t + \pi_t)p_t = E(p_{t+1} + d_{t+1}|I_t)$

この式は、短期金利とリスクプレミアムを控除したリターンがマルチンゲールになることを意味している。

- いくつかの株価の時系列特性、例えば株価の季節性（1月効果）や曜日効果は、市場の効率性と整合的かどうかは疑わしい。しかし、取引コストを考慮すれば、ウィーク型の情報効率性仮説は、日米の株式市場ではおおむね成立していると考えてよい。
- 膨大な米国の株式市場の実証研究からは、情報はニュース公表のインパクトを受けた瞬間にほぼ完全に株価に織り込まれるという結果が支配的、すなわちセミストロング型の情報効率性仮説もおおむね成立するといえる。
- 情報効率性以外についても多くの研究が行われている。「先物価格のキャリー公式」などノー・フリーランチの理論から導かれるもの、「金利の期待仮説」などノー・フリーランチとはならない近似的な裁定関係、また「クローズ型投信パズル」など、裁定取引が十分働かないために起きる限定的アービトラージなどがある。
- 株価収益率、株価純資産倍率、時価総額、株価モーメンタムなどのCAPMアノマリーの存在については、ベータという単一のリスク指標がリスクプレミアムの大きさを決定するという最も古典的なCAPMが、実証的に支持されていないことを示しているといってよいであろう。しかし、どのモデルがベストかについては、まだ誰もが同意する結論は得られていない。

第8章の数学付録

マルチンゲールと株価のランダム・ウォーク

■株価のランダム・ウォーク・モデル

単純な確率モデルを使って、効率的市場では株価がランダム・ウォークすることを示す。

いま、ある株式の真の価値を q で表す。これは投資家にとってはランダムな変数である。そこで、q は平均 q_0、標準偏差 σ の正規分布をしているものと仮定する。投資家はこの q について毎期ある情報を入手する。第 t 期に得る情報を y_t で表して、y_t は

$$y_t = q_0 + \varepsilon_t \tag{8.5}$$

という確率モデルから発生するものとする。ただし、ε_t は平均0、標準偏差 s の正規分布に従って毎期独立に発生する情報ノイズである。(8.5) 式によって、情報 y_t が株式の真の価値 q と相関していることをモデル化した。

投資家がリスク中立的で、リスクフリー・レートは0と仮定すれば、割引公式より株価式

$$p_t \equiv E(q|I_t), \quad t = 0,1,2,\cdots \tag{8.6}$$

が成立する。具体的には、第 t 期に得られる情報 $I_t \equiv \{y_1, y_2, \cdots, y_t\}$ を所与とした q の条件付き期待値 $E(q|I_t)$ が第 t 期における株価になる。

第0期には、投資家は真の株価 q について何も情報を持たないので、この時点での株価は

$$p_0 \equiv E(q|I_0) = E(q) = q_0 \tag{8.7}$$

である。

第1期には投資家は y_1 という情報を入手する。この y_1 が大きい値であれば、y_1 はグッド・ニュースである。このとき、投資家は株式の真の価値に対する期待を上方に修正する。反対に、y_1 が小さい値であれば y_1 はバッド・ニュー

スで、期待の下方修正が起きる。具体的に、y_1 を所与とした q の条件付き期待値 $E(q|y_1)$ の計算を行うと、

$$p_1 = E(q|y_1)$$
$$= \left(\frac{1}{\sigma^2}q_0 + \frac{1}{s^2}y_1\right)\bigg/\left(\frac{1}{\sigma^2} + \frac{1}{s^2}\right) \tag{8.8}$$

となる。

同様に、第 t 期には投資家は $I_t \equiv \{y_1, y_2, \cdots, y_t\}$ という情報を観測しているので、第 t 期の株価は

$$p_t = E(q|y_1, y_2, \cdots, y_t)$$
$$= \left(\frac{1}{\sigma^2}q_0 + \frac{t}{s^2}\bar{y}_t\right)\bigg/\left(\frac{1}{\sigma^2} + \frac{t}{s^2}\right) \tag{8.9}$$

となる[10]。ただし、

$$\bar{y}_t \equiv \frac{1}{t}(y_1 + y_2 + \cdots + y_t) \tag{8.10}$$

図8-1　期待修正が正確に行われる場合

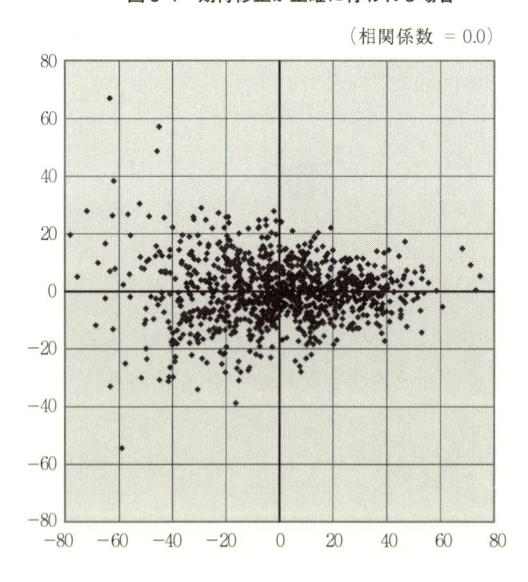

（相関係数 = 0.0）

---

[10] (8.8)、(8.9) 式は多次元正規分布の条件付き期待値の公式から得られる。この式の導出は確率論の専門書に譲る。

である。

図8-1は、$q_0=10$, $\sigma=3$, $s=4$として、乱数によって株価の時系列を1000組発生させ、第0期から第5期にかけてのリターンを横軸に、第6期から第10期にかけてのリターンを縦軸にプロットしたものである。この2つのリターンの相関係数を計算するとほぼ0に等しい。

■株価のマルチンゲール性

上の計算例で、はじめの5期のリターンとあとの5期のリターンの相関が0となった理由を説明する。

株価が (8.6) 式で決まるとき、$E(p_{t+1}|I_t)$は次のように変形できる。

$$E(p_{t+1}|I_t) = E\bigl[E(q|I_{t+1})|I_t\bigr] \tag{8.11}$$

ここで、**条件付き期待値のチェーンルール**(解説)を用いると、$E\bigl[E(q|I_{t+1})|I_t\bigr] = E(q|I_t)$となるので、

$$E(p_{t+1}|I_t) = p_t \tag{8.12}$$

が得られる。これは本文 (8.2) 式であり、株価がマルチンゲール性を持つことを示している。

このとき次の定理が成立する。

定理(マルチンゲール定理)

p_tがマルチンゲール過程ならば、価格変化

$$\Delta p_{t+i} \equiv p_{t+i+1} - p_{t+i} \tag{8.13}$$

の系列相関はゼロとなる[11]。

(証明) 任意の$i \geq 0$について、条件付き期待値のチェーンルールより、

$$E(\Delta p_{t+i}|I_t) = E\bigl[E(\Delta p_{t+i}|I_{t+i})|I_t\bigr] \tag{8.14}$$

である。ここで、

$$\begin{aligned} E(\Delta p_{t+i}|I_{t+i}) &= E(p_{t+i+1} - p_{t+i}|I_{t+i}) \\ &= E(p_{t+i+1}|I_{t+i}) - p_{t+i} = 0 \end{aligned} \tag{8.15}$$

---

[11] 株価変化と株式リターンを厳密に一致させて考えるには、対数リターン(連続時間複利リターン) $\log p_{t+i+1} - \log p_{t+i}$をとればよい。

なので、(8.14) 式右辺の内側の条件付き期待値に代入して

$$E(\Delta p_{t+i}|I_t) = 0 \tag{8.16}$$

となる。以上より、任意の t,i,j（ただし $j > i \geq 0$）について、

$$\begin{aligned}
Cov(\Delta p_{t+i}, \Delta p_{t+j}|I_t) &= E(\Delta p_{t+i}\Delta p_{t+j}|I_t) \\
&= E\left[E(\Delta p_{t+i}\Delta p_{t+j}|I_{t+i})|I_t\right] \\
&= E\left[\Delta p_{t+i}E(\Delta p_{t+j}|I_{t+i})|I_t\right] = 0
\end{aligned} \tag{8.17}$$

となる。なお、上から2番目の等号でも条件付き期待値のチェーンルールを用いている。

(証明終わり)

時々刻々と入手される情報に基づいて将来の株価を予測しても、株価変化（リターン）の期待値が常にゼロであるならば（株価のマルチンゲール性）、**株価は予測不可能**である。そして、株価が予測不可能ならば、**株価はランダムに動く**、あるいは**リターンの系列相関はゼロ**となる。

いまの確率モデルにおいては、情報ノイズ ε_t が毎期独立に発生すると仮定したので、この仮定が株価のランダム・ウォークを引き起こしていると思われるかもしれない。しかし、そうではない。毎期の情報ノイズに相関があっても、条件付き期待値の改訂を引き起こすのは、過去に蓄積された情報には含まれない真に新しい情報部分だけであり、情報ノイズ ε_t の時系列相関のあるなしは、上の定理の成立とは無関係である。

■期待修正とベイズの定理

(8.8) 式と (8.9) 式の計算結果に至るには脚注10で述べたように、多次元正規分布の条件付き期待値の計算を行う能力を要する。また、この条件付き期待値の計算には「**ベイズの定理**」という確率論の公式が適用される。

(8.9) 式によれば、株価 $p_t \equiv E(q|y_1, y_2, \cdots, y_t)$ は q_0 と $\bar{y}_t$ の加重平均である。$\bar{y}_t$ は過去 t 期間に観測したシグナル $\{y_1, y_2, \cdots, y_t\}$ の平均値である。q_0 は何も観測しないときの株価の期待値であるが、これは遠い過去の経験に基づく期待値と考えることができる。すると、第 t 期の株価を決定する条件付き期待値は、

遠い過去の経験に基づく期待値である q_0 と、最近の経験の集約である $\bar{y}_t$ を組み合わせて計算されることになる。ただし、前者には $(1/\sigma^2)$ の重み、後者には (t/s^2) の重みがつけられる。これが「ベイズの定理」に従った正しい期待形成のルールである。

市場の平均的な投資家がこの計算を正確に行う数学的な能力を備えていないと考えると、株価の動きはどうなるか。これについて次に検討してみる。

■**期待のオーバーシュートと株価リバーサル**

将来の株価に対する期待は、過去の経験的事象とその株価への影響を繰り返し観察、学習することによって形成される。人間の学習過程は、遠い過去よりも最近起きた事象に強く印象づけられる傾向を持つ。この特徴を上の確率モデルに反映させてみよう。

いま、第5期の期待形成について、投資家が最近5期のシグナルの平均値に強く引っ張られるケースを想定しよう。具体的には、$\bar{y}_5$ に与えるべき正しい重

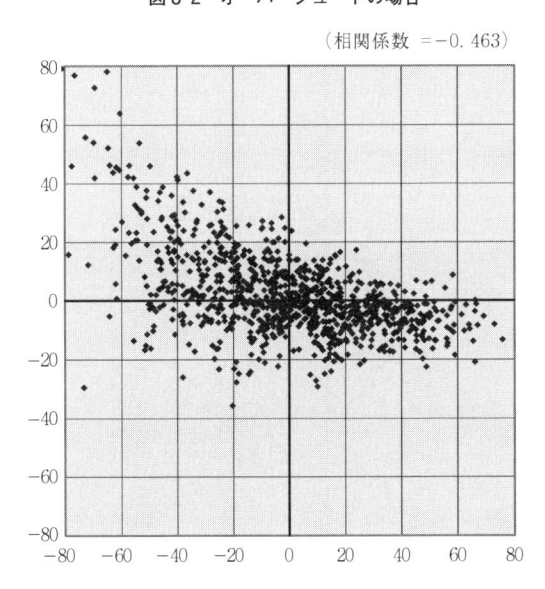

図8-2　オーバーシュートの場合

（相関係数 $=-0.463$）

みは$(5/s^2)$であるが、$(10/s^2)$の重みをつけて期待形成を行うと考える。そして、第10期にはバイアスに気づいて正しい期待形成に戻るとする。

　このように前提条件を変えてシミュレーションを1,000回行った結果を示したのが、図8-2である。図は、第0期から第5期にかけて株価が上昇（下落）したときには第6期から第10期にかけて株価は下落（上昇）しがちであることを示している。2期間のリターンの相関係数を計算すると-0.463である。最近の経験に過度のウェイトがかかれば直近のトレンドにオーバーシュートしがちな期待形成が行われ、「**株価リバーサル**」が発生する。

■**期待のアンダーシュートと株価モーメンタム**

　図8-3は、図8-2とは反対に、市場の期待形成が真の価値をアンダーシュートする傾向を持つ場合のシミュレーション結果を示したものである。具体的には、第5期の期待形成について、観測シグナルの平均値$\bar{y}_5$に$(1/s^2)$という過小な重みをつけて期待形成を行うと仮定した。さきと同様、第10期にはバイアス

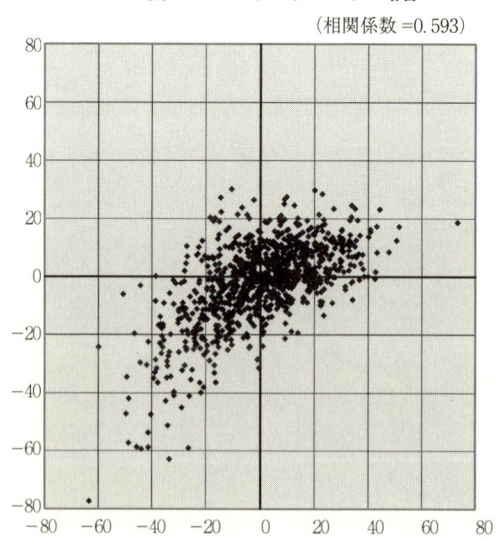

図8-3　アンダーシュートの場合
（相関係数=0.593）

に気づいて正しい期待形成に戻ると仮定している。この場合には株式リターンにプラスの系列相関が発生する。前半5期間のリターンと後半5期間のリターンの相関係数を計算すると、0.593であった。

　このように、投資家が直近の情報に過剰反応したり保守的に過小反応したりする場合には、株価の動きに「癖」が発生することがモデルの上で確認できる。

用語解説

第1章

[1] 確率の基礎知識（期待値、分散、高次のモーメント）

■確率変数 X のとりうるすべての実現値を $x_1, x_2, \cdots x_n$、それぞれの実現確率を $P(x_1),\ P(x_2),\ \cdots P(x_n)$ とするとき、

・X の分布の平均（または**期待値**）は $E(X)$ と表され、

$$E(X) = \sum_{i=1}^{n} x_i P(x_i)$$

で定義される。分布の平均は分布の重心の位置を表す。

・X の分布の**分散**は $Var(X)$ と表され、

$$Var(X) = \sum_{i=1}^{n} \left[x_i - E(X) \right]^2 P(x_i)$$

で定義される。これは**平均からの偏差** $(X - E(X))$ の2乗の期待値である。分散の平方根を**標準偏差**という。

■高次のモーメント

・k を正の整数とするとき、確率変数 X について、

$$\mu'_k = E(X^k)$$

を**原点のまわりの k 次モーメント**と呼ぶ。また、

$$\mu_k = E\left[(X - E(X))^k \right]$$

を**平均のまわりの k 次モーメント**と呼ぶ。

・X の期待値 $E(X)$ は原点のまわりの1次モーメント μ'_1 である。これを簡単に μ と表す。また、X の分散 $Var(X)$ は平均のまわりの2次モーメント μ_2 である。

■1次モーメント、2次モーメントの間に

$$\mu_2 = \mu'_2 - \mu^2$$

が成立する。別の表現を用いると、確率変数 について、

$$Var(X) = E(X^2) - \left[E(X) \right]^2$$

が成り立つ。

(**証明**) 分散の定義式を次のように変形できる。

$$\begin{aligned}\mu_2 &\equiv \sum_{i=1}^{n}(x_i - \mu)^2 P(x_i) \\ &= \sum_{i=1}^{n}(x_i^2 - 2\mu x_i + \mu^2)P(x_i) \\ &= \sum_{i=1}^{n}x_i^2 P(x_i) - 2\mu\sum_{i=1}^{n}x_i P(x_i) + \mu^2\sum_{i=1}^{n}P(x_i)\end{aligned}$$

ここで、$\sum_{i=1}^{n}x_i P(x_i) \equiv \mu, \sum_{i=1}^{n}P(x_i) \equiv 1$ であるから、

$$\begin{aligned}\mu_2 &= \sum_{i=1}^{n}x_i^2 P(x_i) - 2\mu^2 + \mu^2 = E(X^2) - \mu^2 \\ &= \mu_2' - \mu^2\end{aligned}$$

を得る。　　　　　　　　　　　　　　　　　　　　　(証明終わり)

■分布の**歪度**(わいど)は平均のまわりの3次のモーメントを標準偏差の3乗で割って定義される：

$$X\text{の確率分布の歪度} \equiv E\left[\left(\frac{X-\mu}{\sigma}\right)^3\right]$$

図1-11の点線は右方向に偏った（右側の裾が長い）分布を示すが、この場合歪度は正の値になる（参照のため、正規分布のグラフを実線で示す）。

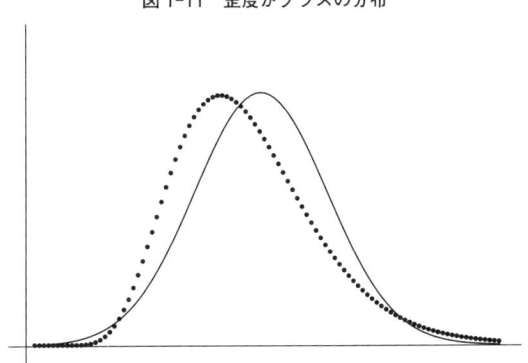

図1-11　歪度がプラスの分布

■分布の**尖度**(せんど)は平均のまわりの4次のモーメントを標準偏差の4乗で割って定

義される：

$$X\text{の確率分布の尖度} \equiv E\left[\left(\frac{X-\mu}{\sigma}\right)^4\right]$$

尖度が高いとき、図1-12のように中央部が尖り、裾の厚い分布になる。ファイナンスの世界では分布の中央部の尖りよりも裾の厚さのほうが重要なので、尖度が高いことをファット・テール（Fat Tail）ということもある。参照のために実線で示した正規分布の尖度は3である。正規分布を基準にして、4次のモーメントから3を引いた値のことを尖度ということもある。

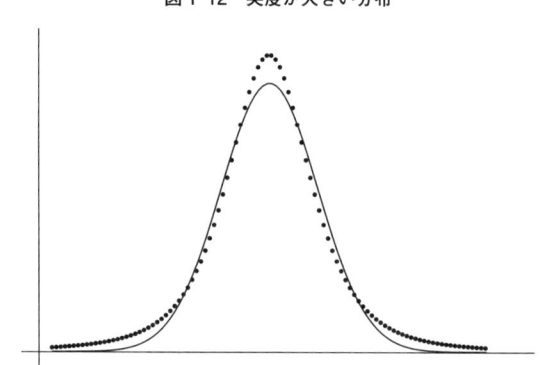

図1-12　尖度が大きい分布

[2]　凸関数と凹関数

■関数 $u(x)$ が**凹関数**であるというのは、図1-13のように、関数のグラフを下側から見上げたときに凹状になっていることを意味する。関数がなめらかな（微分可能）ときは、次の（a）または（b）のように、導関数を用いて凹関数を定義することができる。

(a) 1階の導関数 $u'(x)$ が x の減少関数であれば、u は凹関数である。

(b) 2階の導関数 $u''(x)$ が x の全域で負または0であれば、u は凹関数である。

■$-u(x)$ が凹関数のとき、$u(x)$ は**凸関数**であるという。図1-14のように、

図 1-13　凹関数

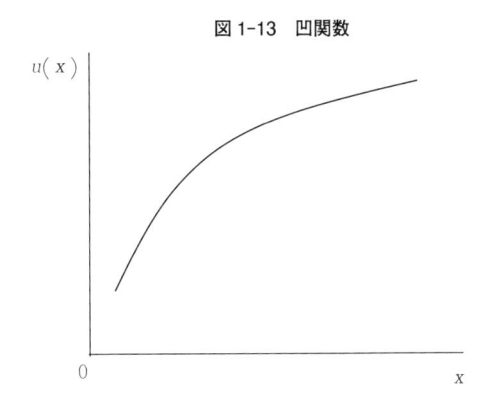

$u(x)$

0　　　　　　　　　　　　　　　　　x

凸関数のグラフは下側から見上げたときに凸状になっている。関数がなめらかな（微分可能）ときは、次の（a）または（b）のように、導関数を用いて凸関数を定義することができる。

(a) 1階の導関数$u'(x)$がxの増加関数であれば、uは凸関数である。
(b) 2階の導関数$u''(x)$がxの全域で正または0であれば、uは凸関数である。

図 1-14　凸関数

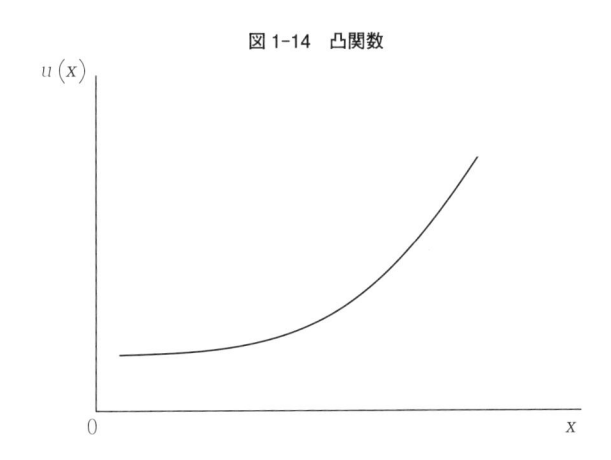

$u(x)$

0　　　　　　　　　　　　　　　　　x

■関数$u(x)$が凹関数のとき、任意の確率変数Xについて
$$E[u(X)] \leq u(E(X))$$

が成り立つ。この不等式を**ジェンセンの不等式**という。

（**証明**）関数 $u(x)$ のグラフを下側から見上げたときに凹状になっているので、関数のグラフ上の任意の点で接線を引くと、接線全体がグラフよりも上側に来る。そこで、グラフ上の $x = E(X)$ に対応する点 A （座標は $E(X)$, $u(E(X))$）で接線を引くと、

$$u(x) \leq u'(E(X))(x - E(X)) + u(E(X))$$

がすべての x について成立することになる（不等式の右辺は、接線 ℓ の方程式である）。x を確率変数 X の実現値と考えると、どんな値が実現しても上の不等式が成立するので、期待値の上でも上の不等式が成立する：

$$E[u(x)] \leq E[u'(E(X))(x - E(X)) + u(E(X))]$$

ところが $E[x - E(X)] = 0$ なので、この最後の式の右辺は

$$u'(E(X))E[x - E(X)] + u(E(X)) = u(E(X))$$

となる。よって、$E[u(X)] \leq u(E(X))$ を得る。 （証明終わり）

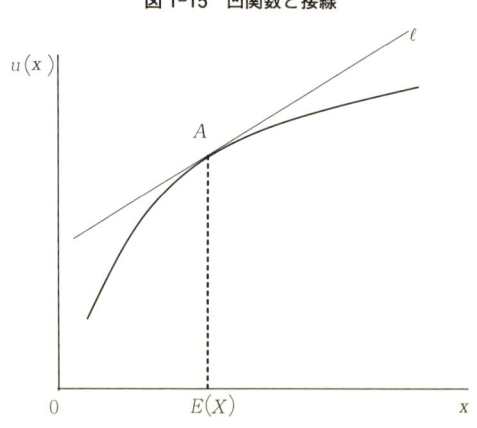

図 1-15 凹関数と接線

[3] 関数の曲率

関数 $f(x)$ が与えられたとき、$|f''(x)/f'(x)|$ を、f の x における**曲率**という。これは、グラフの曲がり具合を表す尺度である。式の分母は x における f の接

線の傾き、分子は傾きの変化を表すので、定義式の分数は傾きの変化率を表す。接線の傾きの変化率が大きければ曲線の曲がり方が激しくなり、傾きの変化率が小さければ曲線の曲がり方も緩やかになる。分数の符号は正の場合も負の場合もあるので、定義式のように分数の絶対値をとって、それを曲率と呼ぶ。

[4] テイラー展開の公式

■図1-16において、点$(x_0, f(x_0))$で引いた関数fの接線の方程式は、

$$y = f(x_0) + f'(x_0)(x - x_0) \tag{1.38}$$

である。$x = x_0 + \Delta x$におけるfの値$f(x_0 + \Delta x)$は点Pのy座標であるが、これを接線上の点Qのy座標で近似すると

$$f(x_0 + \Delta x) \approx f(x_0) + f'(x_0)\Delta x \tag{1.39}$$

となる。この式を関数fの**1次近似式**と呼ぶ。

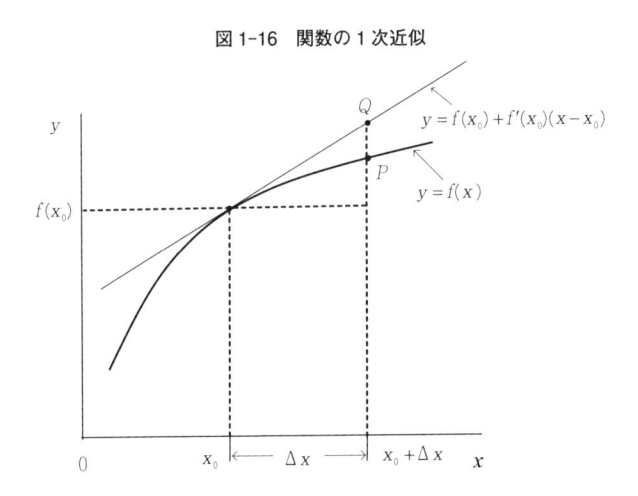

図1-16 関数の1次近似

■(1.39)の近似式には線分PQの長さに相当する誤差が含まれる。この誤差を縮めるには、関数の2次近似式、

$$f(x_0 + \Delta x) \approx f(x_0) + f'(x_0)\Delta x + \frac{1}{2}f''(x_0)(\Delta x)^2 \qquad (1.40)$$

を用いる。

■ (1.39) 式は Δx の1次式、(1.40) 式は Δx の2次式であるが、近似の精度をさらに改善するには、Δx の次数を上げればよい。この次数を n 次まで上げた式は、次のように与えられる。

$$\begin{aligned} f(x_0 + \Delta x) \approx & f(x_0) + f'(x_0)\Delta x + \frac{1}{2!}f''(x_0)(\Delta x)^2 + \\ & \cdots + \frac{1}{n!}f^{(n)}(x_0)(\Delta x)^n \end{aligned} \qquad (1.41)$$

■ これらの近似式を**テーラー展開**の公式と呼ぶ。Δx の2乗までの近似式はファイナンスでよく用いられる。効用関数やオプションのデルタ、ガンマはその代表的な例である。ほかに、債券のデュレーション、コンベクシティなどでもテーラー展開の2次近似式が利用される。

第2章

[1] 確率変数の1次結合の期待値と分散

■1次結合の期待値の公式

> 確率変数の1次結合について、次の期待値公式が成り立つ：
> $$E(aX + bY) = aE(X) + bE(Y) \tag{2.54}$$

(**証明**) 離散分布の場合について (2.54) 式を証明する。確率変数 X のとりうる値を、$x_1, x_2, \cdots\cdots$、確率変数 Y のとりうる値を $y_1, y_2, \cdots\cdots$ として、結合確率を $P(x_i, y_j)$ で表すと、期待値の定義から

$$\begin{aligned}
E(aX+bY) &= \sum_i \sum_j (ax_i + by_j) P(x_i, y_j) \\
&= a \sum_i \sum_j x_i P(x_i, y_j) + b \sum_i \sum_j y_j P(x_i, y_j) \\
&= a \sum_i \left\{ x_i \sum_j P(x_i, y_j) \right\} + b \sum_j \left\{ y_j \sum_i P(x_i, y_j) \right\} \\
&= a \sum_i x_i P(x_i) + b \sum_j y_j P(y_j)
\end{aligned}$$

となる。ただし、最後の式の $P(x_i)$ は $X=x_i$ となる確率を、$P(y_j)$ は $Y=y_j$ となる確率を表す。ここで、

$$\sum_i x_i P(x_i) = E(x), \quad \sum_j y_j P(y_j) = E(Y)$$

であるから、最後の式は $aE(X) + bE(Y)$ である。 (証明終わり)

■1次結合の分散の公式

> 確率変数の1次結合について、次の分散公式が成り立つ：
> $$Var(aX+bY) = a^2 Var(X) + b^2 Var(Y) + 2ab Cov(X,Y) \qquad (2.55)$$

（証明） 分散の定義より、$aX+bY$ の分散は
$$Var(aX+bY) = E[\{(aX+bY) - E(aX+bY)\}^2]$$
である。ここで $E(aX+bY) = aE(X) + bE(Y)$ であるので、カッコの中を次のように変形できる。

$$\begin{aligned}
\{(aX+bY) - E(aX+bY)\}^2 &= \{a(X-E(X)) + b(Y-E(Y))\}^2 \\
&= a^2(X-E(X))^2 + b^2(Y-E(Y))^2 \\
&\quad + 2ab(X-E(X))(Y-E(Y))
\end{aligned}$$

この両辺の期待値は以下のようになる：

$$\begin{aligned}
E[\{(aX+bY) - E(aX+bY)\}^2] &= a^2 E[(X-E(X))^2] + b^2 E[(Y-E(Y))^2] \\
&\quad + 2ab E[(X-E(X))(Y-E(Y))] \\
&= a^2 Var(X) + b^2 Var(Y) + 2ab Cov(X,Y)
\end{aligned}$$

（証明終わり）

[2] 共分散と相関係数

■共分散

> 確率変数 X と Y の**共分散**は $Cov(X,Y)$ と表され、
> $$Cov(X,Y) = E[(X-E(X))(Y-E(Y))] \qquad (2.56)$$
> で定義される。

- 共分散とは、X についての平均からの偏差と Y についての平均からの偏差を掛け合わせた積の期待値である。X が平均より大きい（小さい）値をとるときに Y も平均より大きい（小さい）値をとる傾向が強ければ、共分散は正になる。反対に、X が平均より大きい（小さい）値をとるときに

Y は平均より小さい（大きい）値をとる傾向が強ければ、共分散は負になる。

■相関係数
・共分散は X や Y の単位のとり方に大きく左右される。共分散から単位のとり方の影響を除くためには、共分散を X の標準偏差と Y の標準偏差の積で割ればよい。これが**相関係数**である。

確率変数 X と Y の相関係数は $\rho(X,Y)$ と表され、
$$\rho(X,Y) = \frac{Cov(X,Y)}{\sigma(X)\sigma(Y)} \tag{2.57}$$
で定義される。

・(2.57) 式は、次のように変形できる。
$$\rho(X,Y) = \frac{1}{\sigma(X)\sigma(Y)} E[(X-E(X))(Y-E(Y))]$$
$$= E\left[\left(\frac{X-E(X)}{\sigma(X)}\right)\left(\frac{Y-E(Y)}{\sigma(Y)}\right)\right]$$

$\sigma(X)$ と $\sigma(Y)$ は定数なので、最後の式のように、[ ] の内側に入れても結果に影響しない。[ ] の中は、X と Y のそれぞれについて、平均からの偏差を標準偏差に対する倍率で表して、それらを掛け合わせたものである。したがって、相関係数とは、標準偏差に対する倍率で表現した、平均からの偏差の積の期待値ということができる。

・相関係数は単に ρ と表されることもある。ρ はギリシャ文字で、「ロー」と読む。

・相関係数は必ず -1 と 1 の間の値をとる。相関係数が 1 のとき、確率変数 X と Y は**正の完全相関**をするという。また、相関係数が -1 のときは、確率変数 X と Y は**負の完全相関**をするという。相関係数が 1 になるのは、X と Y が $Y=aX+b$（ただし $a>0$）の1次式で結ばれるときにかぎる。また、相関係数が -1 になるのは、X と Y が $Y=aX+b$（ただし $a<0$）の関係で結ばれるときにかぎる。

[3]　偏微分

2個の変数 (x, y) の関数 $f(x, y)$ について、微分を定義することができる。この場合、y を定数と見なして x で微分することもできるし、x を定数と見なして y で微分することもできる。前者を

$$\frac{\partial f}{\partial x} , \quad f_1(x, y) , \quad f_x(x, y)$$

などと書き、関数 $f(x, y)$ の x に関する偏微分という。また、後者を

$$\frac{\partial f}{\partial y} , \quad f_2(x, y) , \quad f_y(x, y)$$

などと書き、関数 $f(x, y)$ の y に関する偏微分という。

例えば、$f(x, y) = 3x^2 y^3 + 2xy^2$ のとき、

$$\frac{\partial f(x, y)}{\partial x} = 6xy^3 + 2y^2 \; ; \; \frac{\partial f(x, y)}{\partial y} = 9x^2 y^2 + 4xy$$

となる。

第3章

[1]　1次結合の共分散の公式

確率変数 X、Y、Z と定数 a、b があるとき、次の公式が成り立つ：
$$Cov(aX+bY, Z) = aCov(X, Z) + bCov(Y, Z) \qquad (3.40)$$

（証明）　共分散の定義より、$aX+bY$ と Z の共分散は

$$Cov(aX+bY, Z) = E[\{aX+bY - E(aX+bY)\}(Z - E(Z))]$$

である。ここで $E(aX+bY) = aE(X) + bE(Y)$ であるので、右辺のカッコの中を次のように変形できる。

$$\{(aX+bY) - E(aX+bY)\}(Z - E(Z))$$
$$= \{a(X - E(X)) + b(Y - E(Y))\}(Z - E(Z))$$
$$= a(X - E(X))(Z - E(Z)) + b(Y - E(Y))(Z - E(Z))$$

この両辺の期待値をとると、以下のようになる：

$$E[\{(aX+bY) - E(aX+bY)\}(Z - E(Z))]$$
$$= aE[(X - E(X))(Z - E(Z))] + bE[(Y - E(Y))(Z - E(Z))]$$
$$= aCov(X, Z) + bCov(Y, Z)$$

（証明終わり）

[2]　ベクトルの基礎知識

■ベクトルとは
- **ベクトル**とは**長さ**と**向き**で決まるもので、矢印と考えればよい。したがって、たがいに平行で向きも長さも同じ矢印は同一のベクトルと見なす。

- ベクトルには、定数倍とベクトルの和が定義される。
  a) ベクトル**v**があるとき、実数rについて、ベクトルr**v**はベクトル**v**の長さをr倍したベクトルである（図3-8）。

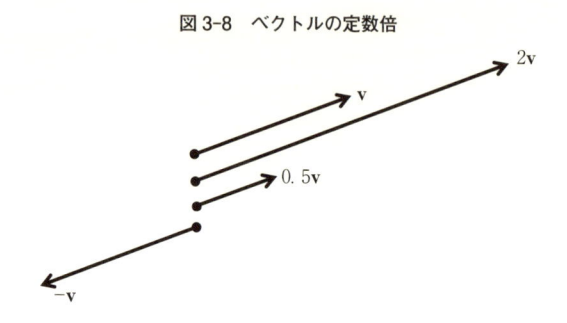

図3-8　ベクトルの定数倍

  b) ベクトル**v**と**w**があるとき、ベクトル**v**+**w**はベクトル**v**とベクトル**w**から作られる平行四辺形の対角ベクトルである（図3-9）。

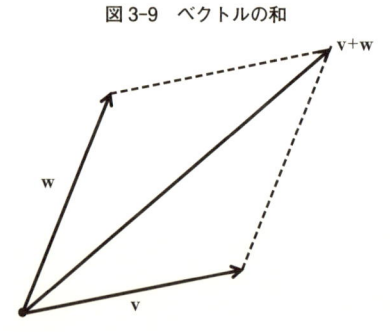

図3-9　ベクトルの和

a)、b) の演算をひとまとめにして、ベクトルの**線形結合（1次結合）**と呼ぶ。

  c) ベクトル**v**と**w**があるとき、実数r, sについて、ベクトルの線形結合r**v**+s**w**が図3-10のように定義される。

- **v**−**v**という線形結合を考えると、これは長さも方向もないベクトルにな

図3-10　ベクトルの線形結合

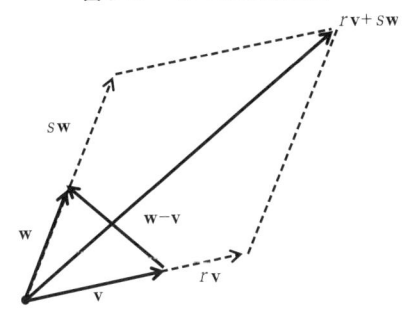

図3-11　ゼロベクトル

る。これを特別扱いして**ゼロベクトル**と呼び、**0**と書く（図3-11）。
- ベクトル **v** の長さを $\|\mathbf{v}\|$ と書く。

■ベクトルの内積

2つのベクトルの間の角度（**開き角**と呼ぶ）を表現する方法を考える。どちらのベクトルも長さが1の場合、ベクトル **v** と **w** の**開き角**を θ として、$\cos\theta$ のことをベクトルの内積と呼びたい（図3-12）。

この概念をベクトルの長さが1でない場合にも使えるようにするために、正式には次のようにベクトルの内積を定義する。

- ベクトル **v** と **w** があるとき、**ベクトルの内積**を
$$(\mathbf{v},\ \mathbf{w}) \equiv \|\mathbf{v}\|\|\mathbf{w}\|\cos\theta \tag{3.41}$$

で定義する。

- ベクトルの内積について、次のことがいえる。
  (1) $\cos(0°) = 1$ であるので、ベクトル **v** の自分同士の内積 $(\mathbf{v},\mathbf{v})$ は、ベクト

図 3-12　ベクトルの内積

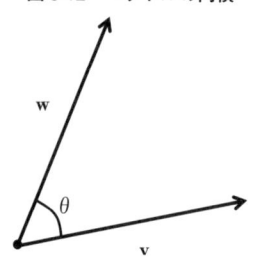

ルの長さの 2 乗になる：

$$(\mathbf{v}, \mathbf{v}) = \|\mathbf{v}\|^2 \tag{3.42}$$

(2) θ が鋭角（90 度未満）のときは $\cos\theta > 0$、θ が鈍角（90 度から 180 度の間）のときは $\cos\theta < 0$ となるので、ベクトル $\mathbf{v}$ と $\mathbf{w}$ の開きが鋭角ならば内積 $(\mathbf{v}, \mathbf{w})$ は正、鈍角ならば内積は負の値をとる。

(3) $\cos(90°) = 0$ であるので、ベクトル $\mathbf{v}$ と $\mathbf{w}$ の開きが直角ならば内積は $(\mathbf{v}, \mathbf{w}) = 0$ となる。

(4) $-1 \leq \cos\theta \leq 1$ であるので、

$$|(\mathbf{v}, \mathbf{w})| \leq \|\mathbf{v}\|\|\mathbf{w}\| \tag{3.43}$$

が成立する。この不等式を**コーシー・シュワルツの不等式**と呼ぶ。不等式が等号になるのは、$\theta = 0$ のときと $\theta = 180°$ のときである。

(5) ベクトル $\mathbf{v}$ と実数 r について、

$$(r\mathbf{v}, \mathbf{w}) = r(\mathbf{v}, \mathbf{w}) \tag{3.44}$$

が成り立つ。

(**証明**) 内積の定義と図 3-13 から明らかである。

(6) ベクトル $\mathbf{v}, \mathbf{w}, \mathbf{z}$ があるとき、

$$(\mathbf{v} + \mathbf{w}, \mathbf{z}) = (\mathbf{v}, \mathbf{z}) + (\mathbf{w}, \mathbf{z}) \tag{3.45}$$

が成り立つ。

(**証明**) 図 3-14 で $\mathbf{v}, \mathbf{w}, \mathbf{v}+\mathbf{w}$ から $\mathbf{z}$ に降ろした垂線の足の長さをそれぞれ $h_z(\mathbf{v}), h_z(\mathbf{w}), h_z(\mathbf{v}+\mathbf{w})$ とすると、

図 3-13 $(\mathbf{v}, r\mathbf{w}) = r(\mathbf{v}, \mathbf{w})$

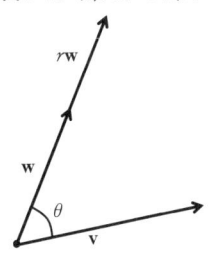

$(\mathbf{v}, \mathbf{z}) = h_z(\mathbf{v})\|\mathbf{z}\|$, $(\mathbf{w}, \mathbf{z}) = h_z(\mathbf{w})\|\mathbf{z}\|$, $(\mathbf{v}+\mathbf{w}, \mathbf{z}) = h_z(\mathbf{v}+\mathbf{w})\|\mathbf{z}\|$
である。ここで図3-14でわかるように、網をかけた三角形の合同より

$$h_z(\mathbf{v}+\mathbf{w}) = h_z(\mathbf{v}) + h_z(\mathbf{w})$$

が成り立つので、(3.45) 式が確認できる。

図 3-14 $(\mathbf{v}+\mathbf{w}, \mathbf{z}) = (\mathbf{v}, \mathbf{z}) + (\mathbf{w}, \mathbf{z})$

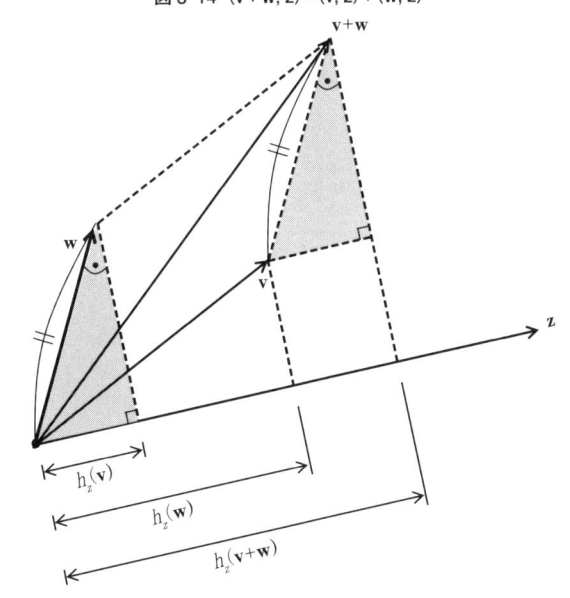

(証明終わり)

・(5) と (6) をまとめると、

双線形則：ベクトル $\mathbf{v}$, $\mathbf{w}$, $\mathbf{z}$ があるとき、実数 r, s について次式が成り立つ：

$$(r\mathbf{v} + s\mathbf{w}, \mathbf{z}) = r(\mathbf{v}, \mathbf{z}) + s(\mathbf{w}, \mathbf{z}) \tag{3.46}$$

$$(\mathbf{z}, r\mathbf{v} + s\mathbf{w}) = r(\mathbf{z}, \mathbf{v}) + s(\mathbf{z}, \mathbf{w}) \tag{3.47}$$

- やや抽象的になるが、ベクトルの内積とは次の規則を満たすベクトル間の2則演算（ただし、演算の結果はスカラー）である。
  (1) **対称則**：$(\mathbf{v}, \mathbf{w}) = (\mathbf{w}, \mathbf{v})$
  (2) **双線形則**：(3.46) 式と (3.47) 式
  (3) **正定則**：常に $(\mathbf{v}, \mathbf{v}) \geq 0$ で、
     $(\mathbf{v}, \mathbf{v}) = 0$ となるのは $\mathbf{v} = \mathbf{0}$（ゼロベクトル）のときのみ。

- **三角不等式**

  ベクトル $\mathbf{v}$ と $\mathbf{w}$ があるとき、次の不等式が成り立つ（図3-15）：

  $$\|\mathbf{v} + \mathbf{w}\| \leq \|\mathbf{v}\| + \|\mathbf{w}\| \tag{3.48}$$

  これは、「三角形の二辺の和は、他の一辺よりも長い」という有名な法則である。

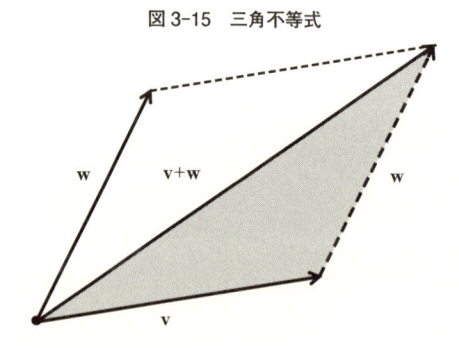

図 3-15　三角不等式

（**証明**）内積の演算より、

$$\|\mathbf{v} + \mathbf{w}\|^2 = (\mathbf{v} + \mathbf{w}, \mathbf{v} + \mathbf{w})$$
$$= (\mathbf{v}, \mathbf{v}) + (\mathbf{w}, \mathbf{w}) + 2(\mathbf{v}, \mathbf{w})$$

$$= \|\mathbf{v}\|^2 + \|\mathbf{w}\|^2 + 2(\mathbf{v}, \mathbf{w})$$

$$\leq \|\mathbf{v}\|^2 + \|\mathbf{w}\|^2 + 2\|\mathbf{v}\|\|\mathbf{w}\|$$

$$= (\|\mathbf{v}\| + \|\mathbf{w}\|)^2$$

この不等式の平方根をとれば、(3.48) 式が得られる。　　　　（証明終わり）

・**第 2 余弦定理**

ベクトル $\mathbf{v}$ と $\mathbf{w}$ があるとき、次の等式が成り立つ（図 3-16）：

$$\|\mathbf{w} - \mathbf{v}\|^2 = \|\mathbf{v}\|^2 + \|\mathbf{w}\|^2 - 2\|\mathbf{v}\|\|\mathbf{w}\|\cos\theta \tag{3.49}$$

図 3-16　第 2 余弦定理

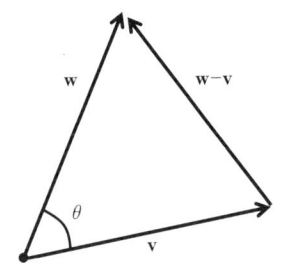

（**証明**）内積の演算より、

$$\|\mathbf{w} - \mathbf{v}\|^2 = (\mathbf{w} - \mathbf{v}, \mathbf{w} - \mathbf{v})$$

$$= (\mathbf{v}, \mathbf{v}) + (\mathbf{w}, \mathbf{w}) - 2(\mathbf{v}, \mathbf{w})$$

$$= \|\mathbf{v}\|^2 + \|\mathbf{w}\|^2 - 2\|\mathbf{v}\|\|\mathbf{w}\|\cos\theta$$

（証明終わり）

・**ピタゴラスの定理**

前項の特別ケースとして、ベクトル $\mathbf{v}$ と $\mathbf{w}$ の開き角が直角のときには次の等式が成り立つ（図 3-17）：

$$\|\mathbf{w} - \mathbf{v}\|^2 = \|\mathbf{v}\|^2 + \|\mathbf{w}\|^2 \tag{3.50}$$

図 3-17　ピタゴラスの定理

■ベクトルの直交分解

　ベクトル **v** と **w** があるとき、ベクトル **w** をベクトル **v** 方向の成分と **v** に直交する成分に分けることを、ベクトルの**直交分解**という。図3-18でベクトル **u** が **v** 方向の成分ベクトル、$\mathbf{u}^\perp$ が直交方向の成分ベクトルである。ベクトル **u** のことを、**w** の **v** への**直交射影**と呼ぶ。

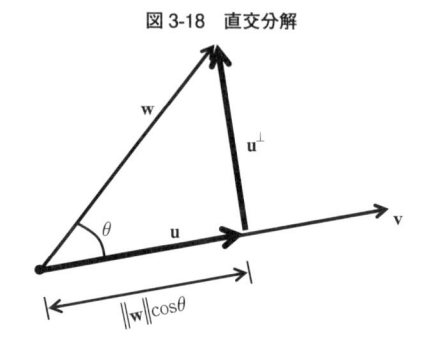

図 3-18　直交分解

　ベクトル **u** を求めるには、$\mathbf{u}=h\mathbf{v}$ と置いて、$(\mathbf{v},\mathbf{w}-h\mathbf{v})=0$ を解けばよい。これは **v** と $\mathbf{u}^\perp$ が直交するという条件 $(\mathbf{v},\mathbf{u}^\perp)=0$ を表したものである。双線形則（3.47）を用いると、

$$(\mathbf{v},\mathbf{w}-h\mathbf{v})=(\mathbf{v},\mathbf{w})-(\mathbf{v},h\mathbf{v})=(\mathbf{v},\mathbf{w})-h(\mathbf{v},\mathbf{v})$$
$$=(\mathbf{v},\mathbf{w})-h\|\mathbf{v}\|^2=0$$

これを解いて、$h=(\mathbf{v},\mathbf{w})/\|\mathbf{v}\|^2$ が求まる。これより、

$$\mathbf{u} = \frac{(\mathbf{v}, \mathbf{w})}{\|\mathbf{v}\|^2} \mathbf{v} \tag{3.51}$$

$$\mathbf{u}^\perp = \mathbf{w} - \frac{(\mathbf{v}, \mathbf{w})}{\|\mathbf{v}\|^2} \mathbf{v} \tag{3.52}$$

である。

(3.51) 式の意味は次のように確認できる。これを

$$\mathbf{u} = \frac{(\mathbf{v}, \mathbf{w})}{\|\mathbf{v}\|} \frac{\mathbf{v}}{\|\mathbf{v}\|} \tag{3.53}$$

と書き直して$(\mathbf{v}, \mathbf{w}) = \|\mathbf{v}\|\|\mathbf{w}\|\cos\theta$を代入すると、

$$\mathbf{u} = (\|\mathbf{w}\|\cos\theta) \frac{\mathbf{v}}{\|\mathbf{v}\|} \tag{3.54}$$

となる。図3-18で$\|\mathbf{w}\|\cos\theta$はベクトル$\mathbf{u}$の長さ(符号付き)、$\mathbf{v}/\|\mathbf{v}\|$はベクトル$\mathbf{v}$を長さ1に規格化したベクトルであるから、両者の掛け算$(\|\mathbf{w}\|\cos\theta)(\mathbf{v}/\|\mathbf{v}\|)$は、$\mathbf{w}$の$\mathbf{v}$方向成分ベクトルを表す。

第3章の2節でリターンを市場関連のリターンと非市場リターンに分解したが(図3-3)、これはベクトルの直交分解を応用したものである。

■ベクトルの成分表示

座標軸を定めてベクトルを成分表示することができる。図3-19には2次元の(x, y)平面上に2個のベクトル

$$\mathbf{v} = \begin{pmatrix} 2 \\ 1 \end{pmatrix}, \quad \mathbf{w} = \begin{pmatrix} -2 \\ 2 \end{pmatrix}$$

を書いた。

・ベクトルの線形結合

ベクトル定数倍、和、差、線形結合は、次のように要素ごとに演算を実行すればよい。

図3-19　ベクトルと座標軸

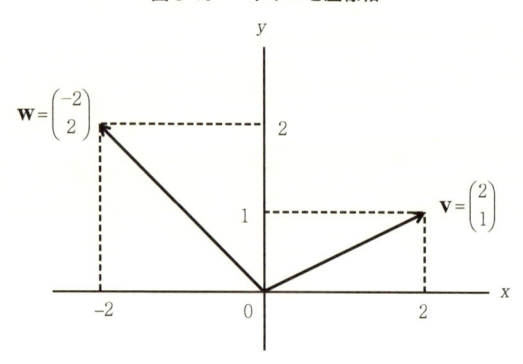

$$3\mathbf{v} = \begin{pmatrix} 6 \\ 3 \end{pmatrix}, \quad \mathbf{v} + \mathbf{w} = \begin{pmatrix} 0 \\ 3 \end{pmatrix}, \quad \mathbf{v} - \mathbf{w} = \begin{pmatrix} 4 \\ -1 \end{pmatrix}$$

$$r\mathbf{v} + s\mathbf{w} = \begin{pmatrix} 2r - 2s \\ r + 2s \end{pmatrix}$$

・ベクトルの長さ

　ベクトルの長さは、ピタゴラスの定理から求められる。図3-19で

$$\|\mathbf{v}\| = \sqrt{2^2 + 1^2} = \sqrt{5}, \quad \|\mathbf{w}\| = \sqrt{(-2)^2 + 2^2} = 2\sqrt{2}$$

・ベクトルの内積

　ベクトルの内積は開き角を使って（3.41）で定義したが、ベクトルを

$$\mathbf{v} = \begin{pmatrix} v_1 \\ v_2 \end{pmatrix}, \quad \mathbf{w} = \begin{pmatrix} w_1 \\ w_2 \end{pmatrix}$$

と成分表示するときは

$$(\mathbf{v}, \mathbf{w}) = v_1 w_1 + v_2 w_2 \tag{3.55}$$

で計算できる。

（証明）図3-20でベクトル $\mathbf{v}$ の x 軸からの角度を θ_1、ベクトル $\mathbf{w}$ の x 軸からの角度を θ_2 とすると、

$$\cos\theta_1 = \frac{V_1}{\sqrt{v_1^2 + v_2^2}} \;,\; \sin\theta_1 = \frac{V_2}{\sqrt{v_1^2 + v_2^2}}$$

$$\cos\theta_2 = \frac{W_1}{\sqrt{w_1^2 + w_2^2}} \;,\; \sin\theta_2 = \frac{W_2}{\sqrt{w_1^2 + w_2^2}}$$

である。$\mathbf{v}$ と $\mathbf{w}$ の開き角は $\theta = \theta_2 - \theta_1$ であるから、三角関数の加法公式を用いると

$$\cos\theta = \cos(\theta_2 - \theta_1)$$
$$= \cos\theta_2 \cos\theta_1 + \sin\theta_2 \sin\theta_1$$

となり、これに上の式を代入すると

$$\cos\theta = \frac{W_1}{\sqrt{w_1^2 + w_2^2}} \frac{V_1}{\sqrt{v_1^2 + v_2^2}} + \frac{W_2}{\sqrt{w_1^2 + w_2^2}} \frac{V_2}{\sqrt{v_1^2 + v_2^2}}$$
$$= \frac{V_1 W_1 + V_2 W_2}{\sqrt{v_1^2 + v_2^2}\sqrt{w_1^2 + w_2^2}} = \frac{V_1 W_1 + V_2 W_2}{\|\mathbf{v}\|\|\mathbf{w}\|}$$

となる。これより (3.55) 式が得られる。

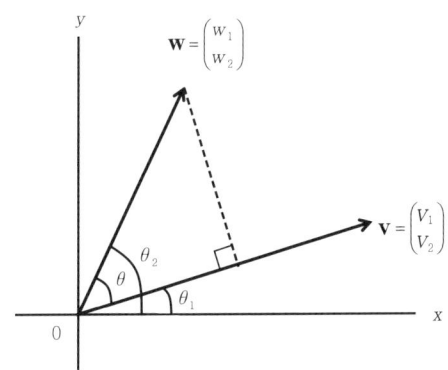

図 3-20　ベクトルの内積

（証明終わり）

・ベクトルの長さの公式

　ベクトルの長さは内積を使って $\|\mathbf{v}\|^2 = (\mathbf{v}, \mathbf{v})$ で与えられたので、

$$\mathbf{v} = \begin{pmatrix} v_1 \\ v_2 \end{pmatrix}$$

とするとき、$\mathbf{v}$ の長さは

$$\|\mathbf{v}\| = \sqrt{v_1^2 + v_2^2} \tag{3.56}$$

で与えられる。

・ベクトルの直交射影

（計算例）

$$\mathbf{v} = \begin{pmatrix} \sqrt{3} \\ 1 \end{pmatrix}, \quad \mathbf{w} = \begin{pmatrix} 1 \\ \sqrt{3} \end{pmatrix}$$

のとき、$\mathbf{w}$ の $\mathbf{v}$ への直交射影を求める。

図 3-21　ベクトルの直交射影

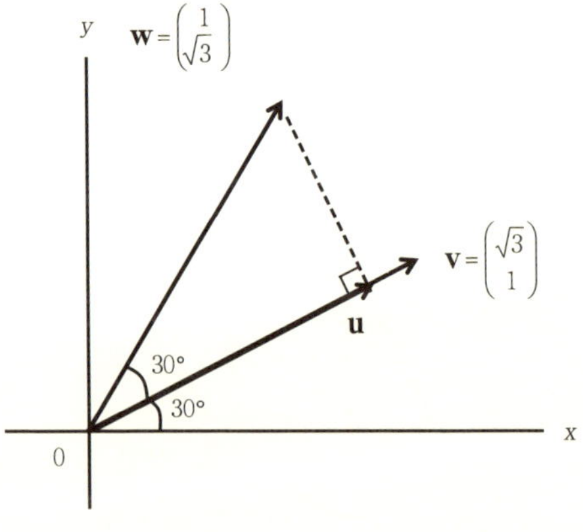

直交射影 $\mathbf{u}$ は (3.51) 式で与えられるが、$(\mathbf{v}, \mathbf{w}) = 2\sqrt{3}$、$\|\mathbf{v}\| = 2$ なので、

$$\mathbf{u} = \frac{(\mathbf{v}, \mathbf{w})}{\|\mathbf{v}\|^2} \mathbf{v} = \frac{2\sqrt{3}}{2^2} \begin{pmatrix} \sqrt{3} \\ 1 \end{pmatrix} = \begin{pmatrix} 3/2 \\ \sqrt{3}/2 \end{pmatrix}$$

と計算される（図 3-21）。

　いまの例は計算しやすい角度を選んだので、直交射影の公式を使わなくて

も、簡単な幾何で、次のように同じ結論に達する：ベクトル $\mathbf{w}$ の長さは2なので $\|\mathbf{u}\| = 2\cos(30°) = \sqrt{3}$、さらにベクトル $\mathbf{u}$ の仰角が30°なので、$\mathbf{u}$ の x 座標は $3/2$、y 座標は $\sqrt{3}/2$ である。しかし、こういう特殊な角度の場合を除けば、ベクトルの直交射影を求めるには公式（3.51）が必要になる。

■ n 次元ベクトルの成分表示

ここまでは2次元平面上のベクトル（2次元ベクトル）の話をしたが、一般の n 次元ベクトルの話は以上の公式をそのまま拡張すればよい。結果だけまとめておく。

2個のベクトルが

$$\mathbf{v} = \begin{pmatrix} v_1 \\ v_2 \\ \vdots \\ v_n \end{pmatrix}, \quad \mathbf{w} = \begin{pmatrix} w_1 \\ w_2 \\ \vdots \\ w_n \end{pmatrix}$$

と与えられたとき、$\mathbf{v}$ と $\mathbf{w}$ の内積は

$$(\mathbf{v}, \mathbf{w}) = v_1 w_1 + v_2 w_2 + \cdots + v_n w_n \tag{3.57}$$

$\mathbf{v}$ の長さは

$$\|\mathbf{v}\| = \sqrt{v_1^2 + v_2^2 + \cdots + v_n^2} \tag{3.58}$$

で与えられる。

■ リターンのベクトルと長さ、内積

本文では資産のリターンを

$$\mathbf{R} = \begin{bmatrix} R_1 \\ R_2 \\ \vdots \\ R_T \end{bmatrix}$$

と表現した。このベクトルは T カ月の期間について毎月のリターンをベクトルの成分にとったものである。

- このとき、ベクトル $\mathbf{R}$ の長さは

$$\|\mathbf{R}\| = \sqrt{R_1^2 + R_2^2 + \cdots + R_T^2}$$

となる。すなわち、リターンの（標本）平均が0と仮定すると、ベクトルの長さはリターンの（標本）標準偏差の$\sqrt{T}$倍を表す。

- 市場ポートフォリオのリターンを

$$\mathbf{R}_M = \begin{bmatrix} R_{M,1} \\ R_{M,2} \\ \vdots \\ R_{M,T} \end{bmatrix}$$

とすると、

$$(\mathbf{R}, \mathbf{R}_M) = R_1 R_{M,1} + R_2 R_{M,2} + \cdots + R_T R_{M,T}$$

は、$\mathbf{R}$と$\mathbf{R}_M$の（標本）共分散をT倍したものである。

- $\mathbf{R}$の$\mathbf{R}_M$への直交射影を$\mathbf{u} = h\mathbf{R}_M$とすると、$h$は（3.51）式より

$$h = \frac{(\mathbf{R}, \mathbf{R}_M)}{\|\mathbf{R}_M\|^2}$$

である。ところで

$$\frac{(\mathbf{R}, \mathbf{R}_M)}{\|\mathbf{R}_M\|^2} = \frac{\mathbf{R}と\mathbf{R}_Mの共分散}{\mathbf{R}_Mの分散}$$

であり、右辺の分数は市場ベータの定義そのものである。つまり、hは市場ベータに等しい。このように、「ベクトル$\mathbf{R}$の市場方向の成分が$\mathbf{R}_M$の何倍であるか」を表したものが市場ベータである。

- $\mathbf{R}$と$\mathbf{R}_M$の相関係数は、

$$\frac{\mathbf{R}と\mathbf{R}_Mの共分散}{(\mathbf{R}の標準偏差)(\mathbf{R}_Mの標準偏差)} = \frac{(\mathbf{R}, \mathbf{R}_M)}{\|\mathbf{R}\|\|\mathbf{R}_M\|} = \cos\theta$$

となることがわかる。つまり、幾何学的にいえば相関係数は2つのベクトルの開き角を表す。

以上ではリターンの平均が0と仮定したが、あらかじめリターンの平均値を差し引いた値をベクトルの各成分にとっておくと、以上の議論は正確になる。

- ベクトルの内積を、

$$(\mathbf{R}, \mathbf{R}_M) = \frac{1}{T}(R_1 R_{M,1}) + \frac{1}{T}(R_2 R_{M,2}) + \cdots + \frac{1}{T}(R_T R_{M,T})$$

と、重みをつけて定義してもかまわない。このように各項に $1/T$ を掛ければ、長さは標準偏差、内積は共分散にちょうど等しくなる。

- リターンの標本データを扱うのではなく、将来の不確実性を経済の状態（シナリオ）に分解して表す場合には、各状態の確率を $(p_1, p_2, \cdots, p_n)$ として、ベクトルの内積を

$$(\mathbf{R}, \mathbf{R}_M) = p_1(R_1 R_{M,1}) + p_2(R_2 R_{M,2}) + \cdots + p_n(R_n R_{M,n})$$

で定義すればよい。こうすれば、長さは確率分布の標準偏差、内積は共分散になる。

[3] 回帰分析

■線形回帰モデル

回帰分析とは、**目的変数（従属変数）**と**説明変数（独立変数）**の間に式を当てはめ、目的変数が説明変数によってどれくらい説明できるのかを定量的に分析することである。説明変数が1つならば**単回帰分析**、2つ以上ならば**重回帰分析**と呼ぶ。目的変数と説明変数の関係を1次式モデルで表す場合を**線形回帰**、それ以外の式で表す場合を非線形回帰と呼ぶ。ここでは、目的変数 y、説明変数 x の間に

$$y = \alpha + \beta x \tag{3.59}$$

という1次式を当てはめる場合について説明する。

■最小二乗法

現実の標本データを回帰直線にあてはめると回帰直線からのズレ（残差）が生じる。**最小二乗法**とは、「目的変数の観測値と（説明変数の観測値および回帰式を用いて求めた）目的変数の推定値の差の2乗和」が最小になるように求

める。目的変数の観測値と観測値に対する推定値の差のことを、**残差**と呼ぶ。

図3-22の各点は観測されたデータの組$\{(x_t, y_t): t=1,\cdots,T\}$をプロットした散布図で、直線が回帰線である。回帰式の係数の推定値を$(\hat{\alpha}, \hat{\beta})$とすると、目的変数の推定値は$\hat{y}_t = \hat{\alpha} + \hat{\beta} x_t$（ただし$t=1,\cdots,T$）となり、残差は$\hat{e}_t = y_t - \hat{y}_t$（ただし$t=1,\cdots,T$）となる。

このとき、残差の二乗和（これを**残差変動和**と呼ぶ）

$$\sum_{t=1}^{T} \hat{e}_t^2 \equiv \sum_{t=1}^{T} (y_t - \hat{\alpha} - \hat{\beta} x_t)^2 \qquad (3.60)$$

が最小となるように$(\hat{\alpha}, \hat{\beta})$を決めるのが、最小二乗法である。

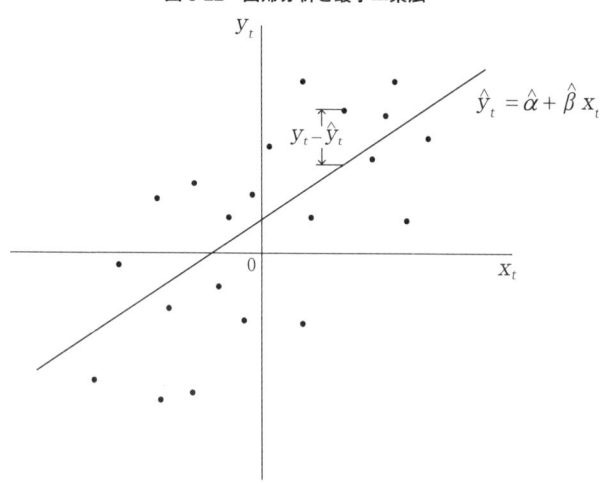

図3-22 回帰分析と最小二乗法

最小二乗法は、回帰分析のうちで最もベーシックな係数の推定方法であると同時に、ある仮定の下では、この推定方法がベスト（推定量の分散が最小）であることが知られている。これを「ガウス・マルコフの定理」と呼ぶが、詳細は計量経済学のテキスト（山本［1995］など）を参照されたい。

■決定係数R^2

回帰線が決まれば、目的変数$\{y_t\}$の変動（**全体変動和**）を、説明変数によっ

て説明される部分 $\{\hat{y}_t\}$ の変動（**回帰変動和**）と、残差 $\{\hat{e}_t \equiv y_t - \hat{y}_t\}$ の変動（**残差変動和**）に分解することができる。すなわち以下の等式が成立する。

$$\text{全体変動和} = \text{回帰変動和} + \text{残差変動和} \tag{3.61}$$

ただし、

$$\text{全体変動和} \equiv \sum_{t=1}^{T}(y_t - \bar{y})^2$$
$$\text{回帰変動和} \equiv \sum_{t=1}^{T}(\hat{y}_t - \bar{\hat{y}})^2$$
$$\text{残差変動和} \equiv \sum_{t=1}^{T}(\hat{e}_t - \bar{\hat{e}})^2$$

である。ここで $\bar{y} \equiv \sum_{t=1}^{T} y_t / T$、$\bar{\hat{y}} \equiv \sum_{t=1}^{T} \hat{y}_t / T$、$\bar{\hat{e}} \equiv \sum_{t=1}^{T} \hat{e}_t / T$ である。なお、$\bar{\hat{y}} = \bar{y}$、$\bar{\hat{e}} = 0$ となるので[1]、

$$\text{回帰変動和} \equiv \sum_{t=1}^{T}(\hat{y}_t - \bar{y})^2$$
$$\text{残差変動和} \equiv \sum_{t=1}^{T}(\hat{e}_t)^2$$

とも書ける。

　第3章2節でベータを推定する際に、リターンの変動を市場要因と非市場要因に分解したが、これが（3.61）式に相当する。

　目的変数の全体変動和のうち、説明変数によって説明される部分の占める割合を

$$R^2 \equiv \frac{\text{回帰変動和}}{\text{全体変動和}} \tag{3.62}$$

で定義して、この比率を**決定係数**と呼ぶ。決定係数は記号で R^2 と表現されることも多い。決定係数は0から1の間の数値をとるが、この値が1に近いほど回帰モデルのフィットがよいということができる。

---

[1] 最小二乗法で求めた回帰直線は必ずサンプル点の重心 $(\bar{x}, \bar{y})$ の位置を通ることが知られている：$\bar{y} = \hat{\alpha} + \hat{\beta}\bar{x}$。この性質を使うと、$\sum_{t=1}^{T} \hat{y}_t = \sum_{t=1}^{T}(\hat{\alpha} + \hat{\beta}x_t) = T(\hat{\alpha} + \hat{\beta}\bar{x}) = T\bar{y}$ となる。両辺を T で割ると $\bar{\hat{y}} = \bar{y}$ が得られる。また、$\sum_{t=1}^{T} \hat{e}_t = \sum_{t=1}^{T}(y_t - \hat{y}_t) = T(\bar{y} - \bar{\hat{y}}) = 0$ となる。

[4] 仮説検定

仮説検定とは、ある仮説が正しいかどうかを判断するための統計的手法である。実際に観察された標本が、仮説に従う母集団から抽出される確率を計算して、その値によって仮説の正否を判定する。母集団が仮説に従うと仮定した場合に、実際に観察された標本の抽出される確率が極端に小さければ、「仮説は成り立ちそうもない」と判断できる。

仮説検定は次のような手順で実施する。

(1) 仮説の設定

仮説が正しいと仮定した場合にその標本が観察される確率を算出できるように、仮説を統計学的に表現する。本文の例では、ファンドマネジャーに特別な運用スキルがあるかどうかを判定したいのであるが、これを「回帰式 (3.25) の y 切片 α_P が 0 に等しい」という仮説で表現する。

統計学における仮説検定では、「仮説を採択するのが妥当かどうか」を判定するのではなく、「仮説を棄却する（無に帰する）十分な根拠があるかどうか」を判定しようという立場をとる。「被告がシロである」とする根拠を積極的に探すのではなく、「被告がクロである」と判断するに足りる根拠を探す裁判官の立場を連想するとよい。このような意味を込めて、立てた仮説のことを**帰無仮説**と呼ぶ。また帰無仮説に対立する仮説を**対立仮説**と呼ぶ。

いまの例では、「マネジャーの運用能力は平均的である」というのが帰無仮説である。これに対する対立仮説は、「マネジャーは市場平均よりも高い運用スキルを持つ」とすることもできるし、「マネジャーの運用スキルは市場平均とは異なる（高い、または低い）」とすることもできる。前者の対立仮説は $\alpha_P > 0$、後者の対立仮説は $\alpha_P \neq 0$ である。対立仮説の設定に応じて、**片側検定**と**両側検定**を使い分ける。

(2) 統計量の算出

標本データから、仮説検定に用いる**統計量**を計算する。いまの例では、α_P

の推定値をその標準誤差（推定量の分布の標準偏差に対する推定値）で割った数値が検定統計量となる。この検定統計量を **t 統計量** と呼ぶ。

(3) 統計量の確率分布

帰無仮説が成立すると仮定した場合の、検定統計量の確率分布を明らかにする。いまの例では、t 統計量は自由度 $T-2$ の t 分布（**スチューデントの t 分布** とも呼ばれる）に従う。ただし、T は標本データの数（リターンの観測月数）である。

(4) 棄却域の設定

検定統計量について **棄却域** を設定する。標本データから計算した検定統計量が棄却域に入れば、帰無仮説を棄却することになる。

帰無仮説が正しければ検定統計量の分布はt分布に従うので、検定統計量の計算値は分布の平均（t分布の場合はゼロ）周辺に出てくる確率が高い。これに対して、マネジャーの運用スキルが高ければ（低ければ）、計算値は分布の右裾（左裾）に出てくる確率が高くなる。図3-23に示すように、対立仮説を $\alpha_P > 0$ とするときは、棄却域は分布の右側の裾だけに設定する（片側検定）。対立仮説を $\alpha_P \neq 0$ とするときは、棄却域は分布の両側の裾に設定する（両側検定）。

帰無仮説が正しい場合に検定統計量が棄却域内に入る確率を、検定の **有意水準**（**第1種の誤り** ともいう）と呼ぶ。有意水準として具体的には10%、5%、1%などを用いることが多い。ちなみに、対立仮説が正しいときに誤った帰無仮説が棄却されない誤りを **第2種の誤り** という。**仮説検定論** は、一定の有意水準の下で第2種の誤りを最小にする検定統計量を探す仕事を行う統計学の領域である。裁判官にたとえるなら、「シロをクロに間違える」確率（有意水準）を一定値以下に定めて、「クロをシロに間違える」確率（第2種の誤り）を最小にする「判断システム」（検定統計量と検定方式）を持つ裁判官が、よい裁判官（よい検定方法）ということになる。なお、第2種の誤り確率を1から引いた値を **検定力** という

(5) 判定

データから算出した検定統計量が棄却域にあるかどうかを判定する。棄却域は設定した有意水準に応じて決まる。棄却域をあらかじめ計算しておいて、検定統計量の計算値が棄却域に入るかどうかを見る。

これと同じことになるが、帰無仮説の下での分布について、検定統計量の計算値よりも裾側の確率（これを **p 値**という）を数表などにより求め、$p <$ 有意水準ならば棄却域にあると判断するという方法もある。実際には後者のほうが便利である。

帰無仮説を棄却する場合、「仮説の下でこのようなことは偶然には起こりそうもない」と判定することになる。一方、仮説を採択する場合、「仮説を棄却するに足る証拠はない」というのが正しい意味となる。

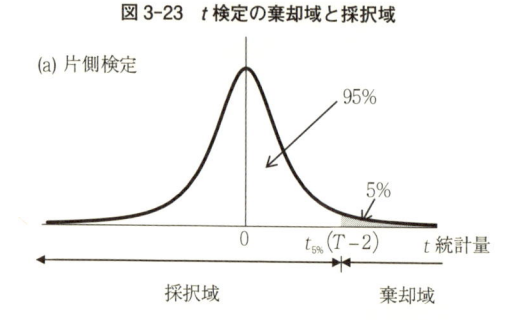

図 3-23　t 検定の棄却域と採択域

(a) 片側検定

95%
5%
0　　$t_{5\%}(T-2)$　　t 統計量
採択域　　棄却域

(b) 両側検定

95%
2.5%　　　　2.5%
$-t_{2.5\%}(T-2)$　　0　　$t_{2.5\%}(T-2)$　　t 統計量
棄却域　　採択域　　棄却域

第5章

■デリバティブ

　デリバティブ取引の狭義の定義は、「現物取引の対象となる資産を原資産とする、フォワード取引、フューチャーズ取引、オプション取引、スワップ取引」である。しかし、金利や金利差、企業の倒産イベント、気温、降雨量など、それ自体は現物取引の対象にならない数値に基づく取引もある。これらの取引を含むデリバティブの最も一般的な定義は、「そのペイオフがある変数（あるいは複数の変数の組）の実現値に依存して決まる証券」ということになる。後者の定義を受けて**コンティンジェント・クレイム（条件依存型請求権）**という用語が用いられることもある。

■コール・オプションとプット・オプション

　オプション取引とは、原資産（対象資産）を、将来の一定期日までに、特定の価格（権利行使価格）で、売り付け・買い付けする権利（オプション）の取引をいう。原資産を買う権利についてのオプションを「**コール**」、売る権利についてのオプションを「**プット**」と呼ぶ。

　権利行使価格をK、満期日Tにおける対象商品の価格をS_Tとすると、満期日におけるコール・オプションは、$S_T > K$のときに$S_T - K$の価値が発生し、$S_T \leq K$のときには価値が0となる。数式を用いると、$Max[S_T - K, 0]$となる。ただし、Max [ ] は [ ] 内のどちらか大きいほうという意味の関数を表す。同様に満期日におけるプット・オプションの価値は、$S_T < K$のときに$K - S_T$、$S_T \geq K$のときに0、すなわち$Max[K - S_T, 0]$となる。

■ヨーロピアン・オプションとアメリカン・オプション

　権利行使がオプション満期日のみに限定されているオプションを**ヨーロピアン・オプション**という。これに対して、オプション取引の開始日から取引最終日までの期間であれば、いつでも権利行使できるオプションを**アメリカン・オ**

プション という。たとえば、日経225オプション取引やTOPIXオプション取引はヨーロピアン・オプション、国債先物オプション取引はアメリカン・オプションである。

■イン・ザ・マネー、アウト・オブ・ザ・マネー、アット・ザ・マネー

オプション取引の買い方が権利行使したときに利益が生じる状態のことを、**イン・ザ・マネー**という。コール・オプションでは、権利行使価格Kが対象商品の価格S_Tを下回る場合（$K<S_T$）、プット・オプションでは、権利行使価格が対象商品の価格を上回る場合（$K>S_T$）がイン・ザ・マネーである。

オプション取引の買い方が権利行使したときに損失が発生する状態のことを、**アウト・オブ・ザ・マネー**という。コール・オプションでは、権利行使価格が対象商品の価格を上回る場合（$K>S_T$）、プット・オプションでは、権利行使価格が対象商品の価格を下回る場合（$K<S_T$）がアウト・オブ・ザ・マネーである。

オプション取引の買い方が権利行使したときに損益が生じない状態のことを、**アット・ザ・マネー**という。コール・オプション、プット・オプションとも、権利行使価格と対象商品の価格が等しい場合（$K=S_T$）がアット・ザ・マネーである。

■先物取引

先物取引とは、事前に設定した取引条件で将来の一定期日に原資産（対象資産）の売買を行うという契約を結ぶことである。約定した受渡価格をK、満期日Tにおける対象商品の価格をS_Tとすると、満期日に先物の買い方にはS_T-Kの価値が、売り方には$K-S_T$の価値が発生する。先物取引には、フォワード取引とフューチャーズ取引の2タイプがあるが、その違いについては第7章の用語解説を参照のこと。

■先物のキャリー公式

先物契約は、買い方の立場になれば、キャッシュを借り入れて現物を満期まで保有することと同等である。現物を満期まで保有する場合には、保管費用な

どのキャリーコストがかかる。

今日の時点を t として、満期日まで1年の先物を考える。現物価格に対して一定の割合でキャリーコストがかかるとすると、先物価格 F_t は、現物価格 S_t とリスクフリー・レート r_f とキャリーコスト c によって、以下のように表すことができる。

$$F_t = S_t(1 + r_f + c)$$

これが**先物のキャリー公式**である。この公式は、ノー・フリーランチの原理に基づく先物価格の一般公式である。なお、株式の配当など、現物保有期間に生じる正のキャッシュフローはマイナスのキャリーコストとして扱う。

第6章

■エマージング市場

　エマージング市場とは、BRICs をはじめとして、高い経済成長率が期待される新興諸国の金融市場である。エマージング市場株式の特性として、期待リターンが高い、ボラティリティが大きい、先進諸国市場との相関が低いという3点がある。そのため、先進諸国株式からなる国際株式ポートフォリオにエマージング株式を組み入れると、分散化の利益が大きく、効率的フロンティアの拡大が期待される。1990年代前半まではそのメリットがきわめて大きかった。しかし、1990年代後半以降、分散化利益が低下していることが多くの研究により指摘されている。それは、先進国市場との統合度が高まるにつれて相関が高まったことと、1998年のアジア通貨危機など政治的リスクが同時的に顕在化したことなどによる。

第7章

■フォワード取引（先渡取引）とフューチャーズ取引（先物取引）

フォワード取引（先渡取引）とは、事前に設定した取引条件で将来の一定期日に原資産（対象資産）の売買を行うという契約を結ぶこと。フォワード取引は、取引所を介さずに売買の当事者同士で取引を行う店頭取引（相対取引）である。約定した受渡価格をK、満期日Tにおける対象商品の価格をS_Tとすると、満期日にフォワードの買い方には$S_T - K$の価値が、売り方には$K - S_T$の価値が発生する。

これに対して、取引所で取引を行うのが**フューチャーズ取引（先物取引）**である。フューチャーズ取引の場合は、標準化された商品が取引対象となること、個々の取引で清算機関（クリアリング機構）が売買の相手方を務めること、毎日一度値洗い（売買ポジションの時価評価）が行われることなどの点で、より幅広い参加者が安心して取引に参加できるような仕組みが用意されている。対象商品の価格と金利の相関係数の正負によって、フューチャーズ価格がフォワード価格よりも高くなったり低くなったりする（対象商品の価格と金利がプラスに相関する場合にはフューチャーズ価格がフォワード価格よりも高くなる）が、その価格差はわずかである。なお、最後の点についてより詳しい説明は参考文献 Cox, Ingersoll and Ross［1981］を参照のこと。

■エキゾチック・オプション

エキゾチック・オプションとは、コール・オプションやプット・オプションなど通常のオプション（**プレイン・バニラ・オプション**と呼ばれる）と異なり、権利行使価格や原資産価格の決め方などが特殊なオプションのこと。以下に代表的なものをあげるが、こうしたエキゾチック・オプションは通貨を対象にしたオプションが主である。

・アベレージ・オプション（アジアン・オプションとも呼ばれる）
  原資産の特定期間の平均値を権利行使の際の原資産価格とするオプション

のこと。原資産の特定期間の平均値を行使価格にするタイプのものもある。
- バリア・オプション

    原資産が一定の期間に一定の価格（バリア）に達した場合に、権利が消滅（ノックアウト）または発生（ノックイン）するオプションのこと。権利が消滅するタイプのものをノックアウト・オプション、権利が発生するタイプのものをノックイン・オプションという。

- ルックバック・オプション

    原資産の特定期間における最大値または最小値を権利行使の際の原資産価格とするオプションのこと。原資産の特定期間における最大値または最小値を行使価格にするタイプのものもある。

- バイナリー・オプション（デジタル・オプション）

    満期日にイン・ザ・マネーになった場合には固定された価値を持ち、満期日にオウト・オブ・ザ・マネーまたはアット・ザ・マネーだった場合はまったく価値を持たないオプションのこと。このタイプのオプションは、キャッシュ・オア・ナッシング・オプションと呼ばれる。その他にアセット・オア・ナッシング・オプションもある。これは満期日にイン・ザ・マネーになった場合には原資産と同じ価値を持ち、満期日にオウト・オブ・ザ・マネーまたはアット・ザ・マネーだった場合はまったく価値を持たないオプションである。

用語解説　301

第8章

■条件付き期待値のチェーンルール

条件付き期待値のチェーンルールとは、以下の公式を指す。

> 確率変数 X と Y があるとき、
> $$E(X) = E[E(X|Y)]$$
> $$= \begin{cases} \sum_{i=1}^{m} E(X|Y=y_i)P(y_i) & \text{離散型のとき} \\ \int_{-\infty}^{\infty} E(X|Y=y)g(y)dy & \text{連続型のとき} \end{cases}$$
> が成立する。

この公式の意味を理解するために、簡単な例を表8-1に示す。

表8-1　条件付き確率と条件付き期待値

	$Y=1$	$Y=2$	$\Pr(X=x)$
$X=10$	3/8	1/8	1/2
$X=20$	1/8	3/8	1/2
$\Pr(Y=y)$	1/2	1/2	

表は、(X,Y) の結合確率と X,Y それぞれの周辺確率を示している。例えば、

$$P(X=10, Y=1) = 3/8, \quad P(X=10, Y=2) = 1/8$$
$$P(X=10) = P(X=20) = 1/2, \quad P(Y=1) = P(Y=2) = 1/2$$

である。

この表を使って、Y の値を知ったときの X の条件付き確率と期待値を求めてみる。$Y=1$ を観測したとき、X の値が10である確率と20である確率は3対1になるから、

$$P(X=10|Y=1) = 3/4, \quad P(X=20|Y=1) = 1/4$$

である。同様に、$Y=2$ を観測したとき、X の値が10である確率と20である確

率は1対3になるから、

$$P(X=10|Y=2) = 1/4, \quad P(X=20|Y=2) = 3/4$$

これより、Xの条件付き期待値は

$$E(X|Y=1) = 3/4 \times 10 + 1/4 \times 20 = 12.5$$

$$E(X|Y=2) = 1/4 \times 10 + 3/4 \times 20 = 17.5$$

と計算される。

「$Y=1$を観測したときのXの条件付き期待値」は12.5、「$Y=2$を観測したときのXの条件付き期待値」は17.5となるので、$E(X|Y)$の期待値は

$$\begin{aligned} E[E(X|Y)] &= P(Y=1) \cdot E(X|Y=1) + P(Y=2) \cdot E(X|Y=2) \\ &= \frac{1}{2} \times 12.5 + \frac{1}{2} \times 17.5 = 15 \end{aligned} \tag{8.18}$$

となる。

一方で、「Yの値を観測する前のXの期待値」は

$$E(X) = \frac{1}{2} \times 10 + \frac{1}{2} \times 20 = 15 \tag{8.19}$$

である。

(8.18) と (8.19) を比較すると

$$E[E(X|Y)] = E(X) \tag{8.20}$$

が確認できる。

(8.20) 式の数学的な証明は以上の計算を一般化して記述すればよいので、ここでは割愛する。

この公式は、将来に関する予測を扱うファイナンスにとって大変重要な意味を持つ。例えば、Xを1年後のドル/円レート、$E(X|Y)$を今日から1カ月後のドル/円先物レートと考えると（このとき、Yは今日から1カ月間に観測される情報である）、(8.20) 式左辺は1カ月後の先物レートに対する今日の期待値、(8.20) 式右辺は1年後のドル/円レートに対する今日の期待値である。したがって (8.20) 式は、「1カ月後の先物レートに対する今日の期待値は、1年後のドル/円レートに対する今日の期待値に等しい」ということになる。$E(X)$を今日のドル/円先物レートと考えれば、これは先物価格がマルチンゲール性

を持つ（「1カ月後の先物価格に対する今日の期待値は今日の先物価格に等しい」、ないしは「今日から1カ月間の先物価格の期待リターンはゼロである」）ことをいっている。

X を今期末の決算利益、$E(X|Y)$ を今期末利益に対する今日から1カ月後のあるアナリストの予想値と考えることもできる。このとき（8.20）式は、「1カ月後に発表されるアナリスト予想値に対する今日の予想は、今日のアナリスト予想値に等しい」ことをいっていることになる

■金利の期待仮説

金利の期間構造（イールドカーブの形状）を説明する代表的な仮説で、「長期金利は現在から将来に至る予想短期金利（短期金利の期待値）の平均として表現できる」という考え方である。この仮説に従えば、現在のイールドカーブには将来の短期金利についての予想が内包されているということになる。すなわち、イールドカーブが右上がり（長期金利＞短期金利）のときは、市場が将来の金利上昇を予想しているということになる。

この仮説は投資家のリスク中立性と市場均衡を前提にして導かれる関係式で、ノー・フリーランチの原理だけから導かれる「**先物のキャリー公式**」のような頑健な関係式ではない。これは、為替レートに関する「**カバー付き金利平価**」がノー・フリーランチの原理から導かれるのに対して、「**カバーなし金利平価**」が投資家のリスク中立性と市場均衡を前提に導かれるものであることと同様である。

参考文献

第1章

Arrow, K.J. [1970] *Essays in the Theory of Risk-Bearing*, North-Holland.

Pratt, J. [1964] Risk Aversion in the Small and in the Large, *Econometrica*, Vol. 32, pp. 122-136.

Von Neumann, J. and O. Morgenstern [1944] *Theory of Games and Economic Behavior*, Princeton University Press.（銀林浩他訳『ゲームの理論と経済行動』東京図書、1973年）

統計学の入門的な教科書で本書の読者にもお薦めできるのは、次の2つの教科書である。
・浅子和美・加納悟 [1998]『入門 経済のための統計学（第2版）』日本評論社
・森棟公夫 [2000]『統計学入門』新世社

経済数学の教科書で本書の読者にもお薦めできるのは、次の2つの教科書である。
・西村和雄 [1982]『経済数学早わかり』日本評論社
・三土修平 [1996]『初歩からの経済数学 第2版』日本評論社

本書の全体をほぼカバーした上級の教科書で本書の読者にもお薦めできるのは、次の4つの教科書である。
・Danthine, J. P. and J. B. Donaldson [2005] *Intermediate Financial Theory* (Second Edtion), Academic Press.（日本証券アナリスト協会編『現代ファイナンス分析 資産価格理論』ときわ総合サービス、2007年）
・Duffie, D. [2001] *Dynamic Asset Pricing Theory* (Third Edition), Princeton University Press.（山崎昭他訳『資産価格の理論——株式・債券・デリバティブのプライシング』創文社、1998年）
・Huang, C. H. and R. H. Litzenberger [1988] *Foundations for Financial Eco-*

nomics, North Holland
- 池田昌幸［2000］『金融経済学の基礎』朝倉書店

第 2 章

Markowitz, H. [1952] Portfolio Selection, *Journal of Finance*, Vol. 7, pp. 77-91.

Merton, R. [1972] An Analytical Derivation of the Efficient Portfolio Frontier, *Journal of Financial and Quantitative Analysis*, Vol. 7, pp. 1851-1872.

Tobin, J. [1958] Liquidity Preference as Behavior towards Risk, *Review of Economic Studies*, Vol. 25, pp. 65-86.

第 3 章

小林孝雄［1995-1996］「株式期待リターンの銘柄間格差：展望」『証券アナリストジャーナル』1995 年 12 月号 -1996 年 4 月号

山本拓［1995］『計量経済学』新世社

Black, F. [1972] Capital Market Equilibrium with Restricted Borrowing, *Journal of Business*, Vol. 45, pp. 444-454.

Fama, E. and K. French [1992] The Cross-Section of Expected Stock Returns, *Journal of Finance*, Vol.47, pp. 427-65.

Fama, E. and J. MacBeth [1973] Risk, Return, and Equilibrium : Empirical Tests, *Journal of Political Economy*, Vol. 71, pp. 607-36.

Ferson, W. [2003] Tests of Multifactor Pricing Models, Volatility Bounds and Portfolio Performance, G. Constantinides (ed.) *Handbook of the Economics of Finance*, Vol. 1B, Ch.12, pp. 743-802.

Gibbons, M., S. Ross, and J. Shanken [1989] A Test of the Efficiency of a Given Portfolio, *Econometrica*, Vol. 57, pp. 1121-1152.

Lintner, J. [1969] The Aggregation of Investor's Diverse Judgments and Preferences in Purely Competitive Security Markets, *Journal of Financial and Quantitative Analysis*, Vol. 4, pp. 347-400.

Roll, R. [1977] A Critique of the Asset Pricing Theory's Tests : Part I, *Journal of Financial Economics*, Vol. 4, pp. 129-176.

Sharpe, W. [1964] Capital Asset Prices: A Theory of Market Equilibrium under Conditions of Risk, *Journal of Finance*, Vol.19, pp. 425-442.

第 4 章

Breeden, D. [1979] An Intertemporal Asset Pricing Model with Stochastic Consumption and Investment Opportunities, *Journal of Financial Economics*, Vol. 7, pp. 265-296.

Brennan, M., A. Wang and Y. Xia [2004] Estimation and Test of a Simple Model of Intertemporal Capital Asset Pricing, *Journal of Finance*, Vol. 59, pp. 1743-1775.

Chen, N., R. Roll, and S. Ross [1986] Economic Forces and the Stock Market, *Journal of Business*, Vol. 59, pp. 383-403.

Fama, E. and K. French [1993] Common Risk Factors in the Returns on Stocks and Bonds, *Journal of Financial Economics*, Vol. 33, pp. 3-56.

Hamao, Y. [1988] An Empirical Examination of the Arbitrage Pricing Theory, *Japan and the World Economy*, Vol.1, pp. 45-61.

Merton, R. [1973] An Intertemporal Asset Pricing Model, *Econometrica*, Vol. 41, pp. 867-887.

Ross, S. [1976] The Arbitrage Theory of Capital Asset Pricing, *Journal of Economic Theory*, Vol. 13, pp. 341-360.

第 5 章

Arrow, K. [1964] The Role of Securities in the Optimal Allocation of Risk Bearing, *Review of Economic Studies*, Vol. 31, pp. 91-96.

Debreu, G. [1959] *The Theory of Value*, Yale University Press.

Harrison, M. and D. Kreps [1979] Martingales and Arbitrage in Multiperiod Securities Markets, *Journal of Economic Theory*, Vol. 20, pp. 381-409.

第 6 章

Adler, M. and B. Dumas [1983] International Portfolio Choice and Corporation

Finance : A Synthesis, *Journal of Finance*, Vol. 38, pp. 925-984.

Dumas, B. and B. Solnik [1995] The World Price of Foreign Exchange Risk, *Journal of Finance*, Vol. 50, pp. 445-479.

Fama, E. and K. French [1998] Value versus Growth : The International Evidence, *Jounal of Finance*, Vol. 53, pp.1975-1999.

Froot, K. and R. Thaler [1990] Anomalies : Foreign Exchange, *Journal of Economic Perspectives*, Vol. 4, pp. 179-192.

Karolyi, G. and R. Stulz [2003] Are Financial Assets Priced Locally or Globally? *Handbook of the Economics of Finance*, Volume 1B, Elsevier.

Longin, F. and B. Solnik [1995] Is the Correlation in International Equity Returns Constant : 1970-1990? *Journal of International Money and Finance*, Vol. 14. pp. 3-26.

Serita,T. [1991] Risk Premiums and International Asset Pricing, *Economic Studies Quarterly*, Vol.42, pp. 27-39.

Solnik, B. [1974] An Equilibrium Model of the International Capital Market, *Journal of Economic Theory*, Vol. 8, pp. 500-524.

Sørensen, B., Y. Wu, O.Yosha, and Y. Zhu [2007] Home Bias and International Risk Sharing : Twin Puzzles Separated at Birth, *Journal of International Money and Finance*, Vol.26, pp. 587-605.

福田祐一・齋藤誠 [1997]「フォワード・ディスカウント・パズル：展望」『現代ファイナンス』No.1, pp. 5-18.

世界中で使用されているグローバル投資の教科書で、本書の読者にもお薦めできるのはSolnikによる次の教科書である。

Solnik, B. and D. McLeavey [2008] *Global Investments* (Sixth Edition), Prentice-Hall.

第7章

Black, F. and M. Scholes [1973] The Pricing of Options and Corporate Liabilities, *Journal of Political Economy*, Vol. 81, pp. 637-659.

Cox, J., J. Ingersoll, and S. Ross [1981] The Relation between Forward Prices and Futures Prices, *Journal of Financial Economics*, Vol. 9, pp. 321–346.

Cox, J., S. Ross, and M. Rubinstein [1979] Option Pricing : A Simplified Approach, *Journal of Financial Economics*, Vol. 7, pp. 229–264.

Merton, R. [1973] Theory of Rational Option Pricing, *Bell Journal of Economics and Management Science*, Vol. 4, pp. 141–183.

世界中で使用されているデリバティブの教科書で、本書の読者にもお薦めできるのは John Hull による次の教科書である。

John Hull [2008] *Options, Futures, and Other Derivatives* (Seventh Edition), Peason/Prentice-Hall.（三菱UFJ証券市場商品本部訳『フィナンシャルエンジニアリング―デリバティブ取引とリスク管理の総体系　第7版』金融財政事情研究会、2009年）

John Hull, *Introduction to Futures and Options Markets* (Third Edition) の邦訳『先物・オプション取引入門』（小林孝雄監訳、ピアソン・エデュケーション、2001年）

第8章

Black, F. and M. Scholes [1972] The Valuation of Option Contracts and a Test of Market Efficiency, *Journal of Finance*, Vol. 27, pp. 399–417.

Campbell, J., A. Lo, and A. Mackinlay [1997] *The Econometrics of Financial Markets*, Princeton University Press.（祝迫得夫他訳『ファイナンスのための計量分析』共立出版、2003年）

Fama, E. [1970] Efficient Capital Markets ; A Review of Theory and Empirical Work, *Journal of Finance*, Vol. 25, pp. 383–417.

Roberts, H. [1967] Statistical versus Clinical Prediction of the Stock Market, unpublished paper presented to the Seminar on the Analysis of Security Prices, University of Chicago.

Sharpe, W., G. Alexander, and J. Bailey [1998] *Investments*, Prentice-Hall.

Shiller, R. [1981] Do Stock Prices Move too Much to Be Justified by Subsequent

Changes in Dividends? *American Economic Review*, Vol. 71, pp. 421-436.

小林孝雄［2000］「親子上場は市場にゆがみをもたらすか」『証券アナリストジャーナル』11月号

Kobayashi, T. [2007] The Child Company Puzzle in Tokyo Stock Market-And What has Happened since, paper presented to the International Conference of Behavioral Finance, Shanghai.

索　引

（太字は用語解説）

ア 行

アウト・オブ・ザ・マネー ･････････ 187, **296**
アクティブ運用 ･･････････････････････ 88
アセット・アロケーション ････････････ 35
アット・ザ・マネー ･･････････････ 187, **296**
アノマリー ･･････････････････････ 90, 245
アメリカン・オプション ･･････････ 227, **295**
安全資産 ････････････････････････････ 41
ETF ･･･････････････････････････････ 86
1月効果 ･･･････････････････････････ 244
イン・ザ・マネー ･･･････････ 133, 187, **296**
インカムゲイン ･････････････････････ 33
インサイダー取引 ･･････････････････ 237
インデックス・トラッキング ････････ 111
インデックス・ファンド ･････････････ 86
インデックス運用 ･･･････････････････ 86
インプライド・ボラティリティ ･･････ 226
インプライド・リターン ･････････････ 89
ウィーク型の効率性 ････････････････ 237
ALM ･････････････････････････････ 147
APTの主定理 ･･････････････････････ 115
エキゾチック・オプション ･･････ 214, **299**
エマージング市場 ････････････････ 160, **298**
凹関数 ･･････････････････････････ 5, **266**
オプション
　　――の動的複製 ････････････････ 193
　　――の複製 ････････････････････ 190
　　感応度分析 ････････････････････ 221
　　ギリシャ文字 ･･････････････････ 221
オルタナティブ投資 ････････････････ 160

カ 行

回帰式 ･･････････････････････････････ 83
回帰分析 ･･･････････････････････ 82, **289**
回帰変動和 ･･･････････････････････ **291**
買いポジション ･････････････････････ 34

価格効率性 ･･････････････････････････ 236
確実等価額 ･････････････････････････ 12
確率くじ ･････････････････････････････ 3
確率分布
　　尖　度 ････････････････････ 25, **265**
　　歪　度 ････････････････････ 25, **265**
確率変数の1次結合 ･･････････････ **271**
加重平均資本コスト ････････････････ 89
仮説検定 ･･･････････････････････ 87, **292**
　　第1種の誤り ･･････････････････ **293**
　　第2種の誤り ･･････････････････ **293**
片側検定 ････････････････････････ **292**
カバー付き金利平価 ･･････････ 159, 165, 247
カバーなしの金利平価 ･････････････ 166
株価リバーサル ････････････････････ 260
株式バリュエーション・モデル ･････ 89
空売り ･･･････････････････････････ 34
為替のフォワード契約 ･････････････ 157
為替のリスクプレミアム ･･･････ 166, 168
為替リスク ････････････････････････ 155
ガンマ ････････････････････････････ 223
棄却域 ････････････････････････････ **293**
期待効用最大化原理 ･･･････････････ 6
期待値 ･･････････････････････････ 3, 264
帰無仮説 ･･････････････････････････ **292**
キャッシュフロー割引モデル ･･････ 89
CAPM ･･･････････････････････････ 64
　　――アノマリー ･･･････････ 90, 249
　　――アルファ ････････････････ 89
　　――第1定理 ････････････････ 65
　　――第2定理 ･････････････ 78, 80
　　国際―― ･･･････････････････ 169
　　ゼロベータ―― ･･･････････････ 68
　　多期間―― ･･･････････････････ 122
キャピタルゲイン ･･････････････････ 33
キャピタルロス ････････････････････ 33
共分散 ･･･････････････････････････ **272**

曲　率	17, **268**
金利の期間構造	**303**
金利の期待仮説	248, **303**
クローズ型投信パズル	249
グローバル・ファクター・モデル	162
グローバル・マルチファクター・モデル	176
経済的付加価値モデル	89
決定係数	84, **291**
限界効用の逓減	5
限定的アービトラージ	248
検定力	**293**
原点のまわりの k 次モーメント	264
コーシー・シュワルツの不等式	**278**
コール	**295**
コール・オプション	132, **295**
高次のモーメント	**264**
行動ファイナンス	11
購買力平価	163
絶対的 PPP	163
相対的 PPP	164
効　用	4
——の単調性	5
効用関数	4
ギャンブラー型	9
リスク回避型	9
リスク中立型	9
リスク追求型	9
指数関数	20
対数関数	20
2 次関数	20
べき乗関数	20
効率的市場仮説	235
効率的フロンティア	46
効率的ポートフォリオ	46
小型株効果	90
国際 CAPM	169
国際資本市場の統合度	160
国際分散投資	159
コモンファクター	109
固有リスク	110
固有リターン	110
コンティンジェント・クレイム	**295**

サ　行

最小二乗法	83, **289**
残差変動和	**290**
全体変動和	**290**
裁定機会	
タイプ 1 の——	140
タイプ 2 の——	140
裁定取引	114
裁定ポートフォリオ	117
先　物	135
——のキャリー公式	137, **296**
先物価格	137
先物取引	296, **299**
先渡取引	**299**
サバイバーシップ・バイアス	100
残　差	**290**
サンプリング・バイアス	99
残余利益モデル	89
ジェンセンのアルファ	87
ジェンセンの不等式	8, **268**
資源配分の効率性	236
資産負債管理	147
市場関連リスク	74
市場均衡理論	113
市場の情報効率性	236
ウィーク型の効率性	237
セミストロング型の効率性	237
ストロング型の効率性	237
市場フォワード価格	211
実質為替リスク	165
資本コスト	89
資本市場線	67
資本資産評価モデル	64
シャープ，W.	65
シャープ比	67
収益率	33
重回帰分析	**289**
従属変数	**289**
ショート・ポジション	34
ショールズ，M	214
条件依存型請求権	**295**
証券市場線	80

条件付き期待値のチェーンルール	257, **301**
上場投信	86
状態価格	132
———の存在定理	139
消費CAPM	122
シングルファクター・モデル	109
スチューデントのt分布	**293**
ストロング型の効率性	237
セータ	225
世界マーケット・ベータ	174
世界マーケット・ポートフォリオ	172
ヘッジされた———	172
絶対的リスク回避度	17
説明変数	83, **289**
セミストロング型の効率性	237
ゼロインベストメント・ポートフォリオ	117
ゼロベータCAPM	68
ゼロベクトル	**277**
線形回帰	**289**
尖度	25, **265**
相関係数	38, **273**
相対的リスク回避度	17
ソルニック, B.	169

タ 行

対立仮説	**292**
多期間CAPM	122
単回帰分析	**289**
短期モーメンタム	90
短期リバーサル	90
長期リバーサル	90
t統計量	**293**
データ・スヌーピング・バイアス	99
テイラー展開	**269**
テクニカル分析	237
デルタ	213, 222
デルタガンマヘッジ	224
デルタヘッジ	224
トータル・リスク	37, 74
トービンの分離定理	52
統計量	**292**
投資ウェイト	33
投資可能集合	46
投資比率	33
独立変数	**289**
凸関数	**266**

ナ 行

2基金分離定理	54
二項モデル	186
ノー・フリーランチ理論	113
ノイズ・トレーダー・リスク	248

ハ 行

配当割引モデル	89
バリュー株効果	90
p値	**294**
PPP	163
非市場リスク	74
ヒストリカル・アルファ	87
ヒストリカル・ベータ	82
被説明変数	83
標準誤差	84
標準正規分布	216
標準偏差	3, **264**
標本共分散	83
標本分散	83
ファーマ, E.	237
ファーマ＝マクベスのクロスセクション法	92
ファーマ＝フレンチの3ファクター・モデル	120
ファクター	109
———のリスクプレミアム	115
ファクター・エクスポージャー	109
ファクター感応度	109
ファクター・ベッティング	111
ファクター・ポートフォリオ	116
ファクター・リスク	37
ファンダメンタル分析	237
VIX指数	226
フォワード契約	199
フォワード取引	**299**
フォワード・プレミアム・パズル	167
フォワード・プレミアム率	158, 166
フォン・ノイマン, J.	6
不完備市場	139
プット	**295**

プット・オプション	133, **295**
プット・コール・パリティ	219, 247
フューチャーズ取引	**299**
ブラック, F	68, 214
ブラック・ショールズ公式	214
ブリーデン, D.	122
プレイン・バニラ・オプション	**299**
分　散	**264**
分散投資	32
ベータ	70
ベータ・リスク	37
平均からの偏差	**264**
平均のまわりのk次モーメント	**264**
平均・分散アプローチ	21
ベイズの定理	258
ベ　ガ	225
ベクトル	72, **275**
——の内積	277, 284
——の長さ	284
三角不等式	280
第2余弦定理	281
直交射影	282
直交分解	282
ピタゴラスの定理	281
ヘッジ比率	157
偏微分	**274**
ポートフォリオ	34
——のベータ	71
ホームバイアス	177
ボラティリティ・スキュー	226

マ 行

マーケット・ベータ	73
マーケット・ポートフォリオ	65
マーケット・モデル	85, 108
マーケット・リスクプレミアム	80
マーケット・リスクの価格	67
マートン, R	122, 214
マクロ経済の相互依存度	160
マクロファクター・モデル	109, 118
マルチンゲール性	240
マルチンゲール定理	257
ミーン・リバージョン	244

無裁定理論	113
無差別曲線	22
名目為替リスク	165
モーメント	25
目的変数	**289**
モルゲンシュテルン, O	6

ヤ 行

有意水準	**293**
有限責任原理	139
要求リターン	237
曜日効果	244
ヨーロピアン・オプション	132, **295**

ラ・ワ 行

ランダム・ウォーク仮説	237
リアル・オプション理論	147
リスク	3
リスク・ディスカウント額	13
リスク回避度	17
リスク許容度	17
リスク中立確率	144
——の存在定理	145
リスク中立割引公式	143, 145
リスク調整割引公式	143
リスクニュートラル・プライシング	145, 146
リスクフリー・レート	41
リスクプレミアム	43, 67, 77
リターン	33
両側検定	**292**
ロー	223
ロールの批判	100
ロス, S.	112
ロバーツ, H	237
ロング・ポジション	34
歪　度	25, **265**

[著者紹介]

小林孝雄（こばやし・たかお）
千葉工業大学国際金融研究センター所長。東京大学工学部卒業。スタンフォード大学ビジネススクールで博士号を取得。ハーバード大学ビジネススクール助教授、東京大学大学院経済学研究科教授、青山学院大学国際マネジメント研究科教授を経て現職。その間、カリフォルニア大学バークレー校客員助教授、高麗大学客員教授などを務める。日本ファイナンス学会会長、アジア・ファイナンス学会会長、MPTフォーラム会長などを歴任。

芹田敏夫（せりた・としお）
青山学院大学経済学部教授。筑波大学第三学群社会工学類卒業。大阪大学大学院経済学研究科前期課程修了。甲南大学経済学部助教授、青山学院大学経済学部助教授を経て現職。

新・証券投資論［Ｉ］
―― 理論篇 ――

2009年 6月24日　1版1刷
2017年 9月15日　　　9刷

編　者　日本証券アナリスト協会
著　者　小林孝雄・芹田敏夫
©The Security Analysts Association of Japan 2009

発行者　金　子　　豊

発行所　日本経済新聞出版社
　　　　http://www.nikkeibook.com/
〒100-8066　東京都千代田区大手町1-3-7
電話(03) 3270-0251（代）

印刷・製本　大日本印刷　ISBN978-4-532-13372-6

本書の内容の一部あるいは全部を無断で複写（コピー）することは、法律で認められた場合を除き、著作者および出版社の権利の侵害になりますので、その場合にはあらかじめ小社あて許諾を求めて下さい。

Printed in Japan

日本経済新聞出版社の好評既刊書

新しい金融秩序 〈新装版〉
来たるべき巨大リスクに備える
ロバート・J・シラー／田村勝省 訳

● 3600円

経済社会に横たわる、政府でさえも対処しきれないほどの「見えざる巨大リスク」を回避するため、市場の力を最大限に活用した「新金融秩序」の構築を提唱する名著。著者のノーベル経済学賞受賞を記念して復刊!

統計学を拓いた異才たち
経験則から科学へ進展した一世紀
デービッド・サルスブルク／竹内惠行、熊谷悦生 訳

● 2200円

確率論や数理的手法の導入により、20世紀の統計学は曖昧な経験則から信頼性の高い科学へと進化した。今日まで華々しく展開される巨匠たちの知恵比べを人間味あふれるエピソードとともに綴るおもしろ科学物語。

ゼミナール会社法入門 〈第7版〉
岸田雅雄

● 3500円

企業活動の基本的なルールである会社法を、2部構成で整理して解説。会社法だけではなく、金融商品取引法、証券取引所規則など実務で必須の関連法規も取り上げる。最新の改正内容を踏まえてロングセラーを改訂。

ゼミナール金融商品取引法
宍戸善一、大崎貞和

● 3600円

株主重視の経営の拡大と共に会社法と並ぶ経営ルールの両輪となった金融商品取引法。しかし巨大かつ大系であるために何が本質なのかがわかりにくい。金商法の機能と課題を実戦的な配列で的確に解説した実務家必携の書。

新・現代会計入門 〈第2版〉
伊藤邦雄

● 3500円

生きた事例で最新の動きを学ぶ。制度や理論に留まらず、企業の現実にも焦点をあてた画期的テキストの最新版が新たな装いで登場。さっとも読めるし、じっくりも読めるマトリックス方式で多忙な読者のニーズに応える。

● 価格はすべて税別です